간화선 수행의 성찰과 과제

불학연구총서 ❶

간화선 수행의 성찰과 과제

| 대한불교조계종 교육원 불학연구소 편저 |

조계종
출판사

간행사

흔히 간화선의 禪風을 體露金風에 비유합니다. 청량한 가을바람이 불어오면 무성한 나뭇잎들이 모두 떨어지고 나무의 본체가 오롯이 드러나듯이 看話의 선풍도 중생들의 번뇌와 망상의 찌꺼기를 말끔히 쓸어내고 本來面目을 밝혀주기 때문입니다.

최근 조계종 불학연구소에서는 간화선의 대중화를 모색하기 위해 간화선을 주제로 한 세미나를 기획하고 관련 학자들을 초청하여 고견을 들었습니다. 不立文字를 주창하는 조계종에서 학술적 방법을 논찬한 것은 어떻게 하면 체로금풍의 선풍을 다시 일으켜 중생들의 고뇌를 씻어낼 것인가라는 문제를 고민하기 위해서였습니다.

최근 들어 갖가지 수행법들이 도처에서 유행처럼 생겨나고 있고, 그곳에 모여드는 사람들의 숫자도 날로 증가하고 있다고 합니다. 이를 보면 수행의 시절이 도래한 것 같아 보이기도 합니다. 그러나 수행이라면 불교를 능가하거나 뛰어넘을 만한 것이 아직은 없습니다. 그래서 선방은 물론 제방의 스님들이 수행하면 곧 불교라는 자부심을 가지고 있습니다.

실제로 불교의 역사는 곧 수행의 역사라고 해도 과언이 아닙니다. 부처님은 보리수 아래에서 수행으로 正覺을 얻으셨으며, 달마 대사는 九年面壁으로 중국 땅에 禪法을 전하셨습니다. 그리고 도의 국사를 필두로 海東에 선법을 일으켜 세운 九山禪門이 모두 수행을 근간으로 하고 있습니다.

나아가 正法이 쇠락해가던 시대에 부처님의 정신을 되살린 것도 철저한 수행을 다짐하는 수행결사였으며, 모진 억불정책이 지속되던 시대에 불교의 명맥을 잇게 한 것도 수행이었습니다. 돌이켜보면 철저한 수행으로 幢竿支柱를 삼은 곳에는 正法의 꽃이 피어났고, 佛祖의 慧命이 살아났습니다.

그러나 아쉽게도 수행이 조계종의 본지임에도 불구하그 우리는 그것을 현대인들에게 맞게 적절한 방법으로 제시하는 데 게을렀던 것이 사실입니다. 구슬이 서 말이라도 꿰어야 보배라는 말이 있습니다. 아무리 조계종의 전통이 수행 그 자체이며, 스님들이 일상적으로 수행을 한다고 할지라도 대중들은 여전히 수행을 멀게 느끼고 있는 것이 사실입니다.

그럼에도 불구하고 갈수록 각박해져 가는 세태는 불교 속에 오롯이 전승되어 온 수행을 대중들이 함께 누릴 수 있도록 해달라고 요구하고 있습니다. 각종 수행법에 대한 높은 관심과 참여가 이를 반증하고 있습니다. 이런 현실에 대한 성찰로부터 간화선 대중화 사업이 종단적 차원에서 시작되었습니다. 한편으로는 수행을 매개로 한

포교를 모색하고 또 한편으로는 간화선 수행 지침서를 발간하기도 했습니다.

　이 책도 바로 이와 같은 일련의 과정에서 탄생한 성과물입니다. 이 책에는 간화선의 대중화를 위해 무엇이 문제이며, 종단적 과제는 무엇인가에 대한 진지한 고민을 담았습니다. 비록 晩時之歎의 감이 없지 않지만 이 책이 본종의 수행의 전통을 대중과 함께할 수 있는 길을 모색하는 단초가 되기를 기원합니다.

2007. 6
대한불교 조계종 교육원장 **청 화** 합장

편찬사

東土에 선법을 전래한 중국선종의
초조 達摩 스님이 慧可 스님에게 설한 가르침은 다름 아닌 安心法門입
니다. 이는 달마 스님 밝힌 첫 번째 傳燈의 불빛이 바로 本來安心이었
다는 점을 보여주는 대목입니다. 그렇다면 선종의 법통을 잇고 있는
우리 종단은 과연 달마 스님의 가르침을 바르게 실천하고 있는지 반문
하지 않을 수 없습니다.

물질적 욕망이 지배하는 세상은 갈수록 삭막해져 가고 그에 따라 사
람들의 마음도 날이 갈수록 불안과 스트레스가 쌓여 가고 있습니다.
중생이 아프면 보살이 아프다고 했기에 그 아픔은 바로 우리들의 아픔
이기도 합니다. 달마 스님은 불안으로 고통받는 중생들을 위해 안심이
라는 처방을 내렸습니다. 중생의 아픔과 나의 아픔이 둘이 아니라면
마땅히 중생의 아픔을 치료할 대안을 내놓아야 하는 것이 부처님 제자

된 도리일 것입니다.

보통 수행한다 하면 조용한 곳에 은둔하여 혼자만의 적정을 즐기는 것으로 생각하기 쉽습니다. 하지만 宗賾 선사는 반야의 지혜를 얻고자 하는 보살은 마땅히 大悲心을 일으켜 중생을 구제하겠다는 서원을 먼저 세울 것이며, 개인의 해탈만을 구해서는 안 된다고 했습니다. 따라서 본 연구소에서 看話禪의 창고를 열고 그곳에 담겨 있는 소중한 가치와 의미를 새롭게 조명하고자 하는 것 역시 달마의 안심을 대중들과 더불어 하고자 함입니다.

간화선의 선풍은 簡明直截로 표현됩니다. 난해한 문자와 복잡한 이론을 초월하여 마음의 번뇌와 고통을 바로 해결하는 것이 간화선이기 때문입니다. 그러나 上根機 수행자들에게는 간명직절 그 자체로 모든 것이 해결될 수 있지만 초심자들은 여전히 어렵고 멀게 느끼고 있는 것이 현실입니다. 그렇다면 선을 종지로 삼는 종단의 역할은 간명직절한 간화의 선풍에 대중들이 쉽게 다가가 그 혜택에 젖을 수 있도록 해야 할 것입니다.

이와 같은 과제를 풀어가기 위해 본 연구소에서는 학술적 논찬의 장을 열었고, 저희들의 뜻을 이해한 학자들께서 흔쾌히 동참해주셨습니다. 본 책은 이런 종단 안팎의 자기 성찰을 반영하고 있습니다. 이 책의 주된 내용은 간화선의 제창자인 大慧宗杲 선사의 생애와 사상을 재조명하고, 이를 바탕으로 간화선 정립의 불교사상적 배경을 고찰했습니다. 그리고 현재 조계종 간화선 수행의 문제점은 무엇이고 대중화를 위해서는 어떻게 해야 할 것인가라는 성찰과 전망에 대해서 조망하고, 끝으로 간화선의 사회적 역할과 국제화에 대한 비전을 담았습니다.

단 한 번의 세미나를 통해 저희들이 갖고 있는 과제들을 모두 해소할 수는 없다고 생각합니다. 이번에 발간되는 책을 매개로 해서 간화선 수행을 대중화할 수 있는 종단 차원에서의 폭넓은 고민과 대화가 활발해지기를 기대하는 바입니다.

끝으로 이 자리를 빌어서 옥고를 발표해주시고, 단행본으로 출간될 수 있도록 흔쾌히 원고를 다듬어주신 여러 선생님들께 다시 한 번 감사의 말씀을 올립니다. 아울러 이 책이 출판되기 까지 출판과 관련한 실무를 맡아주신 조계종출판사 직원 일동에게도 따뜻한 감사의 뜻을 표합니다.

2007. 6
대한불교 조계종 교육원 불학연구소장 **현 종** 합장

❚ 차 례 ❚

大慧의 傳記와 看話禪의 사상

간화선의 제창자 대혜종고 선사의 생애와 사상 재조명
— 사회역사적 맥락에서

변희욱 | 서을대학교 강사

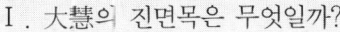

Ⅰ. 大慧의 진면목은 무엇일까?

1089년(北宋 哲宗 元祐 4년) 11월 10일, 安徽省 宣州 寧國縣 사대부 가문에서 한 아이가 태어났다. 때는 선의 영역이 최대로 확대되고 선 문학이 전성기를 구가할 즈음이었고, 북송 유학계를 풍미한 張載(1020~1077), 邵雍(1011~1077), 程顥(1032~1085), 王安石(1021~1086), 司馬光(1019~1086)이 연이어 사망한 직후였으며, 新法黨을 대체한 舊法黨 내에 파쟁이 소용돌이치기 시작한 해이다. 그 아이가 성장하여 후에 선종사에 일대 혁신을 이루었다. 그가 바로 大慧(宗杲, 1089~1163)이며, 혁신을 이룬 寶劍이 看話禪이다. 대혜가 제창한 간화선은 高麗 중기 이래 한국 불교의 정통 수행법으로 전해지고 있고, 그의 법문 편지 모음집인 『書狀』은 한국 선가의 필독서로 권위를 부여받고 있다.

『書狀』과 『宗門武庫』의 법문을 講說한 당사자이자 『碧巖錄』을 소각한 장본인, 五家七宗을 두루 섭렵한 패기만만한 스님이자 臨濟宗 楊岐派의 12대 祖師, 유학자가 공공연히 타도하고자 했던 대상이자 그들이 흠모했던 열린 지성, 정치적인 문제로 귀양살이했던 현실참여자이자 본래면목 회복을 추구한 고고한 돈오 선사, 그리고 『華嚴經』을 즐겨 읽었던 학승이자 간화선을 주창했던 간화선사. 대혜는 참으로 많은 모습으로 우리에게 다가왔다.

대혜의 진면목은 무엇일까? 왜 그리도 다양한 모습들이 나타났을까? 그런 모습들은 하나로 귀결될 수 있을까? 귀결된다면 그 하나는 무엇일까? 그리고 귀결의 방안은 무엇일까? 마지막으로 이런 많은 의문들은 하나의 의문으로 모아질 수 있을까?

이런 의문들은 풀기 위한 여정을 떠나자. 의문을 풀기 위해 우선 넓게 두루 답사해 보자(大慧의 周邊). 또 대혜가 밟았던 길을 따라 세밀히 순례해 보자(大慧의 傳記). 그리 했으면 그가 물려준 보물을 멀찍이 떨어져 조망하고, 가까이 다가가 요모조모 살펴보자(大慧의 使命).

Ⅱ. 大慧 看話禪의 배경
周邊, 위기와 도약의 시대

대혜는 불교사적으로 선불교계가 五家七宗으로 갈라지고, 정치사회적으로 전쟁 패배의 혼란기에 활동하기 시작했다. 사상계로 보자면, 그 시기는 저마다 현실 상황 타개책을 제시하면서 서로 경쟁했던 시대였다. 학계로 보자면, 침체의 위기이자 도약의 기회였고, 갈등과 논쟁의 국면이자, 모색과 발전의 호기였다. 한마디로 중세판 百家爭鳴의 시대라 하겠다.

먼저 정치적 흐름을 살펴보자. 대혜가 활약했던 남북송 교체기는 內憂外患의 시기였다.

宋(960~1279) 조정은 중앙집권 관료체제를 구축하였으며 武를 억제하고 文을 숭상하였다. 唐(618~907)은 강대한 지방 세력의 도전을 받아 서서히 붕괴되었는데, 붕괴는 藩鎭 체제의 부작용이었다. 송 조정은 이를 타산지석으로 삼아 중앙집권 관료제를 실시했으나, 새로운 체제와 정책은 행정 기구를 증대시키고 관리의 수를 늘리는 결과를 낳았다. 송은 비효율적인 관료체제의 모순을 안고 있었다. 이에 어떤 士大夫들은 무기력한 정치 상황에 염증을 느끼기도 했다. 그 시절은 체재 정비의 시기이자 와해의 시기였다.

송은 1127년 金(1115~1234)의 침입을 받아 徽宗(1100~1125 재위)과 欽宗(1125~1127 재위), 두 황제가 피랍되는 靖康의 變亂("靖康之禍")을 겪었다. 송 조정은 민족과 국가의 운명을 걸고 전쟁과 화의를 고민하며 정치적 격동을 겪어야 했다. 그 누구보다도 사대부들은 亂世의 지식인이자 亂國의 관료로서 무엇이 책임 있는 태도이고 국가와 민족을 구제하는 최적의 방법인지를 고뇌해야 했다. 어떤 이들은 현실을 도외시한 채 수수방관으로 일관했고, 어떤 이들은 난관을 이겨내기 위해 절치부심으로 날을 지새웠다. 두 군주가 잡혀가고 수도를 변방으로 옮겨야 할 정도로 역부족인 상황이었지만, 상황을 정면 돌파하자는 목소리는 힘을 더했다. 이들이 주전파이다. 문신 趙鼎(1085~1147), 張九成(1092~1159), 胡銓(1101~1180), 그리고 무신 韓世忠(1089~1151), 張浚(1086~1154), 岳飛(1103~1141) 등이 대표적이다.

그러나 高宗은 화친을 택했다. 그는 秦檜(1090~1155)를 내세워 주전파들을 "朋黨"이라는 명목으로 제거했다. 1141년(紹興 11년, 大慧 53세) 4월, 진회는 한세충, 장준, 악비의 군권을 몰수했고, 10월에는 악비를 투옥시켰으며, 11월에는 금과 화친했고, 12월에는 악비를 살해했다. 이때 장구성을 비롯하여 정면 대응을 주장하던 대부분의 관료가 투옥되거나 유배당했다. 후에 진회는 도학자에 의해 奸臣으로 몰렸고, 『宋史』에도 간신으로 기록되었고, 진회에 대립한 주전파들은 충신으로 추앙되었다. 도학자의 기준대로라면 대혜 역시 충의로운 신하라 할 수 있겠다.

　대혜는 주전파 인사와 교류하면서, 화친을 선택한 고종, 진회와 대립했다. 그가 교류한 사대부의 면면과 그의 행적이 이를 증명한다. 『宋史』의 기록을 보자. "徑山의 승려 종고는 선의 이치를 잘 가르쳤다. 그래서 수많은 사람들이 종고를 추종했다. 장구성도 이때 종고와 왕래했다. 진회는 〔장구성과 종고가〕 자기에 대해 논의할까 두려워 하여 司諫 詹大方을 시켜 장구성과 종고가 조정을 비방했다고 거론하게 하여, 〔장구성을〕 南安郡에 유배시켰다. 14년 동안 남안군에 유배되었다."[1] 실제 대혜는 고종과 진회가 주전파 장군 세 사람을 축출한 일을 비난했다는 이유로 유배당했으니, 이것이 이른바 "神臂弓" 사건이다. 이 사건은 선사가 군주에 정치적으로 대립하여 귀양 갔던, 중국 역사상 희귀한 사례이다.

　다음 선불교계의 동향을 알아보자. 대혜가 활동했던 시기는 文字禪의 시대였다.

　당말 오가칠종 분등시대를 거쳐 북송초의 운문종 전성기를 지나 임제종 黃龍派와 曹洞宗이 자웅을 겨루던 때에, 대혜는 본격적으로 선을 공부하기 시작했다. 그 시절 임제종 양기파는 어떠했을까? 양기파는 아직 주류가 아니었다. 양기파가 선불교계의 대표세력으로 부상한 것은 圓悟(克勤, 1160~1125)와 대혜의 활약에 의해서이다.

　북송대에 이르러 유학계와 불교계는 활발히 교류했는데, 이런 현상의 기저에는 교통과 통신의 발달과 더불어 세속의 재정 후원이 있었다. 한편 文治主義 정책과 인쇄술의 발전에 따라 선불교계에도 문자를 활용하여 공부하는 풍즈가 생겨났다. 어떤 선사들은 傳燈錄과 語錄을 간

---

1) 『宋史』 권374, 「張九成列傳」.

행했고, 어떤 선사들은 유학의 訓詁學과 같이 문자고증과 경전인용으로 공안을 해설했다. 선사 대부분은 유학자의 상징이었던 문자를 활용하여 그들의 지향을 표현함에 주저하지 않았으며, 일대일 교육 방법이었던 공안은 "과거의 準則"으로 변했고 고칙은 活句로서의 생명력을 상실하여 死句로 전락하였다. 雪竇(重顯, 980~1052)가 그때까지의 대표적인 공안에 頌古를 붙여 최초의 공안집 『百則頌古』를 편찬한 이래, 원오의 『碧巖錄』을 비롯한 많은 공안집이 연이어 간행되었고, 급기야는 문자를 온전히 이해한다면 선의 종지를 제대로 파악할 수 있다는 주장도 등장했다.[2] 문자선의 시대가 도래했던 것이다.

문자선이 처음 태동되었을 때는 질적으로 양적으로 좋은 점이 부각되었다. 문자를 통해 공부 내용을 관찰하고 표현함으로써, 공부를 심화시킬 수 있었고 선의 취지를 대중에게 확산할 수 있었다. 그렇지만 후대로 내려갈수록 그 본연의 취지는 왜곡되고 말았다. 차츰 공부주체는 아무런 반성도 없이 문자를 해석했으며, 해석을 수집하고 암기하기만 하여, 그런 공부의 속효성과 평이함에 도취되었다. 점차 문자는 공부주체의 시선을 고정시키고 사고를 마비시키는 '공부의 블랙홀'이 되어 간 것이다. 한마디로 "不立文字"와 "直指人心"이 무색해진 것이다. 이에 대혜는 문자선을 비판하고 "不立文字, 見性成佛"의 기치를 드높였다.

이 시절 선사들은 속인, 특히 사대부들과 일상적으로 교류했다. 원오가 문자선을 비판하면서 사대부와 일상적으로 문답하고 많은 글을 남긴 배후에도 이런 사정이 있었고, 대혜가 최고위 관료나 학계의 거두들과 교류하며 그들과 서신을 교환하고 그들을 위한 보설을 행한 것도

---

2) 『智證傳』, Z.111.186b.

이런 사정과 무관하지 않다. 원오와 대혜가 상당, 소참, 보설을 행할 때 사대부들도 참석하여 문답했다. 원오의 경우, 상당, 소참, 보설의 대상자의 약 1/3이 사대부이며, 대혜의 경우 과반을 넘는다. 적어도 원오 이래로 승속을 구분하지 않고 함께 모여 교육하는 것이 임제종 양기파의 전통이다. 이 시절 승속의 위계질서는 뚜렷하지 않았으며, 사제 관계가 있었을 뿐이다. 만일 승속을 분리하여 교육하거나 승속의 위계질서를 강조한다면, 임제종 양기파의 정신에 위배되는 것이며 대혜가 제출한 간화선의 본의에 역행하는 것이다.

마지막으로 눈을 돌려 유학계의 사정을 알아보자. 대혜가 활동했던 시기는 유학자의 선 공부가 유행하고 文章學이 득세하던 시대였다.

이 시절에는 유학자들의 선 공부가 조금도 이상하지 않은 현상이었고, 교양인의 필수과목일 정도였다. 유학자 상당수가 유학에 선의 지향을 가미시키기도 했고, 유학의 덕목을 선의 핵심 용어로 표현하기도 했다. 유학자가 선을 공부하고 선사가 문자를 활용하여 선의 지향을 표현함에 따라, 선은 유학의 발전에 기여하기도 했고 다른 한편으로 유학에서 영향을 받기도 했다.

어떤 유학자들은 그 시절 정치 방면과 학술 및 문화 방면에 좌절을 체험했다. 좌절은 두 가지 모습으로 나타났다. 하나의 유형은 감당하기 힘든 현실을 모른 체하면서 심리적 분출구를 찾기 위해 문예활동에 몰두하거나 정신을 고양하려는 태도이다. 현실을 외면하는 유학자들은 고원한 정신세계에 안주하면서 현실에서 도피하기 위해 선을 공부하기도 했다. 일부 유학자들은 현실이 주는 심리적 압박감으로부터 벗어날 수 있는 특단의 해방구를 찾았는데, 그 출구가 외부와의 관계를 차단할 것을 권하는 默照禪이다. 유학자들의 선에의 경도, 특히 좌선에의 몰두는 그들의 심리적 공황이 반영된 것이다. 일부는 문학적 정신고양을 통해 분출구를 모색했는데, 그것이 문장학이다. 다른 하나의 유형은 대의명분보다는 개인적 실익을 추구하려는 양상이다. 어떤 이들은 科擧 시험에 합격할 목적으로 공부했는데, 이들에게 공부란 도를 추구하는 학문이 아니고 입신양명의 수단이었다.

　대혜는 사대부들의 양태를 목도했고, 그들의 묵조선과 문장학 그리고 과거대비용 공부를 비판했다. 그는 사대부들에게 유학다운 공부를 권고하면서도, 유학과는 달리 본래성불의 입장에서 선의 근본공부가 공부의 핵심이라고 계도했다.

III. 大慧의 문제의식과 大慧禪의 발전
傳記, 大慧의 학습과정과 이력

　1089년 11월 10일 출생한 대혜는, 1163년(南宋 孝宗 隆興 元年) 8월 10일, 臨安府 徑山 明月堂에서 世壽 75세, 戒臘 58세로 입적했다. 임종게는 "삶도 그렇고 죽음도 그렇거늘, 게가 있고 없음, 무엇이 긴절하겠는가?〔生也只恁麽, 死也只恁麽, 有偈與無偈, 是甚麽熱大〕"이다. 그의 諱는 宗杲이며, 號가 대혜이다. 別號는 妙喜 또는 雲門이고, 字는 曇晦이며, 諡號는 普覺이고, 塔名은 寶光이다.

　그의 일생에서 중요한 사건은 湛堂(文準, 1061~1115)과의 문답, 원오와의 만남과 認可, 그리고 신비궁 사건으로 인한 유배이다. 이 세 사건을 졸가리로 하여 그의 학습과정과 교화 및 활동 이력을 살펴보기로 한다.

1. 학습: 五家七宗 섭렵과 臨濟宗 楊岐派 귀착

歸依 및 求道行脚

사대부 가문에서 태어난 대혜는 유소년기에 유학 경전을 학습했다.[3] 유소년기에 유학을 공부했기에, 그는 후에 사대부들과 자연스럽게 교류하면서 학문과 세상사를 걱정할 수 있었다. 대혜는 16세 때 출가했는데, 출가 동기가 흥미롭다. 대혜는 13세 때 향교에 입학하여 공부했다. 그러던 중 학우들과 장난하다가 벼룻돌을 던져 스승의 外出帽를 먹투성이로 만들어버렸다. 그 일로 심한 꾸중을 듣게 되었고 배상금까지 지불해야 했다. 이에 소년 대혜는 "세간의 서적을 읽는 것이 어찌 출세간의 法을 공부하는 것만 같으리오"라고 생각하면서, 세속의 공부에 회의를 품기 시작했다.[4]

17세부터는 본격적으로 불교를 공부하기 시작했다. 19세부터는 行脚을 시작하여 周遊하면서 공부했다. 처음에는 雲門禪에 관심이 많았다. 대혜의 제자 道謙이 엮은 『宗門武庫』는 이런 사실을 전한다.

宣州 明寂紹珵 선사는 瑯琊(挪慧覺)·설두·天衣 등 선배 큰스님들을 두루 찾아뵙고 시봉하면서 법문을 청하였다. 세상에 나와서는 興敎坦 화상의 법제자가 되었는데, 큰도 낭야의 법제자이다. 나중에 太平州 瑞竹寺로 옮겨 西堂에 거처하였다.

대혜가 처음 행각했을 때, 그(명적소정)를 찾아가 설두의 拈古와 頌古에 대하여 가르침을 청하였다. 소정 선사는 스님(대혜)에게 인연을 보

---

3) 『大慧年譜』(佛敎大藏經 73). 13세조. p. 508.
4) 『大慧年譜』, 13세조. p. 508.

게 하고, 스스로 보고 스스로 말하도록 하였을 뿐 자신의 말은 조금도 들려주지 않았다. 대혜가 옛 성인들의 미묘한 종지를 깨치자, 소정 선사는 대중 앞에서 칭찬하기를, "대혜는 부처님께서 환생한 사람이다"고 하였다.[5)

윗글로 보아 명적소정은 임제종을 수련한 후, 설두와 천의 등의 선사들에게서 공부한 운문종 계열의 선사로 추정된다. 설두는 운문종의 中興祖라고 불린다. 그는 공안의 의미를 해설한 『백칙송고』를 쓰는 등, 문자선을 번성시켰다. 대혜는 명적에게 "설두의 염고와 송고에 대하여 가르침을 청했다." 이로 보아, 대혜는 운문선풍에 관심을 가졌으며 공안의 의미를 문자로 해설하는 문자선에도 주의를 기울였다. 북송대에는 운문종이 세력을 떨쳤다. 적어도 원오와 대혜 이전까지는 그랬다. 그러나 임제종을 공부했던 명적은 설두의 염고와 송고의 의미를 묻는 대혜에게 "스스로 보고 스스로 말하도록 하였을 뿐"이었다. 명적의 훈계는 臨濟(?~866)의 가르침과 똑같다. 이로써 대혜에게 운문종의 귀족학자풍 문자선과 임제종의 주체성 강한 견성돈오 사상이 교차되었다.

원오는 설두의 『송고백칙』 각 송을 해설하여 강의했고, 그 강의를 모은 것이 유명한 『碧巖錄』이다. 대혜가 원오로부터 인가받은 후, 문자선을 단호하게 비판할 수 있었던 데에는 그 스스로 문자선을 학습했던 이력이 작용했다. 그가 스승 원오의 강의를 모은 『벽암록』 목판을 소각하고 파괴할 수 있었던 데에도 이런 학습 이력이 바탕이 되었다.

20세 때 대혜는 曹洞宗을 공부했다. 『종문무고』는 이렇게 적고 있

---

5) 『宗門武庫』, T.47.953ab.

다. "대혜는 그 후 다시 영주(郢州) 大陽寺에 가서 元 수좌, 洞山道微, 堅 수좌 등을 참방하였다. 동산도미 스님은 芙容(道楷, 1043~1118) 회중에 수좌로 있었으며, 堅 수좌는 그곳에서 시자로 십여 년을 지냈다. 대혜는 세 분 휘하에서 오랫동안 지내면서 조동종의 종지를 모두 깨쳤다."[6]

대혜는 조동종의 종지를 체득함과 동시에 회의를 품기 시작했다. 그는 이렇게 회의했다. "조동종의 종지가 옳을 수도 있다. 그러나 그 이면에는 옳지 못한 부분이 있다. 어떻게 깨달음이 있은 적이 없음을 알 수 있는가?"[7] 그가 품은 회의의 정체는 조동종에는 깨달음이 없다는 것이다. 이런 문제제기는 후에 그가 조동종의 묵조선을 비판하는 요지로 발전했다.

湛堂의 계도와 常惺惺 체득

1109년 21세 때부터 대혜는 임제종 黃龍派의 담당 문하에서 공부했다. 1114년에는 문자선의 문제점을 본격적으로 각성할 수 있었다. 26세 때의 일이다.

어느 날 〔담당이〕 물었다. "종고 상좌, 그대는 나의 선을 한꺼번에 이해하였다. 그대에게 설법하라면 설법할 수 있고, 염고·송고·소참·보설을 지어 법문하라 해도 그대는 할 수 있다. 그러나 한 가지 할 수 없는 것이 아직 있다. 그대는 알겠는가?" 〔대혜가〕 반문했다. "제가 알지 못하는 것이 무엇입니까?"

---

6) 『宗門武庫』, T.47.953b.
7) 『大慧普覺禪師普說』, 「錢承務同衆道友請普說」, 卍正藏.60.850b.

담당이 말했다. "그대가 한 가지 이해하지 못한 것이 있다. 그대가 이 한 가지를 알지 못하기 때문에, 내가 방장실에서 그대와 더불어 대화할 때는 선이 있다가도 방장실을 나가자마자 온통 없어져버리며, 정신 차리고 깨어 생각할 때는 선이 있다가도 잠에 들자마자 송두리째 없어져버린다. 만일 이와 같다면 어떻게 생사의 문제에 대적해낼 수 있겠는가?"〔대혜가〕대답했다. "바로 그것이 제가 의심하고 있는 대목입니다."[8]

대혜는 처음 행각했을 때부터 운문종의 선을 배웠고 문자선에 관심을 가져, 26세 즈음에는 문자선에 정통했다. 담당은 이미 문자선에 대해 문제의식을 지녔고, 그 문제의식으로 대혜를 계도했다. 담당은 대혜가 기존의 공안을 언어로 설명하는 능력을 인정했지만, "늘 깨어 있음"을 체득하지 못했다고 일침을 놓았다.

한편, 담당이 늘 깨어 있지 못한다고 분발을 촉구했을 때, 대혜는 그것을 "의심하고 있다"라는 대답으로 맞받아쳤다. 대혜의 선이 자신도 감지하지 못하는 사이에 본원성 보존을 중시하는 황룡파 노선에서 주체적 자각을 중시하는 양기파 노선으로 넘어간 것이다.

27세 때 담당의 병세가 위독해지자, 대혜는 "스님께서 만일 이 병환을 이겨내지 못하신다면 저는 누구에게 의탁하여 이 중대한 일을 마쳐야 하는지 가르쳐주십시오"라고 여쭈었다. 이에 담당은 "극근이라는 스님이 있는데 나 역시 그를 잘 알지는 못한다. 그대가 만일 그를 만난다면 기필코 이 일을 이룰 수 있겠지만, 끝내 그를 못 만난다면 수행을 계속하다가 후세에 다시 태어나 선을 공부하여야 할 것이다"[9]라며, 원

---

8) 『宗門武庫』, T.47.953b; 『大慧年譜』, 26세조, p. 511.

오를 찾아가 공부할 것을 유훈으로 남겼다.

그러나 대혜는 스승의 간곡한 당부에도 불구하고, 스승 사후 7년여가 지난 34세 때에야 원오를 만나려 했지만 그마저 뜻을 이루지 못했다. 음미해야 할 대목은 황룡파의 담당이 양기파의 원오를 추천했다는 사실이다. 이 사실은 황룡파가 이미 한계에 봉착했고 양기파가 부상하고 있었음을 의미한다.

담당이 말한 "늘 깨어 있음"은 慧能(638~713), 馬祖(709~788), 임제로 이어지는 법맥의 핵심 사상이다. 그것이 돈오선의 조사 혜능이 제시하는 無念·無住·無相이며, 祖師禪의 종장 마조가 말하는 "일상의 마음으로서의 도〔平常心是道〕"를 일컬으며, 임제가 요구한 "언제 어디서든 주인〔隨處作主〕"과 "존재하는 어느 상황에서나 참〔立處皆眞〕"과 다르지 않다. 바로 이것이 임제종 양기파의 頓悟이다. 담당의 계도에서 대혜는 돈오선의 일상성과 주인의식을 체득할 수 있었던 것이다.

圓悟의 認可와 中道·活潑潑 체득

1125년 선종사에 일획을 긋는 사건이 일어났다. 그해 4월 비로소 대혜는 汴京 天寧寺를 방문하여 스승의 유훈대로 원오를 친견했다. 5월 결제에서는 원오의 법문을 듣고 선의 종지를 체득하여 드디어 임제종 정통으로 인가받았다. 37세 때의 일이다.

〔하루는 원오가 말했다.〕 '어떤 승려가 雲門(文偃, 864~949)에게 '어느 것이 모든 부처가 몸을 드러낸 곳입니까?'라고 묻자, 운문은 '東山이 물

---

9) 『宗門武庫』, T.47.953b;『大慧年譜』, 26세조, p. 511.

위를 간다'라고 대답했다. 하지만 나(원오)는 그렇게 생각하지 않는다. 여러 부처가 나타난 곳은 어디인가? 따뜻한 바람이 남쪽에서 불어오니 처마 끝에 바람이 선선하게 부는구나." …(중략)… 이에 〔대혜는〕 홀연히 앞 뒤 생각이 끊어져 아무런 생각도 일어나지 않은 채, 도리어 맑고 텅 빈 자리에 앉아 있었다.

대혜가 입실했을 때 원오는 이렇게 말했다. "그대가 그런 자리에 도달하기란 쉽지 않다. 애석하게도, 죽어버려 활발발함을 얻지 못했구나. 말과 글귀를 의심하지 않음이 크나큰 병통이다. 듣지 못했는가? 낭떠러지에서 스스로 기꺼이 손을 놓아 죽었다 살아난다면 누구도 그대를 기만하지 못하리라. 반드시 이런 도리가 있다는 것을 믿어야 한다."

마침내 원오는 대혜를 택목당에 머물게 하면서 시자 업무는 조금도 시키지 않았다. 원오는 대혜가 매일 사대부와 함께 자신의 방에 들어올 수 있도록 했다. 하지만 〔대혜가 물을 때마다〕 원오는 "말 있음과 말 없음이 마치 등나무에 기댄 것과 같다"고 대답했다. 그러면서 대혜가 뭐라고 말하기만 하면, "그게 아니야"라고 바로 대답했다. 이러기를 반년이나 계속했다.[10]

대혜는 원오 문하에서 공부하다가, 원오의 설법을 듣고 "생각이 끊어져 아무런 생각도 일어나지 않은 채, 도리어 맑고 텅 빈 자리에 앉아 있는" 것과 같은 경지를 체험했다. 그런 경지가 선의 최종 지향일까? 결론부터 말하자면, 그런 상태는 선의 자리가 아니다. 대혜의 두 스승, 담당과 원오의 입장은 단호하다.

대혜는 맑고 텅 빈 자리[寂寂]만을 맛보았을 뿐, 또렷또렷 깨어 있음

---

10) 『大慧年譜』, 37세조, p. 516.

〔惺惺〕은 근처에도 가지 못했다. 그는 담당의 계도에도 불구하고 아직은 "늘 깨어 있음"을 체화하지 못했었다. 담당은 당시 선불교계가 "寂寂"을 선의 경지로 오인함을 통감한 듯하다. 추정컨대, 담당은 "寂寂" 지향에서 "惺惺寂寂" 지향으로 전환시키고자 서원했을 것이다. 그것은 선의 제자리 찾기이며 본래면목 재확인이다. 담당은 대혜가 이런 사태를 겪을 것을 예지하고 대혜에게 원오를 추천한 것이다. 그는 양기파의 원오만이 자신의 서원을 성취하리라고 생각했을지도 모른다.

대혜는 원오의 가르침을 듣고도, 묵조선 공부를 버리지 못했었다. 조동종의 묵조선은 "寂寂惺惺"을 지향한다고 할 수 있지만, 많은 묵조선사들은 맑고 텅 빈 자리를 수행의 경지로 여겼다. 대혜는 이 체험을 공부가 완성된 것으로 생각하고 원오에게 검증받으려 했다. 그러나 원오의 평가는 냉혹하기 그지없었다. 한마디로 "죽어버려 활발발함을 얻지 못했다"이었으니, 조사선의 본령인 활발발함을 체득하지 못한 상태라는 것이다. 후에 대혜는 또렷또렷 깨어 있음, 곧 활발발함이 선의 본령임을 깨닫고 묵조선사들을 비판했다.

스승 원오는 제자에게 정답을 일러주지 않고 그저 "아니야"라는 대답만 반복할 뿐이니, 제자로서는 답답한 노릇이다. 이것이 선지식의 교육법이고, 선사의 공부법이다. 만일 제자가 "이것입니까"라고 말했을 때, 스승이 "(이것이 아니고) 저것이다" 혹은 "그것은 이래서 아니다"라고 대답한다면, 그것은 이미 선사들의 선문답이 아니다. 스승은 오로지 제자로 하여금, 스스로 의문을 품고 해결하게 할 뿐이다. 스승은 왜 제자 스스로 의문을 품게 했으며, 무엇을 알아내라 채찍질했을까? 대혜는 드디어 이 문제를 해결했다.

그러던 어느 날 원오의 방에서 대혜는, 어떤 스님이 "말 있음과 말 없음이 마치 덩굴이 나무에 기댄 것과 같다"라고 한 말에 대해 물었고, 이윽고 더 물었다. "스승께서도 五祖(法演, ?~1104) 화상 문하에 있을 때 이 문제를 물으신 적이 있다고 들었습니다. 오조께서 뭐라고 말씀하셨는지 알지 못하겠습니다." 원오는 대답하지 않고 미소만 지었다.

대혜가 물었다. "오조 화상께서 그때 이미 대중의 질문에 응답하셨는데, 지금〔스승께서 말씀하신다고 해서〕무슨 잘못이 있겠습니까?" 원오가 어쩔 수 없이 대답했다. "내가 오조께 '말 있음과 말 없음이 마치 덩굴이 나무에 기댄 것과 같다고 하는 뜻이 무엇입니까?'라고 물었더니, 오조 스님께서는 '그것을 묘사하려 해도 묘사할 수 없고, 그리려 해도 그릴 수 없다'라고 말씀하셨다. 나는 '나무가 쓰러지고 덩굴이 마를 때는 어떠합니까?'라고 거듭 물었다. 오조께서는 '드디어 알아냈구나!'라고 응답하셨다."

이때 대혜도 활연히 크게 깨닫고 말했다. "저도 알아냈습니다." 원오는 몇 가지 인연문답으로 대혜를 시험하였고, 대혜는 어떤 것에도 막힘없이 응수했다. 원오가 기뻐하면서 말했다. "내가 그대에게 속지 않았음을 드디어 알았도다." 그리하여 원오는 대혜에게 『臨濟正宗記』를 지어주고 書庫를 담당하도록 하였다.[11]

원오는 대혜에게 '말 있음'과 '말 없음'은 덩굴이 나무를 칭칭 감는 것과 같이 서로 의존하는 것이므로, 함께 해소되어야 함을 넌지시 일러주었다. 나무를 살리기 위해 덩굴을 베어내는 등의 행위는 금기다. 함께 쓰러진 나무와 덩굴은 저절로 말랐다. 이로써 있음과 없음, 주인과 객체도 함께 쓰러졌고, 그것들의 구별도 저절로 해소되었다.

---

11) 『大明高僧傳』, T.50.916a; 『大慧年譜』, 37세조, pp. 516-517.

제자 대혜는 스승 원오의 "아니야"를 거듭 들으면서 스승을 포함한 외부의 무엇에도 의지하지 않고 스스로 문제를 해결하려 했고, 결국에는 '예 아니면 아니요' 혹은 '있다 아니면 없다'라는 이분법적 인식을 탈각할 수 있었고 공부 주관과 공부(대상)를 구분하는 사고를 극복할 수 있었다. 대혜는 中道를 깨달았다. 본래성불의 자리에서는 있음과 없음, 현상과 본질, 공부 주관과 공부의 구분은 애당초 없다. 조사선의 본래성불이 구현된 것이고, 임제의 "殺佛殺祖"가 실현된 것이며, 양기파의 진면목이 드러난 것이다.

스스로 임제선의 정통이라고 자부했던 원오는 대혜에게 『臨濟正宗記』를 지어주어 대혜를 임제선의 정통으로 인가했으니, 마침내 17년간의 구도 여정이 일단락되었다. 대혜와 원오와의 만남은 간화선의 출현의 예고편이었고, 원오의 인가는 간화선 탄생의 개막제였다.

대혜가 원오를 만날 수 있었던 데에는 황룡파 담당의 유지가 크게 작용했을 뿐만 아니라 사대부 張商英(1043~1122)의 영향도 적지 않았다.[12] 황룡파는 원오 이전까지 불교계의 대표세력이었고 사대부는 唐末부터 南宋까지 지성계의 주류를 이룬 세력이었다. 간화선의 발전에는 양기파의 노력 이외에 다른 세력의 공헌이 밑거름되었던 것이다.

五家七宗 섭렵과 臨濟宗 楊岐派 귀착

대혜는 북송대에 유행했던 여러 선을 섭렵한 후 최종적으로 양기파에서 도를 체득했다. 그는 오가칠종을 모두 공부했으며 임제종에 귀착

---

12) 1116년 대혜는 장상영을 만났다 이 인연으로 장상영과 대혜는 서로 심기를 통하여, 장상영은 대혜에게 妙喜라는 법호와 曇晦라는 자를 주었다. 1120년에는 장상영과 재회하여 약 10개월간 법담을 나누었다. 헤어질 때 장상영은 원오를 반드시 친견하라고 권유했다.

했음을 이렇게 말했다. "내가 오랫동안 仰山, 曹洞, 雲門, 法眼의 법맥을 모두 공부해 왔지만, 臨濟 법맥이야말로 옳다."[13] 더욱이 그는 황룡파 담당에게서 크게 깨우쳤으므로, 오가칠종을 모두 배운 셈이다. 그는 오가칠종을 모두 학습하여 선에 정통하다는 자부심을 이렇게 천명했다.

> 曹洞禪에서는 臨濟 문하에서 공부하여 달도할 수 있음을 인정하지 않는다. 臨濟禪에서는 潙仰 문하에서 공부하여 달도할 수 있음을 인정하지 않는다. 潙仰禪에서는 雲門 문하에서 공부하여 달도할 수 있음을 인정하지 않는다. 雲門禪에서는 法眼 문하에서 공부하여 달도할 수 있음을 인정하지 않는다. 이런 태도들 모두는 문제의식은 심히 뜨겁지만 크게 긴절함이 없다. 나야말로 누구보다도 선 공부에 정통하다. 나는 오가종파를 모두 알아냈다.[14]

운문종과 임제종 황룡파의 선을 공부했기 때문에, 대혜는 운문종과 임제종 황룡파가 주요 수행 방법으로 삼는 문자선의 폐해를 비판하면서도 화두를 활용하는 선을 제시할 수 있었다. 조동종을 공부했기 때문에, 그는 조동종의 수행 방법인 묵조선의 병폐를 누구보다도 잘 알았고 묵조선을 과장될 정도로 비판할 수 있었다. 뿐만 아니라 유학을 공부했기에, 그는 유학자들의 학문 병폐를 비판하면서도 유학의 윤리 실천을 포용하는 선을 제시할 수 있었다. 기실 오가칠종의 종지는 다르지 않고 直指人心, 見性成佛일 뿐이며, 돈오가 체득된다면 유학의 윤리 실천도

---

13) 『大慧語錄』, 「鄭成忠請普說」, T.47.887c.
14) 『大慧普覺禪師普說』, 「錢承務同衆道友請普說」, 卍正藏.60.850ab.

본성의 작용일 뿐이다. 대혜는 깨어 있는 본성을 구현하는 방안으로 하나의 길을 제시했으니, 그 하나의 길이 바로 간화이다.

대혜는 스스로 "사승관계를 빌리지 않고 날로 禪學과 친해졌다[15]"라고 말한 적이 있다. 이는 학습과정에서 종파의식에 사로잡히지 않고 여러 유파를 두로 공부했음을 고백한 것이다. 그의 구도행각은 善財童子의 그것을 연상시키며, 진리를 찾아 광야를 유람하는 선지자의 분투를 떠오르게 한다. 한마디로 그는 중세 중원을 활보했던 구도의 유목민이라 할 수 있겠다. 이런 그의 말과 학습 이력은, "선은 전수할 수 있는 것이 아니라 스스로 깨쳐야 하는 것[自證自悟之法]"[16]이라는 임제종 양기파의 기치와도 부합한다.

2. 활동: 교류와 교화

인가 이후 대혜의 명성은 원근에 진동하여, 도처에서 찾아오는 사대부가 날로 많아졌다. 대혜는 매순간 활발발해야 하며 이분법적 사고를 극복해야 한다고 교화했으며, 공부의 요체로 한결같이 간화를 제시했다.

대혜는 1134년(46세) 長樂 廣因寺, 1137년(49세) 臨安府 徑山 能仁禪院 등 여러 곳에서 開善道謙을 비롯한 제자를 교육했다. 1134년 조동종의 眞歇(淸了, 1090~1151)과와의 회동은 대혜의 교화활동에서 새로운 이정표였다. 대혜는 진헐의 雪峰 菩提會建立에 즈음하여 普說을 했다. 내용은 행사를 축하하는 경축사였으며 진헐을 추켜세우는 칭송

---

15) 『大慧年譜』, 17세조, p. 509.
16) 『宗門武庫』, T.47.953b.

사였다. 그러나 흔히 그러하듯 칭송은 외교성 발언이기 십상이고 진실
은 이면에 있었다. 그해 대혜는 묵조선을 본격적으로 비판하기 시작했
다. 그러나 대혜가 묵조선만을 겨눈 것은 아니었다. 그 비판은 선과 유
학에 대한 비판의 서두였고, 간화선 발전의 도약대였다. 이윽고 대혜는
유명한 「辨邪正說」을 썼다.

이 시절 대혜는 右相 湯思退, 參政 李邴, 內翰 汪藻, 禮部侍郎 張
九成, 給事 中憑檝 등 최고위 관료에게 선을 교육할 정도로 사대부의
추앙을 받았으며 道學의 핵심 주제인 一貫, 仁義, 格物을 논의했다.
이런 점에서, 대혜는 사대부들과 송대 학문의 주요 논제를 담론했으며
학문 논쟁의 중심에 있었던 것이다. 대혜의 제자 가운데, 장구성은 대
혜가 유배당하도록 빌미를 제공한 신비궁 사건의 주인공이면서 남송
초기 유학의 선두로서 예부시랑, 형부시랑을 역임한 주전파 지식인이
었다. 또 汪應辰과 呂本中은 장구성과 함께 朱熹(1130~1200)에 의
해 대혜의 제자로 지목되어 선에 오염되었다고 비판받은 사대부였
다.[17] 대혜의 제사를 직접 주관했고 「塔銘」을 썼던 장준은 황실 친위
군의 사령관이자 대표적인 주전파였다. 대혜와 교류한 사대부들은 정
이의 직제자이거나 정이의 제자인 楊時와 李侗의 제자이어서 크게 보
아 二程 문하라고 할 수 있다. 이처럼 대혜와 교류한 사대부들은 학계
와 정계의 거목이었다.

사대부들은 『대혜어록』을 즐겨 읽었다.[18] 주희는 과거 시험을 보기
위해 장도를 떠났을 때 『대혜어록』 한 질만을 지녔으며,[19] 대혜의 직

---

17) 『朱子語類』, 132.2; 132.26; 124.25.
18) 『大慧普覺禪師語錄』, 「大慧普覺禪師語錄序」, 卍正藏.59.696b.
19) 『居士分燈錄』, Z.147.463b.

제자인 도겸을 만났다.[20] 그런 주희는 제자들이 대혜의 선에 경도되는 것을 극도로 걱정하면서[21] 사대부의 학문을 어그러뜨리는 대표 인물로 대혜를 지목하여 "선가의 협객"[22]이라고 일컬었다. 그가 대혜를 대하는 태도는 한마디로 "敬而遠之"라 할 수 있다. 송대 불교계와 유학계에서 차지하는 영향력에서, 대혜는 영예롭게도 "임제의 再興"이란 찬사를 얻었다. 이 모든 일이 대혜의 위세와 명성 때문이었다.

명성을 떨치던 어느 날, 대혜는 또 하나의 중요한 사건을 경험한다. 때는 대혜가 53세 되던 해인 1141년 5월이다. 대혜는 이른바 신비궁 사건으로 衡州(湖南 長沙)에 유배되었다. 이후 1150년(62세)까지는 형주에, 그 후 1156(68세)까지는 梅州(廣東)에 유배되었으니, 총 16년간 유배되었던 셈이다. 선사 대혜가 유배된 사건의 전말은 무엇일까? 대부분의 선사의 일대기가 그러하듯 구체적인 기록은 남아 있지 않다. 정치적인 사항은 선어록에서 다루는 내용도 아니고 傳燈의 역사와도 별 관계가 없기 때문으로 보인다. 더욱이 正史類는 선사의 행적을 자세히 기록하지 않았다. 대혜의 개인 언행록인 『大慧年譜』는 대혜의 유배를 이렇게 전한다.

이해(1141, 紹興 11년) 4월, 〔대혜는〕 시랑 장구성의 부친 졸곡제를 올리기 위해 산에 올랐다. 대혜는 원오가 장소원에게 "鐵剗禪을 하라"고 한 말을 인용하여, "나는 張無垢의 선을 신비궁과 같다고 하노라" 하면서 게송으로 말하기를, "신비궁 한 발이면/ 일천 겹 갑옷도 뚫어버린다/ 자세

---

20) 『朱子語類』, 126.85; 126.32.
21) 『朱子語類』, 126.89.
22) 『朱子語類』, 126.118.

히 살펴보니/ 지독한 가죽버선 구린내로구나"라 했다. 이튿날 장구성이 설법을 청했고 대주의 了因 선사가 대혜에게 질문했다. 대혜는 이에, "신비궁 한 번 쏘면/ 일천 겹 자물쇠도 한꺼번에 열어젖히고/ 취모검 한 번 휘두르면/ 만겁 의심 모조리 깨뜨린다"라는 말을 했다. 얼마 지나지 않아, "조정에서 세 장수(韓世忠, 張浚, 岳飛)를 파면시킨 사건을 장구성이 거론하자, 대혜가 호응하여 화답했다"라고 하나하나 시비곡직을 따졌다. 5월 15일 장구성에게 "상복을 입고 집에 머무르라. 그리고 상복 입는 기간이 끝나면 따로 명령을 기다리라." "徑山의 주지 종고의 도첩을 박탈하여 형주로 유배시킨다"라는 칙령이 내려졌다.[23)]

이 사건은 『대혜연보』 외에도 일종의 전등록인 『佛祖統記』(T.49.425b)나 『雲臥紀談』(Z.148.23d-24a)에도 유사하게 기록되어 있다. 그뿐 아니라 正史인 『宋史』(권374, 「張九成列傳」)에도 기재되어 있다. 대혜의 유배가 개인 언행록에 수록되었을 만큼 이 사건은 대혜의 일생에 결코 적지 않은 비중을 차지했으며, 전등록에 찬입되었을 만큼 선 전등사에서 특별한 사항이고, 정사류에 기재될 만큼 중국 정치사에 반향이 심대했다.

신비궁 사건으로 미루어 보건대, 대혜는 현실 정치에 관심을 갖고 개입했다. 조동종의 선사들은 그렇지 않았다. 금 황실이 조동종 사찰을 수도에 건립하고, 이에 보답하기 위해 조동종 선사가 황궁에서 설법했으며, 그 선사를 황제가 친히 영접할 정도로 조동종과 금 황실은 밀접한 관계를 유지했다. 그리고 浙江에서 세력을 떨치던 宏智(正覺, 1091~1157)가 금에 군사행동으로 대응해서는 안 된다고 주장할 정도로,

---

23) 『大慧年譜』, 53세조, p. 528.

조동종계 선사들은 남송의 주화파 정부 및 금 정부와 친밀한 관계를 유지했다. 어찌 보면 대혜는 시비분별을 일으켰다고 볼 수도 있다. 과연 그는 시비분별을 일으켰다는 비판을 벗어날 수 있을까? 혹은 그런 비판보다 근본적인 문제가 있었을까? 이 문제는 가치판단의 문제이다. 하지만 확실한 점은, 조동종의 선사들이 현실 상황을 그대로 수용한 바와 다르게 대혜는 현실 속의 생경력을 중시했다는 것이다. 대혜가 조동종의 묵조선을 비판하면서 현실에서의 활동성과 능동성을 요구하는 선을 제시한 것도 이와 무관하지 않다. 바로 그것이 그가 체득한 늘 깨어 있음이다.

유배 기간 중 대혜의 선은 확연한 모습으로 나타났다. 대혜는 유배 기간 중인 1147년(59세) 『正法眼藏』을 찬술했으며, 유배 기간과 그 후에 많은 보설, 법어, 편지를 남겼다. 대혜가 문답한 상대의 대부분(약 64%)은 사대부이며, 『대혜어록』에 수록된 편지 62편 중 25편이 유배지 형주에서 쓴 것이다. 편지의 수신자는 42명이다. 그중 선사 2분, 사대부 부인 1명을 제외한 나머지 39명은 사대부이다.

사대부들은 대혜에게 학문과 선을 질문했으며, 대혜는 그들에게 문자선과 묵조선 그리고 유학공부를 질정했고 중도를 체득하고 늘 깨어 있어야 한다고 촉구했다. 그런데 중도를 체득하고 늘 깨어 있기 위한 길로 그가 제시한 공부법이 바로 간화이다. 교화 과정에서 그는 유학 학술용어를 활용하여 선을 설경하기도 했다. 이로써 대혜선의 물결이 세속 지식인을 흠뻑 적셨다. 대혜의 노력과 더불어, 서서히 그러나 강렬하게 선의 성격이 반전되기 시작했다.

Ⅳ. 大慧의 憂患意識과 看話禪의 사상

使命, 破邪顯正과 本來面目 具顯

유배 가기 3년 전, 대혜는 불교계의 상황을 祖師 道의 쇠퇴와 사이비선의 횡행이라고 판정하면서[24] 불교계를 심히 우려했다. "최근 몇 해이래 〔불법을〕 팔아먹는 어떤 무리가 있다 …(중략)… 가끔 종사가 신중히 다루지 않고 잠시라도 내버려두면 마침내 메아리같이 근거 없는 것을 이어받아 서로 번갈아 인가하고 전수하면서 후세 사람들을 오도한다. 이로써 바른 종풍이 쇠퇴하게 되었고, 單傳直指의 종풍이 거의 일소될 지경이다."[25] "요즈음 불법은 안타깝다. 마구니는 강하고 불법은 약해졌다. 선을 말하는 사람들은 누구 할 것 없이 …(중략)… 도처에서 온갖 잡초마냥 다투고 있다."[26] 대혜가 정리한 불교계의 피폐 상황을 보자.

최근 몇 해 사이 선에 여러 갈래가 생겼다. 어떤 부류는 질문을 주고받다가 최후까지 한 구절을 더 첨가하는 것을 선으로 생각하는 자이다〔문자선〕. 어떤 부류는 옛 선인이 도에 든 인연을 모아 놓고 평가하기를 '이말은 공허하다, 저 말은 진실하다, 이 말은 뜻이 깊다, 저 말은 뜻이 오묘하다'라 하면서 정통과 이단으로 판별하는 것을 선이라고 주장하는 자이다〔배타적 정통주의〕. 어떤 부류는 눈으로 보고 귀로 듣는 것을 '삼계가오직 마음이며 모든 존재는 오직 마음의 識임'에 화해시키는 것을 선이

---

24) 『大慧語錄』, 「答富樞密」, T.47.921b; 『大慧語錄』, 「示智通居士」, T.47.893b.
25) 『大慧語錄』, 「答鼓山逮」, T.47.942c.
26) 『大慧語錄』, 「定光大師請普說」, T.47.864c.

라고 간주하는 자이다[유심론]. 어떤 부류는 말없이 컴컴한 산 속의 귀신 굴 속에 앉아 눈을 꼭 감고서, 그렇게 하는 것이 '세계가 형성되기 이전의 일이다' '내가 아직 태어나지 이전의 일이다' '침묵하면서도 언제나 비춘다'라고 주장하면서 선이라고 말하는 자이다[묵조선].[27]

대혜는 선의 병폐를 유형별로 정리했다. 문자선, 배타적 정통주의, 유심론, 묵조선이 그것이다. 왜 대혜는 이들을 들먹였을까? 이들의 폐해가 가장 심각했기 때문이다. 문자선과 묵조선의 폐해는 재차 말할 필요조차 없다.

선에서 마음공부는 아무리 강조해도 지나치지 않는다. 그러기에 예나 지금이나 모든 사태를 마음으로 돌리는 쪽이 있어 왔고, 대혜 시절도 그랬다. 대혜는 그런 쪽은 옳지 못하다고 생각했다. 그가 현실 속의 선을 주문한 것도 이런 생각에서 나온 것이며, 현실 사태에 개입한 것도 마찬가지다. 그는 줄곧 모든 문제를 마음먹기로 돌리는 노선을 질책했다.

밝음이 있으면 어둠이 있게 마련이다. 전등록 간행에는 밝은 면이 있다. 선을 전파하고 선맥을 정리했음이 이것이다. 그 이면에는 어둠이 도사리고 있다. 종파적 우월성을 선전하기 위해 나름의 전등사를 가공했음이 그것이다. 그런 가공은 선의 종지를 역행한다. 그 어두운 면이 배타적 정통주의의 병폐다. 대혜는 이를 따졌다. 이로 보아 그가 선의 다른 유파를 추궁하는 목적은 종파적 우월을 내세우기 위함이 아니며, 유학자의 학문을 비판하는 의도는 불교의 우위를 주장하기 위함이 아니다.

---

27) 『大慧語錄』, 「答張舍人」, T.47.941bc.

선사들의 전등록에만 두 얼굴이 있었던 것이 아니다. 사대부의 선공부도 야누스의 얼굴을 가졌다. 그 시절 사대부들은 선의 대열에 참여하여 유학의 심성론과 수양론을 발전시켰으며 학문적 다양성을 꽃피웠다. 그러나 일부 사대부들은 유학 고유의 지향이라 할 수 있는 윤리 실천을 소홀히 여겨 본분을 저버렸다.

대혜는 불교계를 걱정하는 한편으로, 유학계도 우려했다. 그는 유학계의 현실을 '지적 능력 과신과 지식 축적 과잉' '글재주 경쟁' 그리고 '본분을 외면한 침묵'이라고 진단했다. 그는 이 세 가지 증상에 대해 이렇게 정리했다.

> 옳지 못한 견해를 지닌 자 중에서도 비교적 나은 사람들은 '見聞覺知한 것'을 모아 그것이 자기 것이라 여기고, 감각에 비추어진 현상 세계를 자신의 本心으로 간주한다. 하열한 사람들은 두 입술을 나불거리며, 현묘한 담론을 펼친다. 심한 경우 발광하여 한량없이 제멋대로 마구 지껄이면서 동쪽을 가리킨 채 서쪽을 그려 댈 정도로 황당한 상황에 이르기도 한다. 가장 저열한 사람들은 침묵하면서 비추고 말없이 텅 빈 고요함을 간직한 채, 귀신 굴 속에 꼼짝도 않으면서 궁극의 안락을 구하려 한다.[28]

대혜는 사대부를 총명하고 영리하며 지극히 많은 책을 읽는 자라고 생각했다.[29] "총명하고 영리함"은 현실에서 분별적 사고로 나타나고, 다독은 지식 축적과 문장 기교에 대한 집착으로 드러난다. 비교적 나

---

28) 『大慧語錄』, 「答李郎中」, T.47.935ab.
29) 『大慧語錄』, 「錢計議請普說」, T.47.884c.

은 병폐는 분별적 사고〔思量計較〕, 경전 의존과 다독〔博覽多讀〕 그리고 경험지식 수집〔見聞覺知〕에, 하열한 병폐는 문장학과 문자선에, 가장 저열한 병폐는 현실무화의 은거와 묵조선 몰입에 해당한다. 대혜는 거의 모든 사대부가 자신의 총명함을 자만하여 어떠한 사태라도 분석이성으로 해결하려 한다고 진단했다. 또 많은 사대부가 마치 고급 취미를 즐기듯 문자선을 탐닉했고 지적 허영과 과거시험을 위해 문장학을 연마했다고 보았다. 그리고 적지 않은 사대부가 직분을 방기한 채 무사안일로 은둔하고 묵조선을 수련하면서 자신들의 심리적 공황을 채우려 했다고 여겼다.

대혜는 특별히 묵조선에 빠진 사대부를 구제하기에 노력했다. 그는 한탄조로 말했다. "요사이 어떤 옳지 못한 법사 무리가 묵조선을 설교하면서 사람들에게 하루 종일 아무 일에도 관여하지 말고 쉬고 그치라고 가르치면서 '소리도 내지 말라. 현실에 떨어질까 두렵다'라고 한다. 종종 사대부 중에는 총명하고 영리한 자질에 휘둘리는 자들이 있는데, 이들은 흔히 시끄러운 상황을 싫어하다가 옳지 못한 법사 무리가 정좌를 제시하면 쉽사리 경도된다. 이를 힘 안 드는 일로 여기곤, 이것이야말로 옳다고 여긴다. 그러고선 다시는 깨달음의 진수를 구하지 않고 오로지 침묵이 궁극적인 준칙이라고 여긴다. 내가 口業 지음을 두려워하지 않고 힘써 이러한 폐단을 구제해 왔더니, 이제 그 잘못됨을 아는 자가 더러 있게 되었다."[30]

세 가지 병폐에 대한 대혜의 치유책은 무엇보다도 근본 공부에 힘쓰라는 것이다. 근본 공부란 자기 성찰이고 본래면목 확인이다. 대혜가 제시한 근본 공부는 주인의식과 주체적 각성에 근거한 돈오이다. 바로

---

30) 『大慧語錄』, 「答陳少卿」, T.47.923a.

이것이 분별적 사고, 경전 의존과 다독, 경험지식 수집, 문장학, 문자선, 그리고 묵조선에 대한 대안이다. 그는 사대부를 임제선으로 교화했던 것이다.

여기서 그치지 않는다. 근본 공부가 확립되면 확인한 본성은 현실 세계에 적용되고 그 능력을 발휘하기 마련이다. 본성의 적용과 발휘는 유학자의 직분 수행이고, 본래성불의 현실화이다. 바로 이것이 현실무화와 묵조선에 대한 대안이다. 그는 말했다. "공부가 지극하지 못했으면 공부했다고 할 수 없고, 공부가 지극해도 작용하지 못한다면 공부했다 할 수 없으며, 공부가 사물을 교화하지 못한다면 공부했다 할 수 없다."[31] 말 그대로 반쯤 간 공부, 거의 다 갔지만 끝까지 가지 못한 공부는 당연히 공부라 할 수 없다. 돈오란 끝까지 간 경지이기 때문이다. 끝까지 간 경지에서 본성은 거침없이 작용한다. 그야말로 "작용이 본성〔作用是性〕"이고 "일상의 행동거지가 참〔平常心是道〕"이다. 대혜가 요구한 선은 자기 점검을 경유한 자기 확신과 불성 실현의 총체이다. 그것만이 진정한 학문이고 진짜 본래성불이다.

대혜가 제시한 진정한 학문은 사대부에게만 해당될까? 그는 스스로 현실 문제에 개입했고, 현실 문제를 돈오선으로 풀어냈었다. 1161년(73세) 금나라는 淮水를 넘어 전면적으로 침공하여 남송을 유린했다. 이로 인해 민생은 도탄에 빠졌었다. 그러던 중 1163(75세, 隆興 元年)년 남송이 정면으로 대응하여 승리했다. 그해 3월, 대혜는 황실의 군대가 개선한다는 소식을 듣고, 승도를 모아 놓고서 『華嚴經』을 열독하며 보국강민을 축원하며 게를 지었다.[32]

---

31) 『大慧語錄』, 「示成機宜」, T.47.913a
32) 『大慧年譜』, 75세조, p. 539.

자욱한 먼지 단번에 씻기니 하늘은 드높고
온 천하가 손아귀에 있도다.
세간 출세간의 모든 일 분명하게 깨치니
주인공은 또렷또렷하여 어둡지 않구나.

선 어휘가 이런 식으로 사용될 수 있을까 할 정도이다. 그는 중의법
을 썼다. "자욱한 먼지 단번에 씻기니 하늘이 드높다"는 표현은 선의
見性頓悟에 다름이 아니다. 다른 각도로 보자면 "자욱한 먼지"는 금나
라 군대에 의해 핍박받는 상황을, "먼지가 씻기니 하늘이 드높다"는 남
송이 금을 물리친 당당함을 비유한 것이다. 그리고 "천하가 손아귀에
있다"는 임제선의 隨處作主 주인의식을 표현한 것이며, 주전파의 자부
심을 웅변한 것이라 할 수 있다. 이상의 현실 인식과 견성돈오를, 대혜
는 "세간 출세간의 모든 일 분명하게 깨쳤다"고 말했다. 그리고 이런
경지를 확인했을 때, "주인공은 또렷또렷하여 어둡지 않은" 본래성의
실현, 즉 본래성불이 구현된다는 것이다.

대혜의 비유는 비상하다. 선사 대혜에게 돈오는 물론이고 현실 문제
해결도 자신의 몫이었다. 전혀 연관될 수 없을 것만 같았던 견성돈오와
현실 타개가 그에 의해 함께 추구되어야 할 것으로 취급되었다. 또 신
비궁 사건에서 보듯, 대혜는 현실을 벗어나지 않았다. 실상 대혜는 본
성의 발휘와 적용, 즉 실천을 중시했다.

불성은 남북을 가리지 않으며,[33] 세속을 떠나지 않는다. "眞俗不二"
이고 "世間法則佛法"[34]이리라. 현실과 단절하여 수행할 때만 불성이

———————————

33) 『六祖大師法寶壇經』(宗寶本), T.48.348a.
34) 『大慧語錄』, 「示鄂守熊祠部」, T.47.898c; 『大慧語錄』, 「答汪內翰」, T.47.929c.

지켜지는 것이 아니다. 완전한 본성, 즉 불성은 선정에 들었거나 현실 속에서 활동하거나, 조건에 관계없이 발현하고 있다. 본래성불에 충실하다면 현실이 수행의 터전이고 불성의 활동 무대이어야 한다. 대혜의 간화선이 중시하는 주체적 공부, 주인의식, 자발성, 적극성, 능동성, 현실 속의 생명력은 본래성불의 연장이다.

이처럼 대혜는 출세간의 진리를 추구하는 초탈 선사의 입장이 아니라 출세간과 세간을 포괄하여 책임지는 선각자의 입장에서 송대 지성계에 만연했던 문제점들을 지적했다. 묵조선 비판에서 보듯, 대혜는 자기 내부로만 수렴하는 공부는 지양해야 한다고 하면서 현실 세계에서 자신이 체득한 진리를 구현하라고 계도했다.

대혜의 사명은 그야말로 "옳지 못함을 부수고 옳음을 드러냄"이었다. 인가 후 입적까지 그의 일생은 이 자체였다. 인가받은 9년 후인 1134년(46세), 13년 후인 1138년(50세), 그리고 34년 후인 1159년(71세), 대혜는 주목할 만한 발언을 했다. 1134년 대혜는 사람들이 잘못 공부하고 있다고 지적하면서 「옳음과 옳지 못함을 판정하는 글〔辨正邪說〕」을 썼고,[35] 1138년 공부의 8대 금기사항을 제시한 「答富樞密」을 썼으며, 1159년에는 7대 금기사항을 적시한 「答張舍人」을 썼고, 같은 해 "옳지 못함을 버리고 옳음에 돌아가게 한다〔捨邪歸正〕"는 취지의 법어 「示妙明居士」를 했다.

「변사정설」 이후, 대혜는 선사 및 사대부와 문답을 주고받으며 교화에 힘썼다. 교화에 전력하던 중 臨安 徑山寺에서, 그는 지적 능력 과신과 지식 축적 과잉 때문에 학문이 정체된 富直柔(?~1156)를 계도할 목적으로 8개 항목의 금기사항을 말해주었다. 또 유배 해제 후 같은

---

35)『大慧語錄』,「枊菴林司法爲考大祥請示衆」, T.47.841c;『大慧年譜』46세조, p. 522.

장소에서 7개 항목의 금기사항을 꺼내 보였다. 두 조합의 금기사항은 대혜의 학문비판과 간화 공부법에 대한 요약이라 할 만하다. 「답부추밀」을 쓴 이후에도 대혜는 유사한 내용으로 편지를 썼고 법어를 내렸다. 그 내용이 「시묘명거사」에 정리되어 있다.

「변사정설」은 선사와 사대부의 공부에 대한 문제제기성 기조발표문이라 할 수 있고, 「답부추밀」과 「답장사인」은 사대부를 위한 계도문이라 할 수 있으며, 「시묘명거사」는 그간의 비판을 집대성한 결정판이라 할 수 있겠다. 또한 이 네 가지 발언은 공부 비판의 연작물이자 그 대안으로 제안한 간화의 지침서라 하겠다.

1134년은 대혜가 정치 사건으로 유배(1141)되기 7년 전이고, 1138년은 유배되기 3년 전이며, 1159년은 유배로부터 사면(1156)된 지 3년이 되는 해이며 입적(1163)하기 4년 전이다. 그는 유배기간 중에 선사 및 사대부들과 교류하며 적지 않은 서신을 남겼다. 각 서신의 주제 또한 「답부추밀」 및 「시묘명거사」의 내용과 일치한다. 따라서 「변사정설」과 「답부추밀」, 「답장사인」, 「시묘명거사」에 내재된 문제의식은 그의 유배를 유발한 행적과 일정한 관련을 가진다고 볼 만하다. 그러한 문제의식은 유배 기간과 그 이후에도 변하지 않았다. 대혜가 1138년 제시한 8개 항목의 금기사항과 1159년 제시한 7개 항목의 금기사항은 이렇다.

1. '있다(有)'와 '없다(無)'라는 [이분법으로] 사고하지 말라.
2. 도리의 관점에서 이해하지 말라.
3. 분별적으로 사고하지 말라.
4. 눈썹을 휘날리고 눈을 껌박이는 상황에서 깨치려 하지 말라.
5. 언어 위에서 살길을 찾지 말라.

6. 활동이 없는 껍질 속에 휩쓸리지 말라.

7. 화두를 들어 일으키는 곳을 향하여 알려고 하지 말라.

8. 문자를 인용하여 증명하지 말라.[36)]

9 (1). 한 마음을 간직하여 깨닫기를 기다리지 말라.

10(2). 진실로 없는 없음(유무를 초월한 無)을 생각하지 말라.

11(3). 현묘한 지략을 내지 말라.

1 (4). '있다'와 '없다'라는 논리로 사고하지 말라.

4 (5). 눈썹을 휘날리고 눈을 깜박이는 상황에서 깨치려 하지 말라.

6 (6). 활동이 없는 껍질 속에 앉지(휩쓸리지) 말라.

7 (7). 화두를 들어 일으키는 곳을 향하여 알려고 하지 말라.[37)]

두 조합의 금기사항에는 겹친 것도 있어, 총 11항목이다. 그중, 6과 9는 묵조선의 본성보존 공부에 대한 우려이며 사대부의 묵조선 몰입에 대한 경고이다. 또 1, 2, 3, 11은 사유 능력 과신과 분별적 사고 성향 태도에 대한 견책이다. 그리고 5, 7, 8은 문자선의 언어 종속 경향과 공안 절대화 경향 및 화두를 분석하려는 행태에 대한 훈계이며, 사대부의 경전 의존, 다독, 경험적 지식 수집에 대한 훈육이다. 11항목의 금기사항에는 대혜가 지적한 당시 학계의 문제점이 총망라되어 있다. 한마디로 요약하자면, '있음'과 '없음'에 빠져 있고 깨달음을 대상화하는 병통이다. 즉 바로 지금 이 자리에서 중도로 보지 못하고 중도대로 살지 못하는 고질병이라 할 수 있겠다.

---

36)『大慧語錄』,「答富樞密」, T.47.921c.
37)『大慧語錄』,「答張舍人狀元」, T.47.941b. (순서는 재배열했다.)

무엇보다 중요한 점은, 대혜가 중증의 고질병을 치유하는 유일한 秘方으로 간화를 처방했다는 사실이다. 대혜는 8개의 금기사항을 말해주기 직전, "다만 그 자리에서 나아가 화두를 들어라"[38]고 했으며, 7개의 금기사항을 꺼내 보여주기 직전에도, "그저 의심을 유발하는 화두를 들어라"[39]고 권면했다. 그때 제시한 화두가 趙州(從諗, 778~897)의 "無字"이다. 이로부터 조주의 무자는 간화의 상징이자 본래면목 확인의 관문으로 자리매김하였다.

대혜 이전에도 선 공부의 금기사항은 제시되었다. 法眼(文益, 885~958)은 10개 항목의 오류를 지적했다.[40] 그 중 다수가 위의 11가지 금기사항과는 다르지만, 그것들도 대혜가 문자선과 묵조선을 비판할 때 지적했던 사항과 내용상 동일하다. 대혜는 그때까지 있었던 선의 교훈을 시대 상황에 맞게 적용한 것이다. 특히 11항목 중, 1~10은 知訥(1158~1210)의 『看話決疑論』[41]과 慧諶(1178~1234)의 『狗子無佛性話揀病論』[42]에 나오는 10개 금기사항의 원류이다. 이로써 대혜가 제시한 11항목의 지침은 10개로 확정되어 간화의 교본이 되었으며, 한국 간화선의 길잡이로 전해 내려오게 되었다.

간화는 일상생활 속에서 언제나 진행되어야 하며, 일상의 현실이야말로 간화의 터전이다. 대혜는 말했다. "현실 세상의 자질구레한 일을 따져 보고 있음을 자각하는 순간, 억지로 그것을 제거하려 하지 말라. 다만 그렇게 따져 보는 상황에 나아가 부담 없이 화두를 들라. 그렇게

---

38) 『大慧語錄』, 「答富樞密」, T.47.921c.
39) 『大慧語錄』, 「答張舍人狀元」, T.47.941b.
40) 「宗門十規論」, Z.110.878a-881b.
41) 知訥, 「看話決疑論」, 『普照全書』, pp. 96-97.
42) 慧諶, 「狗子無佛性話揀病論」, 韓國佛敎全書.6, p. 70.

한다면 얼마든지 헛된 노력을 덜 수 있고, 무한히 성과 있는 힘을 얻을 수 있다."[43] 대혜가 유일한 대안으로 제시한 간화는 본성과 현실을 차단하는 빗장이 아니라, 본성과 현실을 소통시키는 열린 窓이다. 물론 간화를 한다면 본성과 현실의 구별은 없고, 빗장과 창의 구분도 있을 수 없다. 그런 구분은 유무·진속 이분법적 세계관의 소산일 뿐이며, 간화는 중도를 체득하여 "無一物中無盡藏" "본래 아무것도 없는〔本來無一物〕 본래면목" 그리고 "無心의 平常心"을 실현하는 길이기 때문이다.

V. 隨處作主와 中道行

간화선의 조사 대혜의 생애는 "중도 체인"과 "늘 깨어 있음의 실현" 과정이라 할 수 있겠다. 그에게 중도와 늘 깨어 있음은 본래면목 확인이자 본래성불 그 자체였다. 본래면목을 확인한 후, 그는 중도와 늘 깨어 있음을 일생에 걸쳐 구현했으며 대중을 교화했다. 그가 대중을 교화한 핵심 역시 중도와 늘 깨어 있음이다. 이를 위해 제시한 방안이 看話이다. 한마디로 그의 간화선은 중도를 체인하고 늘 깨어 있기 위한 가장 적합한 길이다.

行住坐臥, 語默動靜 간에 間斷 없이 간절하게 간화를 제대로 한다면, 일상에서 늘 깨어 있게 마련이고 활동성과 능동성이 저절로 나타난다. 만일 선정에 들었을 때만 깨어 있다면, 그것은 간화가 아니다.

---

43) 『大慧語錄』, 「答趙待制」, T.47.924a.

간화를 하면서도 일상에서 활발발함을 실현하지 못하거나 현실을 외면하고 초탈을 꿈꾼다면, 그것은 대혜가 제시한 간화선을 벗어난 것이다. 대혜의 간화선에서 늘 깨어 있음과 활발발함, 자발성과 능동성, 그리고 활동성과 현실 참여는 같은 것의 다른 표현이다. 그것들은 본래성불의 구현이고, 본성의 작용일 뿐이다. 구현하지 않는 본래성불은 차디차게 불 꺼진 화로일 뿐이며, 작용하지 않는 본성은 타고 남은 마른 재일 뿐이다. 바로 이것이 대혜 간화선의 본래 정신이다.

대혜는 종파적 목적에서 유학계와 불교계를 싸잡아 비판하지 않았다. 그의 말 중 이런 말이 있다. "오늘날 불법은 안타깝게도 스승이라는 사람들이 먼저 특이하고 현묘한 것을 자신들의 흉중에 쌓아 놓고 서로 전승시키고 있다. 입과 귀로 전수한 것만을 종지라 주장하고 있다. 이와 같은 무리들은 다른 사람의 마음에 해독을 끼쳐서 치료마저 할 수 없다."[44] 그는 사이비 선과 사이비 유학을 척결하고자 했고 바로 세우려 하였다. 척결하고 바로 세움에, 그는 業의 굴레를 두려워하지 않았다. 척결의 대안도 간화이고, 바로 세움의 관건도 간화이다.

마지막으로 대혜의 말을 음미해 보자. "대비심을 크게 일으켜 역순 경계에서도 진흙과 물에 뛰어들어 목숨을 아끼지 않고 구업을 두려워하지 않는다. 모든 것을 건져내어 부처의 은혜에 보답한다. 이것이야말로 대장부의 할 일이다."[45]

隨處作主가 떠오르지 않은가. 破邪顯正이라 할 만하지 않은가.

自由自在 中道行이 아닌가. 늘 깨어 있는 本來面目이 아닌가.

---

44) 『大慧語錄』, 「示妙明居士」, T.47.910c.
45) 『大慧語錄』, 「答劉寶學」, T.47.925c.

변희욱(卞熙郁)

서울대학교 치의학과, 대학원 철학과 석사·박사. 서울대학교 강사.

공저로『실천불교의 이념과 역사』(서울 : 행원, 2002), 공동 편역으로『삼국과 통일신라의 불교사상』(서울: 서울대 출판사, 2005),『고려시대의 불교사상』(서울 : 서울대 출판사, 2006), 논문으로「宗密 哲學에서 〈知〉의 역할과 의미」(서울대 석사학위, 1994),「大慧 看話禪 연구」(서울대 박사학위, 2005) 등 다수가 있다.

대혜의 『서장』에 인용된 대승경전에 관한 고찰

이덕진 │ 창원전문대학 교수

I. 들어가는 말

주지하다시피 看話禪이란 '話頭를 看하여 본래 성품자리를 바로 보는 禪法'이다. 간화선은 祖師禪의 핵심을 가장 잘 간직하고 있는 수행법이다. 조사선에서는 수행자들이 스스로가 본래 부처임을 확인하기 위해 선문답을 통해 깨닫는 증득의 과정을 거친다. 그에 비하여 간화선에서는 깨달음의 과정을 화두라는 독특한 방식을 도입함으로써 좀더 명확하고 구체적인 틀로 정형화하고 있다. 조사선과 간화선은 다만이 점이 서로 다를 뿐이다. 다시 말해서 간화선은 조사선이 강조하는 견성 체험을 그대로 이어받았을 뿐만 아니라, 조사 스님들께서 마음의 본래면목을 바로 보였던 말길이 끊어진 말씀을 화두라는 형태로 잘 정형화해서 이 화두를 통해 지금 이 자리에서 마음을 깨치게 하는 탁월한 수행법이다.

宋代에 大慧宗杲(1089-1163)[1] 선사가 간화선을 체계화하고 정립할 때, 화두 공부를 하면서 경전의 가르침을 무시하거나 경시하거나 폐기하라고 문도들에게 가르친 적이 없다. 대혜는 단지 교를 의존하여 선으로 가되 문자의 공능을 지나치게 과신하거나 집착하지 말라고 하였을 뿐이다. 즉 문자를 사용하지 말라는 것이 아니라, 문자를 교조화하지

---

1) 大慧는 號이고, 諱는 宗杲, 別號는 雲門 또는 妙喜이고, 字는 曇晦, 諡號는 普覺, 塔號는 普光이다.

말라고 가르치고 있는 것이다. 그러나 오늘날 우리나라에서 간화선 공부를 하고 있는 많은 분들은 이 문제와 관련하여 지나칠 만큼 문자를 무시하거나 경시하고, 심지어 폐기하려고 하는 경향까지 보이고 있다.

연구자는 이 문제를 상당히 심각하게 보고 있다. 그 결과 이 논문은 대혜 간화선에서의 교학, 특히 대승경전의 위치를 복원하고자 하는 목적을 가지고 서술되었다. 연구자는 그 방법의 일환으로 대혜가 간화선을 정립하는 데 교학을 어느 정도의 위치에 두었는가를, 대혜의 간화선을 대표하는 업적 중의 하나인『서장』을 하나의 텍스트로 하여 탐색하고자 한다. 물론 그 궁극적인 목적은 지나치게 경시되고 과소평가되고 있는 교학의 위치를 제자리에 돌려놓고자 하는 것이다.

대혜 간화선과 교학의 함수관계에 대한 기존의 연구성과나 연구자의 수는 미미한 실정이다. 게다가 그 성과 역시 대혜의 간화선에서 대승경전이 가지고 있는 위치의 중요성을 감안할 때 아주 만족스럽다고 보기는 어려울 정도였다.[2] 이 점은 대혜의 간화선에서 교학이 차지하고 있는 위치를 감안할 때, 한국 불교학계의 입장에서 본다면, 대단한 유감이라고 할 수 있다. 지금이야말로 대혜의 교학사상, 더 나아가서 간화선과 교학과의 관계에 대한 본격적인 연구가 필요한 시점이라고 말할 수 있을 것이다.

이 논문은 이 글 Ⅰ에 이어 Ⅱ에서는『서장』에 인용된 대승경전을 분석하게 될 것이다. Ⅱ-1에서는『서장』의 체제에 대해서 그리고 Ⅱ-2

---

2) 대혜 간화선과 교학의 함수관계에 관한 접근은 대만과 일본 학계에서 일부 시도되었고, 미국 학계에서도 부분적으로 시도되었다. 그러나 불행히도 국내 학계에서는 본격적으로 연구된 바가 없다. 대혜와 교학과의 관계를 다룬 국내학계의 연구논문은 아래와 같다. 金晋鉉(玄碩),「大慧 宗杲의 華嚴觀 研究」(서울: 동국대 석사논문. 2003); 무애,「大慧書狀과 華嚴經에 關하여」,『수다라 9집』(합천: 해인사 승가대학. 1994)

에서는 『서장』에 인용된 대승경전을 분석하려 한다. 다음 'Ⅲ. 『서장』에 인용된 대승경전에 관한 고찰'은 이 논문의 핵심 부분이다. Ⅲ-1에서는 대혜의 묵조선 비판과 관련하여, 그가 묵조선을 비판하면서 어느 정도 대승경전을 활용하였는지는 논구하게 될 것이다. Ⅲ-2에서는 간화선 수행의 기초와 대승경전과의 관계를 집중적으로 탐색하게 될 것이다. 특히 대혜가 가장 중시하고 있는 '불법에 대한 바른 안목'의 문제가 논의의 중심에 서게 될 것이다. Ⅲ-3에서는 간화선 수행과 대승경전과의 관계를 중점적으로 탐구하게 될 것이다. 이 절에서는 '發心'과 '알음알이', '信心' 그리고 '話頭三昧의 경지'에 대한 문제가 논구의 핵심이다. Ⅲ-4에서는 깨달음의 세계와 대승경전과의 관계를 중점적으로 다루게 될 것이다. 그리고 Ⅳ에서는 Ⅱ와 Ⅲ에서 논의되었던 것을 최종적으로 반성하려 한다.

  연구자는 이 논문이, 대혜와 교학과의 관계에 대해서 기왕에 우리가 가지고 있었던 상당한 정도의 오해를 어느 정도 풀리게 할 뿐 아니라, 그의 선사상의 基體에 대한 좀 더 명료한 접근을 허용하는 계기가 되기를 기대한다.

Ⅱ. 『서장』에 인용된 대승경전의 분석

1. 『書狀』의 체제

  『書狀』은 대혜종고가 주로 사대부들에게 '看話禪 工夫의 要諦'를 대답해준 편지글로서, 그의 제자 慧然이 기록하고 黃文昌에 의해서 대혜 만년에 만들어졌다가 대혜 사후 3년 만에 黃文昌이 재차 중편한 것으로, 『語錄』(1권~9권), 『頌古』(10권), 『偈頌』(11권), 『讚佛祖』 (12권), 『普說』(13권~18권), 『法語』(19권~24권), 『書』(25권~30 권) 등의 7부분으로 이루어진 『大慧普覺禪師語錄』 30권 가운데, 끝 (25권~30권)의 『書』를 의미하는데, 일반적으로 『書狀』이라는 말로 통용된다.

『서장』의 제25권은 曾侍郎(天游), 李參政(漢老)에게 보낸 서신이 다. 제26권은 江給事(少明), 富樞密(季申), 李參政(漢老), 陳少卿 (季任), 趙待制(道夫), 許司理(壽源), 제27권은 劉寶學(彦脩), 劉通 判(彦沖), 泰國太夫人, 張丞相(德遠), 張提刑(暘叔), 汪內翰(彦章), 夏運使(志宏), 제28권은 呂舍人(居仁), 呂郎中(隆禮), 汪狀元(聖 錫), 宗直閣, 李參政(泰發), 曾宗丞(天隱), 제29권은 王敎授(大受), 劉侍郎(季高), 李郎中(似表), 李寶文(茂嘉), 向侍郎(伯恭), 陳敎授 (阜卿), 林判院(少瞻), 黃知縣(子餘), 嚴敎授(子卿), 張侍郎(子韶), 徐顯謨(稚山), 楊敎授(彦侯), 樓樞密(仲暉), 曹太尉(功顯) 그리고 마 지막 30권은 榮侍郎(茂實), 黃門司(節夫), 孫知縣, 張舍人狀元(安 國), 湯丞相(進之), 樊提刑(茂實), 聖泉珪和尙, 鼓山逮長老에게 보 낸 서신이다.

『서장』에서 대혜는 전부 42명에게 62편의 서신(답신)을 보냈다. 曾侍 郎에게는 6편, 李參政(漢老), 富樞密, 汪內翰, 呂舍人에게는 각 3편, 陳 少卿, 許司理, 劉通判, 汪狀元, 劉侍郎, 樓樞密, 榮侍郎에게는 각 2편의 서신을, 그리고 나머지 江給事, 趙待制, 劉寶學, 泰國太夫人, 張丞相, 張提刑, 夏運使, 呂郎中, 宗直閣, 李參政(泰發), 曾宗丞, 王敎授, 李郎 中, 李寶文, 向侍郎, 陳敎授, 林判院, 黃知縣, 嚴敎授, 張侍郎, 徐顯謨, 楊敎授, 曹太尉, 黃門司, 孫知縣, 張舍人, 湯丞相, 樊提刑, 聖泉珪和尙, 鼓山逮長老에게는 각 1편의 서신을 보냈다. 뿐만 아니라 『서장』에는

대혜에게 도를 묻는 曾侍郞(天游)의 질문 1편, 李參政(漢老)의 질문 2편, 총 3편의 질문도 함께 실려 있다.

특기할 것은, 여성 1인(泰國太夫人), 승려 2인(聖泉珪和尙, 鼓山逮長老)을 제외하고는, 『서장』에서 대혜가 가르침을 내리는 대상이 모두 당시의 지식인이자 관료인, 사대부라는 것이다. 『서장』에서 대혜와 서신으로 교류하고 가르침을 받은 주류 인물들의 유형은 通判, 侍郞, 知縣, 敎授, 提刑, 郎中, 丞相, 寶學, 給事, 參政, 少卿, 待制, 司理, 寶學, 內翰, 舍人, 狀元, 宗丞, 寶文, 判院, 顯謨, 樞密, 太尉, 門司 등 다양한 지식인 관료 계층 등에 걸쳐 있다. 아래에 이 문제 등과 관련하여 만든 42명의 身上 등에 대한 간략한 표가 좋은 참고가 될 것이다.[3]

〈표 1〉 『서장』에 나타난 인물들의 신상

번호	姓+官職+字	관직 설명	참고
1	曾 侍郞 天游	六部를 맡은 從三品	대혜 46세, 洋嶼山에서 답, 서신 처음 시작
2	李 參政 漢老	집정관	대혜 47세, 이후 雲門庵에서 답
3	江 給事 少明	正四品	대혜 48세
4	富 樞密 季申	樞密院은 대궐 숙직과 軍機 담당 內閣의 자문 審査議定	대혜 50세, 이후 徑山寺에서 답

---

3) 『서장』에 나타난 인물들의 신상은 〈(宋)祖詠 編,, 『大慧普覺禪師年譜』, 『佛敎大藏經』 47卷(臺北: 佛敎出版社, 1978)〉; 〈大韓佛敎曹溪宗敎育院 編, 『書狀』(서울: 大韓佛敎曹溪宗敎育院, 1999)〉; 〈金鎔源, 編, 『文淵閣 四庫全書한글索引集』(서울: 太學社, 1994)〉; 〈智象 註解, 『書狀』(서울: 佛光出版部, 1998)〉 등을 참고하여 만들었다.

번호	姓+官職+字	관직 설명	참고
5	陳 少卿 季任	大理寺 등 九寺에 卿, 少卿이 있음	대혜 51세
6	趙 待制 道夫	保和殿과 諸閣 등 殿閣	대혜 51세
7	許 司理 壽源	법조계 관리	대혜 52세
8	劉 寶學 彦脩	국사 편찬 학사	대혜 51세
9	劉 通判 彦沖	藩鎭의 군사 감독	대혜 51세, 劉 寶學 彦脩의 동생
10	泰國太夫人		대혜 52세, 張 丞相 德遠의 모친
11	張 丞相 德遠	尙書省 등 3성의 관리	대혜 68세, 張丞相家에서 답
12	張 提刑 暘叔	提默刑獄官으로 刑囚 관장	대혜 52세, 張 丞相 德遠의 형
13	汪 內翰 彦章	翰林學士	대혜 55세, 53세(1141년) 형주로 귀양 55세 이후 형주에서 답신
14	夏 運使 志宏	군 식량 및 군수품 보급	대혜 55세
15	呂 舍人 居仁	궁에서 천자를 가까이 모심	대혜 55세
16	呂 郎中 隆禮	近侍(현재의 차관급)	대혜 55세
17	汪 狀元 聖錫	甲科의 수석 급제자	대혜 56세
18	宗 直閣	서고 담당자	대혜 56세
19	李 參政 泰發	집정관	대혜 61세, 李 參政 漢老와 구별
20	曾 宗丞 天隱	황족의 族籍 담당	대혜 58세
21	王 敎授 大受	五經을 가르침	대혜 59세
22	劉 侍郎 季高	六部를 맡은 從三品	대혜 60세
23	李 郎中 似表	三省의 관리	대혜 61세
24	李 寶文 茂嘉	국사 편찬 학사	대혜 60세
25	向 侍郎 伯恭	禮部 侍郎	대혜 61세
26	陳 敎授 阜卿	五經을 가르침	대혜 57세

번호	姓+官職+字	관직 설명	참고
27	林 判院 少瞻	翰林院의 主判職	대혜 57세
28	黃 知縣 子餘	지방 군수, 縣監	대혜 61세
29	嚴 敎授 子卿	五經을 가르침	대혜 57세
30	張 侍郎 子韶	六部를 맡은 從三品	대혜 61세
31	徐 顯謨 稚山	顯模閣 學士	대혜 58세
32	楊 敎授 彦侯	五經을 가르침	대혜 68세, 귀양처에서 석방(1156년), 張丞相家에서 답
33	樓 樞密 仲暉	樞密院은 대궐 숙직과 軍機 담당 內閣의 자문 審查議定	대혜 69세, 이후 阿育王寺에서 주석하며 답
34	曹 太尉 功顯	軍務監	대혜 69세
35	榮 侍郎 茂實	六部를 맡은 從三品	대혜 69세
36	黃 門司 節夫	門吏로 宮門 수호	대혜 69세
37	孫 知縣	지방 군수, 縣監	대혜 70세, 이후 徑山寺로 옮겨서 답
38	張 舍人 狀元	궁에서 천자를 가까이 모심	대혜 71세
39	湯 丞相 進之	尙書省 등 3성의 관리	대혜 71세
40	樊 提刑 茂實	提黙刑獄官으로 刑囚 관장	대혜 71세
41	聖 泉珪 和尙	佛僧	대혜 71세, 대혜의 문인, 서신 끝
42	鼓 山珪 長老	佛僧	대혜 66세, 형주에서 답, 대혜 손상좌

2. 『서장』에 인용된 대승경전의 분석

『서장』에서 대혜가 보낸 62통의 답신을 분석해 보면, 선어록을 포함하여 조사와 관계된 내용이 98회, '狗子無佛性'을 중심으로 한 화두와 관련된 내용이 63회, 『화엄경』 등과 관련된 대승경전류는 103회 인용되고 있다. 이것은 비율로 따지면 98:63:103이 된다. 이것을 다시 화두를 1로 놓고 볼 때, 조사(어록):화두:대승경전류의 비율은 대강 1.55:1:1.63이 된다. 만일 조사(어록)와 화두를 같은 계열로 놓고 본다면 조사어록 및 화두가 161회, 대승경전류가 103회이므로, 선과 교의 비율이 100:64가 된다.

또 위의 조사어록, 화두 및 대승경전류의 인용횟수를 62통의 서신과 평면적으로 비교해 본다면, 1통의 서신 당 대개 조사(어록)와 대승경전류가 1.6회 그리고 화두가 1회 인용된 것이 된다. 이러한 분석은 대혜가 선만큼이나 교도 중시했다는 것을 보여주는 명백한 증거가 된다. 이 문제에 관한 구체적인 내용은 차차 서술될 것이다.

『서장』에 98회 인용된 조사(어록)은 永嘉玄覺이 10회로 가장 많고, 다음으로 達磨大師와 龐居士가 각 5회씩 인용되었으며, 巖頭禪師, 牛頭法融, 黃檗希運이 각 4회씩 인용되었고, 三祖僧璨, 六祖慧能, 百丈懷海, 雲門文偃, 圓悟克勤, 潙山靈祐가 각 3회씩, 南泉普願, 趙州從諗, 寶誌和尙, 藥山惟儼, 慈覺宗賾, 馬祖道一, 眞淨克文이 각 2회씩 인용되었다. 그리고 나머지 章敬和尙, 平田和尙, 灌溪和尙, 雪峯眞覺, 石頭和尙, 李文和都尉, 雪竇重顯, 魏府老華嚴(懷洞禪師), 二十二摩羅那尊者, 水潦和尙, 雪峰義存, 蒙山道明, 大珠慧海, 永明延壽, 仰山慧寂, 德山宣鑒, 南嶽懷讓, 玄沙師備, 龍牙居遁, 曹山慧霞, 瑞巖和尙, 長沙和尙, 夾山善會, 臨濟義玄, 景岑禪師, 慈明楚圓, 石霜慶諸, 黃龍慧南, 仰山慧寂, 四祖道信, 南陽慧忠, 道膺禪師, 景岑禪師 등이 각 1회씩 인용되었다.

『서장』에 63회 인용된 화두로는 趙州從諗의 狗子無佛性·放下着·庭前柏樹子를 필두로 雲門文偃의 須彌山·乾屎橛·東山水上行, 馬祖道一의 一口吸盡西江水, 首山省念의 竹篦子, 洞山良价의 麻

三斤 등이 있다. 이 중에 狗子無佛性의 인용 횟수가 34회로 가장 많고, 그 다음으로 乾屎橛의 인용이 11회이며, 須彌山, 放下着이 각 5회씩 인용되었고, 庭前柏樹子가 3회, 一口吸盡西江水가 2회, 그리고 麻三斤, 東山水上行, 竹篦子話가 각 1회씩 인용되었다.

특기할 만한 것은 거의 대다수가 '無字〔狗子無佛性〕' 화두에 집중되어 있다는 것이다. 다시 말해서 전체 62통의 서신 중 화두가 언급된 서신은 曾侍郞에게 보내는 4통을 포함하여, 17명에게 보내는 25통인데, 여기에서 34회 '무자' 화두를 언급하고 있다. 대혜의 화두 제접은 중년이나 말년이나 할 것 없이 조주의 '狗子無佛性'로 집약되고 있다. 결국 여기서 우리는 대혜가 거의 대부분의 문도들에게 '무자' 화두로 선의 요체를 설파하고 있음을 알 수 있다.

『서장』에 인용된 대승경전류는 103회이다. 이 가운데『화엄경』의 인용이 30회로 가장 많고, 『능엄경』이 16회, 『열반경』과『유마경』이 8회, 『금강경』과『법화경』이 7회, 『원각경』이 6회 인용되고 있다. 그 밖에 『묘법연화경요해』, 『원각경협송집해강의』, 『원각경대소』, 『능가경』, 『대승기신론』, 『금광명최승왕경』, 『사십이장경』, 『대보적경』 등의 방대한 대승경전과 논소가 인용되고 있다. 또한 승조가 인용될 뿐 아니라, 화엄조사로 청량징관과 규봉종밀 등도 여러 번 인용되고 있다. 이 조사를 통해서 우리는 대혜가 간화선의 요체를 설명하는 도구로 사용하기에 가장 적합한 대승경전류로『화엄경』을 중심으로『능엄경』, 『열반경』, 『유마경』, 『금강경』, 『법화경』 그리고『원각경』 등에 주목하고 있다는 점을 알 수 있다. 이 문제에 관해서도 보다 구체적인 사항은 차차 논구될 것이다. 아래에 이 문제 등과 관련하여 만든 표를 제시해 놓았다. 좋은 참고가 될 것이라 사료된다.

〈표 2〉『서장』에 인용된 조사(어록), 화두, 대승경전류

번호	서신	조사(어록)	화두	대승경전
1	曾侍郞이 (도를) 묻는 편지			
2	曾侍郞에게 답함 1		須彌山, 放下着	묘법연화경, 유마힐소설경, 원각경, 화엄경 4회
3	曾侍郞에게 답함 2	巖頭禪師 2회, 平田和尚, 古德(牛頭法融禪師), 灌谿和尚	須彌山, 放下着	화엄경
4	曾侍郞에게 답함 3	老龐(蘊, 龐居士), 黃蘗希運, 王老(南泉普願和尙)	須彌山, 放下着	유마힐소설경
5	曾侍郞에게 답함 4	古德(二十二摩羅那尊者)		유마힐소설경, 화엄경
6	曾侍郞에게 답함 5	達磨大師, 雪竇重顯	須彌山 2회, 放下着 2회, 狗子無佛性, 竹篦子, 一口吸盡西江水, 庭前柏樹子	능엄경, 대품반야경
7	曾侍郞에게 답함 6			묘법연화경요해, 원각경협송집해강의
8	李參政漢老 問書			
9	李參政에게 답함 1	水潦和尚, 雪峰義存, 蒙山道明		화엄경, 능엄경
10	李參政漢老 問書			
11	李參政에게 답함 2	古德(藥山惟儼)		능엄경
12	江給事에게 답함	古人(潙山靈祐), 馬大師(馬祖道一)		

번호	서신	조사(어록)	화두	대승경전
13	富樞密에게 답함 1	大珠和尙(大珠慧海), 古德(黃蘗希運)	狗子無佛性 2회	화엄경, 유마힐소설경, 화엄일승교의분제장
14	富樞密에게 답함 2	古人(圓悟克勤)		능엄경
15	富樞密에게 답함 3		狗子無佛性 2회, 庭前柏樹子	능엄경, 대반열반경
16	李參政에게 別紙로 답함	永明延壽		
17	陳少卿에게 답함 1	南泉普願, 章敬和尙, 永嘉玄覺, 眞淨克文	狗子無佛性 3회	금강경, 원각경대소, 화엄경
18	陳少卿에게 답함 2	魏府老華嚴(懷洞禪師), 祖師(三祖僧璨), 龐居士, 先聖(達磨大師)		능엄경
19	趙待制에게 답함	慈覺宗賾禪師, 龐公(龐居士), 盧行者(六祖慧能)		대반열반경, 화엄경 2회
20	許司理에게 답함 1	李文和都尉(『五燈會元』)		화엄경 3회
21	許司理에게 답함 2	祖師(達磨大師)		
22	劉寶學에게 답함	老龐(龐居士), 永嘉玄覺, 達磨大師	狗子無佛性 3회	유마힐소설경, 화엄경, 금강경, 규봉종밀(『원각경략소주』序)
23	劉通判에게 답함 1	懶融(牛頭法融), 『景德傳燈錄』 2권, 石頭和尙	狗子無佛性	대반열반경
24	劉通判에게 답함 2		趙州無字(狗子無佛性)	

번호	서신	조사(어록)	화두	대승경전
25	泰國太夫人에게 답함			화엄경, 묘법연화경
26	張丞相에게 답함			화엄경, 유마힐소설경
27	張提刑에게 답함	祖(三祖僧璨), 永嘉玄覺 3회	庭前栢樹子, 麻三斤, 乾屎橛, 狗子無佛性, 一口吸盡西江水, 東山水上行	능엄경, 능가경, 금강경, 화엄경 2회, 원각경, 유마힐소설경, 청량징관
28	汪內翰에게 답함 1	雪峯眞覺, 先聖(慈覺宗賾禪師)	狗子無佛性	화엄경
29	汪內翰에게 답함 2	仰山慧寂		
30	汪內翰에게 답함 3	永嘉玄覺		금강경, 원각경, 첨품묘법연화경
31	夏運使에게 답함	古德(六祖慧能), 懶融(牛頭法融)		
32	呂舍人에게 답함		狗子無佛性	
33	呂郎中에게 답함	祖曰(六祖慧能)	乾屎橛 5회	화엄경, 대반열반경, 묘법연화경
34	呂舍人에게 답함 1	德山宣鑒	乾屎橛	묘법연화경, 대승기신론
35	呂舍人에게 답함 2	永嘉玄覺	乾屎橛 3회	
36	汪狀元에게 답함 1	永嘉玄覺	狗子無佛性	묘법연화경 3회
37	汪狀元에게 답함 2	趙州從諗, 百丈懷海, 讓師(南嶽懷讓和尙)	狗子無佛性	대반열반경, 원각경, 능엄경, 규봉종밀(『원인론』), 승조(『열반무명론』)
38	宗直閣에게 답함	玄沙師備, 古德(龍牙居遁), 古德(黃壁希運)	狗子無佛性 10회	대반열반경, 능엄경 2회

번호	서신	조사(어록)	화두	대승경전
39	李參政泰發에게 답함			화엄경
40	曾宗丞에게 답함			
41	王教授에게 답함	永嘉玄覺	狗子無佛性	
42	劉侍郎에게 답함 1	古德(百丈懷海)		대반열반경, 화엄경
43	劉侍郎에게 답함 2	老宿(曹山慧霞)		
44	李郎中에게 답함			
45	李寶文에게 답함	瑞巖和尙, 長沙和尙		
46	向侍郎에게 답함	圓悟克勤 2회, 老龐(龐居士)		능엄경 3회, 금광명최승왕경, 화엄경, 금강경
47	陳教授에게 답함			능엄경
48	林判院에게 답함	夾山善會		원각경
49	黃知縣에게 답함	祖師(三祖僧璨)		
50	嚴教授에게 답함	藥山惟儼, 雲門文偃, 黃檗希運, 臨濟義玄		화엄경
51	張侍郎에게 답함	岑大蟲(景岑禪師)		
52	徐顯謨에게 답함	古德(寶誌和尙), 江西老宿(馬祖道一), 雲門文偃	乾屎橛	
53	楊教授에게 답함	眞淨克文		
54	樓樞密에게 답함 1		狗子無佛性	화엄경, 유마힐소설경
55	樓樞密에게 답함 2	慈明楚圓, 趙州從諗, 石霜慶諸	放下着	금강삼매경, 청량징관
56	曹太尉에게 답함			사십이장경, 화엄경, 대보적경, 능엄경

번호	서신	조사(어록)	화두	대승경전
57	榮侍郎에게 답함 1	黃龍慧南, 仰山慧寂, 潙山靈祐	狗子無佛性 2회	
58	榮侍郎에게 답함 2	祖師(四祖道信), 百丈懷海		능엄경
59	黃門司에게 답함	寶誌和尙		
60	孫知縣에게 답함			화엄경 2회, 능엄경, 금강경 2회, 청량징관 2회
61	張舍人에게 답함	達磨大師, 巖頭禪師, 雲門文偃, 古德(潙山靈祐)	狗子無佛性 2회	
62	湯丞相에게 답함	南陽慧忠, 懶融(牛頭法融)		화엄경 2회, 대반열반경
63	樊提刑에게 답함	永嘉玄覺		
64	聖泉珪和尙에게 답함			
65	鼓山逮長老에게 답함	古德(道膺禪師), 古德(景岑禪師), 巖頭禪師		

Ⅲ. 『서장』에 인용된 대승경전에 관한 고찰

1. 묵조선 비판과 관련하여

대혜에 의하면, 당시에 일종의 머리 깎은 外道가 있어서 자기 눈도 밝히지 못하면서, 다만 그대로 사람들에게 "죽은 고슴도치처럼 쉬어 가고 쉬고 쉬라"라고 말한다고 한다. 그렇지만 만약 이와 같이 쉬어 간다면 모든 부처가 세상에 출현하더라도, 또한 쉴 수가 없어서 더욱더 마음이 미혹하고 답답할 뿐이다. 또 이 외도들은 사람들에게 緣을 따라 맡아 지녀서 情을 잊고 默默히 비추어 보라고 한다. 그러나 비추어 오고 비추어 가며, 맡아 지녀 오고 맡아 지녀 감에 더욱더 迷惑하고 답답할 따름이다. 了達할 기약이 없으리니, 자못 祖師의 방편을 잃고 그릇되이 사람들을 지시하여 사람들이 한결같이 평생을 헛되이 살다가 죽음에 유랑하게 할 따름이다.[4]

대혜는, 일반적인 시각과는 달리, 묵조선법의 비판 전거를 대승경전에서 찾는 경우가 다대하다. 아래에서 보듯이 대혜는 『원각경』[5]을 인용하여 이들 坐의 형태를 고수하는 枯坐禪을 비판한다.

경전에 이르기를 "모든 때에 있으면서 망령된 생각을 일으키지 말며, 모든 망상을 또한 쉬어 없애려고 하지 말며, 망상 경계에 머물러서 분명한 앎을 더하지 말며 분명히 알 것 없는 데서 진실을 판별하지 말라"고 했습니다.[6]

---

4) 「答曾侍郎」, 4, 『大慧普覺禪師語錄』 25卷, 『大正新修大藏經』(東京; 大正一切經刊行會, 1924~1934) 47卷, p.918a. "今時有一種剃頭外道, 自眼不明, 只管教人死獦狙地, 休去歇去. 若如此休歇, 到千佛出世, 也休歇不得, 轉使心頭迷悶耳. 又教人隨緣管帶, 忘情默照, 照來照去, 帶來帶去, 轉加迷悶, 無有了期. 殊失祖師方便, 錯指示人, 教人一向虛生浪死."(이하 『大慧普覺禪師語錄』 25~30卷은 『書狀』으로, 『大正新修大藏經』은 『大正藏』으로 표기)
5) 『圓覺經』, 淸淨慧菩薩章. 『大正藏』 17卷, p.918b. "居一切時不起妄念, 於諸妄心亦不息滅, 住妄想境, 不加了知, 於無了知不辯眞實."
6) 「答林判院」, 『書狀』 29卷, p.936b. "經云. 居一切時不起妄念, 於諸妄心亦不息滅, 住妄想境, 不加了知(此語最親切), 於無了知不辯眞實."

대혜는 묵조선이 '고요함'과 '쉬어 없앰'을 즐기며[7] 이러한 공부가 스스로 아름답다는 생각을 하는 것은, 『능엄경』[8]에서 말하는 "어떤 사람이 자기 귀를 막고 높은 소리로 크게 부르짖으면서 남이 듣지 못하기를 구하는 것"과 같아서 스스로 장애와 어려움을 만드는 일이 될 뿐이고, 『대반열반경』[9]에서도 말하듯이, 광액도아가 백정 칼을 놓고 문득 성불하는 것은 고요한 공부를 하는 데서 나온 것이 아니라는 것을 알아야 한다는 것이다.[10]

중요한 것은 그 시끄러운 곳을 향하여 日用應用處에서 間斷없이 '개가 불성이 없다'는 화두를 참구하는 것이지, 고요한 곳에 앉아 깨닫고 깨닫지 못함을 말하는 것은 아니라는 것이다.[11] 아래를 보자.

근년 총림에 한 종류의 삿된 선이 있어 눈을 감고 눈동자를 감추고서 입을 비쭉이 다물고 앉아 망상을 지어 불가사의한 일이라고 말합니다. 또한 위음왕불 저쪽 공겁 이전의 일이라고 말하여 겨우 입을 열면 문득 지금에 떨어졌다고 부릅니다. 또한 근본상의 일이라고 말하며, 또한 깨끗함이 지극하여 빛이 통한다고 말하여, 깨닫는 것을 두 번째라고 하며, 깨닫는 것을 지엽적인 일리라고 합니다.[12]

---

7) 이 문제에 대한 자세한 논구는 다음을 참고. 〈拙稿, 「東山慧日의 禪法에 대한 一考察」(『韓國佛教學』(서울: 한국불교학회, 2005), 43輯. pp.106~107〉
8) 『楞嚴經』, 『大正藏』 19卷. p.132a. "譬如有人, 自塞其耳, 高聲大叫, 求人不聞."
9) 『涅槃經』 17卷, 『大正藏』 12卷. p.722b. "大王, 波羅奈國有屠兒曰廣額. …… 見舍利佛, 卽受八戒, 經一日夜, 是因緣, 命終得爲, 北方天王, 毗沙門子."
10) 「答富樞密」 3, 『書狀』 26卷. p.922a. "譬如有人, 自塞其耳, 高聲大叫, 求人不聞. 眞是自作障難耳. …… 涅槃會a, 廣額屠兒, 放下屠刀便成佛. 豈是做静中二夫來."
11) 같은 책. p.922a. "左右若信得山僧, 及試向閙處, 看狗子無佛性話, 未說悟不悟."
12) 「答曹太尉」, 『書狀』 29卷. p.939a. "近年叢林,, 有一種邪禪, 以閉目藏睛, 觜盧都地作妄想, 謂之不思議事. 亦謂之威音那畔空劫已前事, 纔開口便喚作落今時, 亦謂之根本上

위의 인용문에서 보듯이, 대혜에 의하면, 묵조사선의 무리들은 『능엄경』[13]에서 말하는 "깨끗함이 지극하여 빛이 통한다"는 말을 잘못 이해하여, 스스로 깨닫는 문이 없다고 하고, 깨닫는 것은 지엽적인 일이라고 하며, 더 나아가서 또한 깨달음이 있는 것을 믿지도 않는다는 것이다. 그렇기 때문에 이들은 깨달음을 착각하여 시작부터 잘못되었음에도 그 잘못된 것을 알지 못하는 무리일 뿐이다.

지금까지 논구한 것처럼 『원각경』, 『능엄경』 그리고 『열반경』 등의 대승경전류를 논리적 전거로 사용하는, 대혜의 묵조선 비판은 대강 세 가지로 설명될 수 있다. 첫째, 묵조선이 단순히 고요한 곳만 찾는 枯坐禪에 머물고 있는 坐의 형태를 고수하는 것을 힐난한다. 다시 말해서 단지 앉아 있는 것만을 깨달음의 當體라고 생각하는 것을 비판한다. 둘째, 화두를 무시하는 것을 비판한다. 대혜에 의하면 화두는 깨달음으로 가는 가장 좋은 방편이다. 그런데 묵조선에서는 화두 없이 묵묵히 좌선을 하여 고요히 앉아 부처되기를 기다리고 있는 것이다. 셋째, 깨달음에 대한 착각을 하는 것을 꾸중한다. 화두 없이 가만히 앉아서 자신에 대한 철저한 반성적 자각 없이 공겁 이전의 마음자리를 얻을 수 있는 줄 착각하고 있는 무리들에 대한 비판이다.[14]

2. 간화선 수행의 기초와 관련하여

부처님의 가르침대로 발심한 사람이라면 누구라도 간화선 수행을

事. 亦謂之淨極光通達, 以悟爲落在第二頭, 以悟爲枝葉邊事."
13) 『楞嚴經』, 『大正藏』19卷, p.131a. "淨極光通達, 寂照含虛空, 却來觀世間. 猶如夢中事."
14) 김호귀, 「대혜의 묵조선 비판에 대하여」, 『보조사상』제13집(서울: 보조사상연구원, 2000), pp. 293~303

할 수 있다. 그러나 불법에 대한 正見이 定立되지 않고 發心이 되지 않은 상태에서는 아무리 화두를 들고 애쓴다 해도 무위에 그치고 만다. 그러므로 초심자들은 화두를 들기 전에 불법에 대한 바른 가치관〔正見〕, 즉 중도・연기에서 바라보는 바른 세계관, 인생관을 수립하여야 한다. 정견의 확립은 불교의 핵심적인 가르침인 中道・緣起・無我・空에 대한 이해로부터 출발한다. 연기와 무아에 대한 바른 이해를 갖추면 그것을 자기 삶을 통해 실천해 나가야겠다는 간절한 염원이 생긴다. 그래서 연기와 무아와 맞게 사고하고 행동하여 이것이 인격화되는 길을 열어 간다. 간화선 수행은 이렇게 연기법을 인격화하고 내면화하기 위한 길이다.[15] 다음을 보자.

부처님께서 말씀하지 않으셨느냐! 일체의 모든 감각과 기관은 자기 마음의 나타남이며, 감관과 몸 등의 곳집〔藏〕이 망령된 생각으로부터 시설되고 나타나 보이니, 마치 강물이 흘러가는 것과 같고, 종자와 같고, 등불과 같고, 바람과 같고, 구름과 같아서, 찰나에 굴러서 옮기되, 뜻이 바삐 움직이는 것이 마치 원숭이와 같으며, 깨끗하지 못한 곳을 좋아하는 것은 마치 날파리와 같으며, 만족함이 없는 것은 마치 바람과 불 같으며, 비롯함이 없는 거짓된 습기의 씨앗은 마치 물을 긷는 두레박 등의 일과 같다. 여기에서 알아 깨뜨릴 수 있으면 곧 인아를 여읜 지혜라고 부르게 된다.[16]

---

15) 조계종 교육원 불학연구소・전국선원 수좌회 편찬위원회 편저, 『간화선』(서울: 조계종출판사, 2006), pp.117~119

16) 「答張提刑」, 『書狀』 27卷. p927b. "佛不云乎. 一切諸根自心現, 器身等藏, 自妄想相, 施設顯示. 如河流如種子, 如燈如風如雲, 刹那展轉壞. 躁動如猿猴, 樂不淨處如飛蠅, 無厭足如風火, 無始虛僞習氣因, 如汲水輪等事. 於此識得破, 便喚作無人無我智."

대혜는『능가경』[17]을 인용하여 일체의 모든 감각과 기관은 자기 마음에서 나타난 것이며, 객관과 주관은 망상으로부터 만들어지고 나타났음을 여러 가지 예를 들어 설파한다. 그런 다음에『금강경』[18]을 인용하여 그 근거 없는 기대를 깨뜨릴 수 있으면, 그 지혜를 人我를 여읜 지혜라고 부를 수 있다고 설파한다. 대혜의 말을 조금 더 들어 보자.

　　부처님께서 말씀하시지 않았는가? 중생이 전도하여 자기를 미혹해 사물을 좇는다 하시니, 사물은 본래 자성이 없는데 자기를 미혹한 자가 스스로 사물을 좇을 뿐이며, 경계는 본래 차별이 없는데 자기를 미혹한 자가 스스로 차별할 뿐이다.[19]

　　여기에서 대혜는 다시『능엄경』[20]을 인용하면서 "중생이 전도되어 자기를 미혹하고 사물을 좇아간다"라고 말한 것이 사물은 본래 自性이 없는데, 자기를 미혹한 사람이 스스로 좇아갈 뿐이며, 경계는 본래 차별이 없는데 자기를 미혹한 사람이 차별을 만든다는 것을 요달해서, '개는 불성이 없다'는 화두를 통해 감정의 티끌을 없애야 한다는 것이다. 이때 또한 티끌을 제거한다는 생각도 하지 말며, 감정의 티끌이라는 생각도 하지 말고, 차별경계라는 생각도 하지 말며, 불법이라는 생

---

17)『入楞伽經』第三卷.『大正藏』16卷. "依眼色等, 虛妄執着故, 自心現見, 一切諸根, 器身屋宅故, 自心分別分別故, 分別分別識故, 如河流種子等焰風雲, 念念展轉前後差別輕躁動轉, 如猿猴蠅等愛樂不淨境界處故."
18)『金剛般若波羅蜜經』(眞諦本),『大正藏』8卷. p.765a. "是故, 如來說, 一切法, 無我, 無衆生, 無壽者, 無受者."
19)「答宗直閣」,『書狀』28卷, p.933b. "佛不云乎。衆生顚倒, 迷己逐物. 物本無自性, 迷己者自逐之耳. 境界本無差別, 迷己者自差別耳."
20)『楞嚴經』,『大正藏』19卷, p.111c. "一切衆生, 從無始來, 迷己逐物, 物於本心."

각도 하지 말고, 다만 '구자무불성'이라는 화두를 들어야 한다는 것이다.[21]

결국 대혜에 의하면 우리는 본래 자성이 없는 대상 사물을 근거 없는 기대를 가지고 좇기 때문에, 『원각경』[22]에서 "허망하고 들뜬 마음을 가진 사람은 교묘한 견해가 많다"라고 말하는 것처럼 유에 집착하지 않으면 무에 집착하고, 양쪽 모두에 집착하지 않으면 유·므의 사이에서 분별하고 비교하며, 설사 이 병폐를 알아냈다 하더라도 이내 유도 아니고 무도 아닌 곳〔非有非無處〕에 집착한다.[23]

대혜에 의하면 부처는 『금강경』[24]에서 말한 것처럼 '固定된 法이 없는 것'을 말씀하시기 때문에 만약 확정된 본체가 실제로 존재한다고 여긴다면 옳지 못한 것이니, 사릳들을 위해서 방편의 언어로써 부득이 약간의 도리가 있다고 설명한 것에 불과하기 때문에, 공부하는 이는 실제로 본체는 약간도 없다는 것을 알아야 한다.[25]

따라서, 『화엄경』[26]에서도 말했듯이, 온갖 有를 비울지언정 온갖 無를 實體로 여겨서는 안 된다는 것이다. 그러기 때문에 부처님께서는 言語의 길〔言語道〕에 의존해서도 안 되고, 言說이 없는 것〔無言說〕에 執着

---

21) 「答宗直閣」, 『書狀』 28卷. p.933b. "不用作破除想, 不用作情塵想, 不用作差別想, 不用作佛法想, 但只看狗子無佛性話."
22) 『圓覺經』, 『大正藏』 17卷, p.916a. "虛妄浮心, 多諸巧見, 不能成就圓覺方便."
23) 「答張提刑」, 『書狀』 27卷. p928a. "佛言. 虛妄浮心多諸巧見. 若不著有便著無, 若不著此二種, 種於有無之間摶量卜度, 縱識得此病, 定在非有非無處著到."
24) 『金剛般若波羅蜜經』(羅什本). 『大正藏』 8卷. p.749b. "無有定法名阿耨多羅三藐三菩提, 亦無有定法如來可說."
25) 「答陳少卿」1, 『書狀』 26卷. p.923b. "黃面老子曰, 無有定法名阿耨多羅三藐三菩提, 亦無有定法如來可說. 若確定本體, 實有恁麼事, 又却不是也. 事不獲已. 因迷悟取捨故, 說道理有若干. 爲未至於妙者, 方便語耳. 其實本體亦無若干."
26) 『華嚴經』, 「十廻向品」, 『大正藏』 10卷, p.129b. "不取衆生所言說, 一切有爲虛妄事. 雖復不依言語道, 亦復不著無言說."

해서도 안 된다는 것을 강조했다는 것이다.[27]

지금까지 논구한 것에서 보듯이 대혜는 『능가경』, 『금강경』, 『원각경』, 『능엄경』 그리고 『화엄경』 등의 방대한 대승경전류를 논리적 전거로 사용하면서, 간화선에 입문하고자 하는 수행자에게 불교적 세계관인 無自性에 입각한 中道緣起觀을 확립해야 할 것을 주문한다. 즉 무엇보다 먼저 부처가 설파한 緣起·無我·中道에 대한 올바른 선이해가 법에 대한 바른 안목〔正見〕으로서 필요함을 간화선 수행의 기초로서 계속해서 주장하고 있는 것이다.

위에서 말한 간화선의 기초가 이루어졌다 하더라도 막상 화두 참구의 수행에 들어가면, 煩惱妄想을 菩提正念으로 흐르게 하는 것이 결코 쉬운 일이 아니다. 그렇기 때문에, '온갖 인연을 다 놓아버리고 한 생각도 일어나지 않는 것'을 간화선 수행의 대전제로 삼아야 한다. 이것이 대전제가 되지 않으면 화두 참구는 그냥 앉아서 흉내만 내고 있는 것이지 한 발짝도 앞으로 나아갈 수가 없게 된다. 그렇기 때문에 일체 분별망상을 옛 사당 안의 향로와 같이 고요하게 하고, 화두는 뚜렷하게 하여 밝은 달이 허공에 뚜렷하게 드러난 것 같이 하여야 한다. 이때에 망상은 寂寂하고 화두는 惺惺하여, 적적하고 성성함이 밝은 달과 달의 광명이 서로 어김이 없는 것 같이 화두를 지어 가야 한다.

이것은 대혜가 묵조사선을 향해 비판한 바 있는 無記定에 떨어진 것과는 다르다. 왜냐하면 '화두 위에서 의심을 거량'하고 있기 때문이다. 이렇게 모든 인연을 놓아버리면, 망상은 스스로 없어지고 분별은 일어나지 않아 집착을 여의게 된다. 이렇게 되면 참선의 조건이 구비된 것

---

27) 「答李參政」1, 『書狀』25卷, p.919c. "黃面老子曰, 不取衆生所言說, 一切有爲虛妄事. 雖復不依言語道, 亦復不著無言說."

이며, 다시 노력하여 진실로 참구하면 마음을 밝혀 성품을 볼 수 있는 分이 있게 되는 것이다. 그래서 온갖 인연을 통째로 놓아버리고 일체 망념이 모두 죽는 것이 간화선 수행의 대전제가 된다.[28]

3. 간화선 수행과 관련하여

간화선 수행을 하기 위해서는 우선 發心부터 해야 한다. 수행자는 자신이 본래 부처라는 확고한 믿음을 바탕으로 깨닫고자 하는 큰 발심을 일으켜야 한다. 발심은 發菩提心의 준말로서 진정한 자기 자신을 깨닫고자 하는 간절한 목마름이다. 그것은 생로병사의 온갖 괴로움을 여의고 영원히 자유롭고 행복하게 살겠다는 간절한 마음이다.[29] 다음을 보자.

> 고덕이 이르기를 "불성을 알려고 한다면, 마땅히 시절 인연을 보라" 하셨다. 이 시절은 부처께서 세상을 벗어나 성불하셔서, 금강좌에 앉아 마군을 항복받고, 법륜을 굴려 중생을 구제하시며, 열반에 드시는 시절이다.[30]

대혜는, 古德[百丈懷海]의 입을 빌어, 불성을 알려고 한다면, 마땅히 시절 인연을 보라"고 한다. 그런 다음에, 『화엄경』[31]을 인용하면서,

---

28) 월암, 『간화정로』(부산: 현대북스, 2006), pp. 292~297
29) 『간화선』. pp.151~152
30) 「答劉侍郎」1. 『書狀』29卷. p.334c. "古德云. 欲識佛性義, 當觀時節因緣. 此箇時節, 乃是黃面老子, 出世成佛, 坐金剛座, 降伏魔軍, 轉法輪度衆生, 入涅槃底時節."
31) 『華嚴經』, 「離世間品」, 『大正藏』10卷. p.792b. "出世成佛, 坐金剛座, 降伏魔軍, 轉法輪度衆生, 入涅槃"

우리가 발심을 한다면 바로 그때가 부처께서 세상을 벗어나 성불하셔서, 금강좌에 앉아 마군을 항복받고, 법륜을 굴려 중생을 구제하시며, 열반에 드시는 그 시절이 바로 된다고 설파한다.

마음이 있는 사람은 모두 부처가 된다.[32] 그렇지만,『화엄경』[33]에서 말했듯이, 십지보살이 장애를 끊고 법을 증득하는 것도 처음에 十信으로부터 들어간 뒤 法雲地에 올라 정각을 이루게 되었다. 그렇기 때문에 천리를 가고자 할 때 한 걸음부터 시작하는 발심이 필요하다.[34]

하지만,『능엄경』[35]에서 보듯이, 근세에 魔軍은 강하고 불법은 약해져서 담담하고 맑은 곳에 들어가서 담담하고 맑은 곳에 합쳐지는 것으로 구경을 삼는 사람이 헤아릴 수 없이 많기 때문에,[36]『화엄경』[37]에서 말하는바 진여는 자성을 지키지 아니하고 인연을 따라서 일체법을 성취하며, 인연을 따라 감응함에 두루하지 않음이 없되, 항상 이 보리좌에 계신다고 부처가 한 말을 믿으라는 것이다. 왜냐 하면 부처가 우리를 속일 이유가 없기 때문이다.[38]

선문에 들어 발심한 수행자는 마땅히 선지식을 찾아 법을 물어야 한다. 선지식이란 안목과 덕행을 갖추고 正道로 인도하여 正法을 깨닫게

---

32) 「答趙待制」,『書狀』26卷, p.923c. "佛言. 有心者皆得作佛."
33) 『華嚴經』,「賢首品」,『大正藏』10卷, p.924b. "十地菩薩, 斷障證法門, 初從十信而入, 然後登法雲地, 而成正覺"
34) 「答許司理」1,『書狀』26卷, p.924b. "欲行千里, 一步爲初. 十地菩薩, 斷障證法門, 初從十信而入, 然後登法雲地, 而成正覺."
35) 『楞嚴經』,『大正藏』19卷, p.155a. "湛入合湛, 歸識邊際"
36) 「答曾侍郎」5.『書狀』25卷, p.919a. "近世魔彊法弱, 以湛入合湛爲究竟者, 不可勝數."
37) 『華嚴經』,「如來現相品」,『大正藏』10卷, p.30a. "隨緣成就, 一切事法. 又云. 隨緣赴感靡不周, 而常處此菩提座.
38) 「答曾侍郎」4.『書狀』25卷, p.918c. "老胡示, 眞如不守自性, 隨緣成就, 一切事法. 又云. 隨緣赴感靡不周, 而常處此菩提座. 豈欺人哉."

해주는 스승을 말한다. 화두는 스승인 선지식이 제자에게 제시한 것으로 제자는 이 화두를 들고 한바탕 생사를 건 씨름을 해야 한다. 화두는 의식과 생각으로 헤아려서는 안 된다. 헤아리고 분별하는 마음이 아닌 간절한 마음으로 화두에 몰입하고 나아가 그 화두와 하나가 되어 마침내 화두를 타파했을 때 활발발한 한 소식을 얻게 되는 것이다. 그렇지만 이때 조심할 것은 간화선 참구의 가장 큰 적인 '헤아리고 분별하는 마음'이다. 대혜는 이 문제와 관련하여 특별히 『화엄경』을 중심으로 하여 우리를 가르친다. 다음을 보자.

옛 성인께서 말씀하시기를 "다만 마음을 두어서 분별로 헤아려 잰다면, 자기 마음으로 보고 헤아리는 것이 실로 모두가 꿈이다"고 하셨다. 간절히 기억하라. 피하려 숨으려 하나 그럴 수 없을 때에 마음으로 헤아리지 말아야 한다. 마음으로 헤아리지 않을 때에 모두가 그대로 이루어질 것이다. 또한 영리함을 이해할 필요도 없고, 또한 둔함을 이해할 필요도 없다 …(중략)… 이 일을 한 털끝만큼이라도 공부를 써서 증득함을 취하고자 한즉, 마치 사람이 손으로써 허공을 잡아 만지려는 것과 같아서 다만 스스로 수고로움만 더할 뿐이다.[39]

대혜는 우리가 마음을 가지고 모든 세간의 일을 희론과 명상으로 분별하는 것을 지적하고 있다. 하지만 희론과 명상은 『능엄경』[40]에서 말

---

39) 「答陳少卿」2, 『書狀』26卷, p.923c. "先聖云. 但有心分別計較, 自心見量者, 悉皆是 夢. 切記取. 彈避不得時, 不得更擬心. 不擬心時, 一切現成. 亦不用理會利, 亦不用理會 鈍. 總不干他利鈍之事。…… 此事, 若用一毫毛, 工夫取證, 則如人以手撮摩虛空, 只益 自勞耳."
40) 『楞嚴經』第2卷 『大正藏』19卷, p.113a. "汝今, 云何於中措心, 以諸世間戲論名相, 兩 得分別. 如以手掌, 撮摩虛空, 祇益自勞, 虛空云何隨汝執捉."

하는바 "손바닥으로 허공을 만지려는 것"과 같아서, 자못 수고로움만 더할지언정 허공이 잡힐 리가 없다.

그렇기 때문에 『화엄경』을 계속해서 인용하여 "불도는 부사의한 것인데, 누가 능히 부처를 사의하겠는가" 하였다고 하면서,[41] 우리가 일상에 계고하고 안배하거나 두려워하거나 생사를 따라 옮겨 흐르는 것은, "식정을 따라 행동하고 지혜를 따르지 않는 것과 같아서",[42] 마치 "종일 남의 보배를 헤아려도 자기에게는 반 푼도 없는 것과 같은 것"[43]이라고 힐난한다. 그렇기 때문에 "여래는 일체 비유로 갖가지 일을 말씀하시지만, 이 법은 비유로 능히 말씀하지 못하시니 무슨 까닭인가 하면, 마음 지혜의 길이 끊어져서 헤아리고 의론할 수 없기 때문이다"[44]라는 말과, "중생이 말한바 일체 유위의 허망한 일을 구하지 말며, 비록 다시 말에 의지하지 아니하나 또한 다시 말 없는 데에도 집착하지 말아야 한다"[45]고 하는 언구, "마음으로 과거의 법을 망령되게 가지지 않으며, 또한 미래의 일을 탐내어 집착하지 않고 현재에도 머물지 않으면 삼세가 다 비고 고요함을 통달할 수 있다"[46]고 한다는 『화엄경』

---

41) 『華嚴經』, 『大正藏』10卷, p.123c. "佛道不思議, 誰能思議佛."; 「答曹太尉」, 『書狀』 29卷, p.938c. "釋迦老子又曰, 佛道不思議, 誰能思議佛."
42) 『華嚴經』, 『大正藏』10卷, p.180a. "隨識而行不隨智"; 「答曾侍郎」2, 『書狀』25卷, p.918a. "教中, 所謂隨識而行不隨智."
43) 『華嚴經』, 『大正藏』10卷, p.66a. "如人數他寶, 自無半錢分"; 「答呂郎中」, 『書狀』28 卷, p.930b. "可謂, 終日數他寶, 自無半錢分"
44) 『華嚴經』, 『大正藏』10卷, p.277b. "如來以一切譬喩, 說種種事, 無有譬喩, 能說此法. 何以故. 心智路絶, 不思議故."; 「答張提刑」, 『書狀』27卷, p.927c. "佛言, 如來以一切 譬喩, 說種種事, 無有譬喩, 能說此法. 何以故. 心智路絶, 不思議故."
45) 『華嚴經』, 『大正藏』10卷, p.129b. "不取衆生所言說, 一切有爲虛妄事, 雖復不依言語道, 亦復不著無言說."; 「答李參政」, 『書狀』25卷, p.919c. "黃面老子曰, 不取衆生所言說, 一切有爲虛妄事, 雖復不依言語道, 亦復不著無言說."
46) 『華嚴經』, 『大正藏』10卷, p.156b. "心不妄取過去法, 亦不貪著未來事, 不於現在有所 住, 了達三世悉空寂."; 「答汪內翰」1, 『書狀』27卷, p.928c. "釋迦老子云, 心不妄取過

의 모든 언명들을 주의 깊게 들어야 한다고 설파한다. 다시 말해서 대혜는 알음알이로 여래원각의 경지를 헤아리는 것을, 마치 반딧불을 가지고 수미산을 태우려는 것과 같은 것이라고 설파한다.[47]

하지만 대혜는 헤아리고 분별하는 마음, 즉 '알음알이'에 대해서 짧은 견해를 가지고 무조건 배척하지 말 것을 주문한다. 다시 말해서 대혜는 '알음알이의 장애'를 받았다고 여기는 것이, 스스로 '꺼닫지 못했다고 여기는 것'이나 미혹한 가운데 '마음을 가지고 깨달음을 구하는 것'과 마찬가지로 도를 체득하는 데 중요한 장애가 된다고 여긴다.[48] 다음을 보자.

> 부처님께서 말씀하시기를 "모든 업이 마음으로부터 일어난다. 그러므로 마음이 허깨비와 같다고 설명함이로니, 만약 이러한 분별심을 여읜다면 곧 모든 갈래를 멸하리다" 하셨다.[49]

> 정명이 이르기를 "모든 마군은 생사를 좋아하고 보살은 생사를 버리지 않고, 외도들은 모든 견해를 좋아하고 보살은 모든 견해에 움직이지 않는다"고 하셨다.[50]

去法, 亦不貪著未來事, 不於現在有所住, 了達三世悉空寂."
47) 「答汪狀元」2, 『書狀』28卷. p.932c. "釋不云乎, 以思惟心, 測度如來圓覺境界, 如取螢火燒須彌山."
48) 「答富樞密」1. 『書狀』26卷, p.921a. "顚倒有三. 自言爲知解所障是一, 自言未悟甘作迷人是一, 更在迷中將心待悟是一, 只這三顚倒."
49) 「答富樞密」1. 『書狀』26卷, p.921b. "釋迦老子曰, 諸業從心生, 故說心如幻. 若離此分別, 則滅諸有趣."
50) 「答富樞密」1. 『書狀』26卷, p.921b. "淨名云, 衆魔者樂生死, 菩薩於生死而不捨, 外道者樂諸見, 菩薩於諸見而不動."

대혜는『화엄경』[51]을 인용하여 "모든 업이 마음으로부터 일어난다"고 한다. 다시 말해서 위로부터 큰 지혜가 있는 사람들이 모두 알음알이로 벗을 삼지 않은 적이 없었고, 알음알이로 방편을 삼지 않은 적이 없었다. 그렇지만 알음알이로 번뇌를 삼지 않았는데, 이것은 알음알이가 일어나는 곳을 알았기 때문이다. 이미 일어나는 곳을 알았다면, 곧 이 알음알이는 해탈의 장소이며 곧 생사를 벗어난 곳이 된다.[52] 그렇기 때문에『화엄경』에서 "마음이 허깨비와 같다고, 만약 이러한 분별심을 여읜다면 곧 모든 갈래를 멸하는"것이 된다고 하였다는 것이다.

그런 다음에『維摩經』[53]의 예를 들어, "마군은 생사를 좋아하고 보살은 생사를 버리지 않고, 외도들은 모든 견해를 좋아하고 보살은 모든 견해에 움직이지 않는다"고 한다. 이것은 알음알이로 벗을 삼고 방편으로 삼아 알음알이 위에서 평등한 자비를 행하고, 알음알이 위에서 모든 불사를 지은 것이라는 것이다. 다시 말해서 보살은 삼아승지겁의 긴 세월 동안 空함을 통달하여 생사와 열반이 모두 고요해졌기 때문에 알음알이로 시작했지만 이제 더 이상 알음알이가 장애가 되지 않는 것이다.[54]

화두 공부인은 大信心·大憤心·大疑心의 三要를 갖추어야 한다. 첫째, 간화선 수행자는 화두에 大信心을 가져야 한다. 이 믿음은 자신

---

51)『華嚴經』,『大正藏』10卷, p.921b. "諸業從心生, 故說心如幻. 若離此分別, 普滅諸有趣."
52)「答富樞密」1.『書狀』26卷, p.921b. "從上大智慧之士, 莫不皆以知解爲儔侶, 以知解爲方便. 於知解上行平等慈, 於知解上作諸佛事, 如龍得水, 似虎靠山, 終不以此爲惱. 只爲他識得知解起處. 旣識得起處, 卽此知解, 便是解脫之場, 便是出生死處."
53)『維摩經』,『大正藏』14卷, p.544c. "衆魔者樂生死, 菩薩於生死而不捨, 外道者樂諸見, 菩薩於諸見而不動."
54)「答富樞密」1.『書狀』26卷, p.921b. "此乃是以知解爲儔侶, 以知解爲方便, 於知解上行平等慈, 於知解上作諸佛事底樣子也. 只爲他了達三祇劫空生死涅槃俱寂靜故."

은 물론 일체 중생이 본래 성불해 있다는 믿음이고, 이 믿음은 나와 부처님은 어떠한 차이도 없다는 믿음이다. 둘째, 간화선 수행자는 大憤心을 가져야 한다. 자신이 본래 부처이건만 스스로를 중생으로 여겨 중생 노릇을 달게 받으며 하루하루를 살아가고 있는가? 간화선 수행자는 화두를 참구할 때 이렇게 자책감으로 치밀어 오르는 대분심이 울컥울컥 솟아나야 한다. 셋째, 간화선 수행자는 大疑心을 가져야 한다. 부처님과 모든 조사들께서는 법을 화두라는 형태로 우리 눈앞에 명백히 보여주었다. 이렇게 불조께서는 내게 있는 본래 물건을 눈앞에서 밝게 보여주고 있는데 나는 어찌하여 그것을 보지 못한다는 말인가? 이렇게 하여 큰 의심이 일어나면 온몸 온 생각이 하나의 화두 덩어리로 바뀌게 된다.[55]

간화의 三要 가운데 대혜가 특히 경전〔『화엄경』〕을 빌어 그 논리적 전거를 설파한 부분은 大信心의 부분이다. 아래를 보자.

부처님께서 말씀하시기를, '믿음은 도의 근원이고 공덕의 어머니이니, 길이 일체의 착한 법을 길러내며, 의심의 그물을 끊어 없애고, 애욕의 흐름에서 벗어나 위없는 열반의 길을 열어 보인다'고 하셨다. 또 이르시기를 "믿음은 능히 지혜의 공덕을 더욱 자라나게 하며, 믿음은 능히 반드시 여래의 땅에 이르게 한다"고 하셨다.[56]

부처님의 말씀에 의하면 마음 있는 것은 모두 부처가 될 수 있다. 그

---

55) 『간화선』. pp.223~230
56) 「答趙待制」. 『書狀』 26卷, p.923c. "佛又言, 信爲道元功德母, 長養一切諸善法, 斷除疑網出愛流, 開示涅槃無上道. 又云, 信能增長智功德, 信能必到如來地."

러나 이때의 마음은 번뇌에 시달리는 妄想心이 아니라 無上大菩提心을 말하는 것이다. 다시 말해서, 대혜에 의하면, 우리에게 無上大菩提心만 있다면 성불하지 못할 이유가 없다는 것이다.[57] 즉 自心이 부처가 되기 위한 유일한 조건이다.

그러나 자심이 부처가 되는 유일한 길임에도 불구하고 사람들이 수행을 할 때 자심을 믿지 못한다. 그렇기 때문에 자심의 妙明한 본성을 끊어 없애고 오로지 마음 밖의 공에만 집착해 선정의 고요함에 걸리는 斷見이라는 구덩이와, 일체의 법이 공함을 깨닫지 못하고 세간의 온갖 有爲法을 집착해 궁극의 경지로 삼는 常見의 구덩이에 떨어진다는 것이다.[58]

그렇기 때문에 대혜는 자심이 곧 부처가 되기 위한 첩경이라는 것을 의심치 말 것을 우리에게 요구한다. 부처가 된다는 것은 다름이 아니라 의심하지 않는 땅에 다다르는 것이다.[59] 그렇게 하기 위해서는 有를 비우고 無를 實體로 여기지 말아야 한다. 다시 말해서 자심을 믿고, 자심에 붙어 있는 번뇌와 습기인 有를 비워야 한다. 그러나 그것이 곧 자심이 없다는 無는 아니라는 것이다.[60]

---

57) 「答趙待制」, 『書狀』26卷. pp.923c-924a. "佛言, 有心者皆得作佛. 此心非世間塵勞妄想心, 謂發無上大菩提心. 若有是心, 無不成佛者."

58) 「答陳少卿」, 『書狀』26卷. p.923b. "如今學道人, 多不信自心, 不悟自心, 不得自心明妙受用, 不得自心安樂解脫. 心外妄有禪道, 妄立奇特, 妄生取捨. 縱修行落外道, 二乘禪寂斷見境界. 所謂修行恐落斷常坑. 其斷見者, 斷滅自心本妙明性, 一向心外, 著空滯禪寂. 常見者, 不悟一切法空, 執著世間諸有爲法, 以爲究竟也."

59) 「答呂舍人」, 『書狀』28卷. p.932a. "悟時亦無時節, 亦不驚群動衆. 卽時怗怗地, 自然不疑佛不疑祖. 不疑生不疑死, 得到不疑之地, 便是佛地也. 佛地上本無疑, …… 舍仁如是信得及, 佛亦只如是."

60) 「答曾侍郎」4, 『書狀』25卷. p.918c. "又承 以老龐兩句, 爲行住坐臥之銘箴. 善不可加. …… 公具決定信, 是大智慧人."

대혜는 우리에게 실체가 없다는 것을 믿으라고 한다. 대혜에 의하면 유나 무는 실체가 아니다. 따라서 유를 비울지언정 결코 온갖 무를 실체로 여겨서는 안 된다. 다시 말해서 실존하는 존재자들은 제일 먼저 그의 안과 밖을 에워싸고 있는 모든 유와 무를 버려야 한다. 그러면 그 자리에 오롯이 떠오르는 것이 있다. 그것은 다름이 아니라 마음[自心]이다. 마음이 있는 것은 모두 부처가 될 수 있다. 하지만 그 마음은 妄想心이 아니라 無上大菩提心이다. 만일 우리가 無上大菩提心을 保任할 수만 있다면 바로 그 마음이 성불의 관건이 된다. 그리고 그 점은 대혜가 아니라 부처님께서 『화엄경』을 통해 보증하는 것이다. 따라서 자기의 마음이 곧 부처가 되는 유일한 방법이라는 것을 믿어야 한다.

그렇기 때문에 『화엄경』[61]에서 말하는 것처럼, 믿음은 道의 根源이자 功德의 母胎가 되고, 智慧의 功德을 자라게 하며, 如來의 땅에 반드시 이르게 한다. 따라서 今生에 확실하게 깨닫고 싶다면 반드시 결정적인 믿음과 결정적인 뜻을 갖추어서 생각 생각마다 머리에 불붙는 것을 끄듯이 해야 한다. 결국 자기 마음을 미혹하게 한 까닭에 중생이 되고, 자기 마음을 깨달은 까닭에 부처가 되니, 중생이 곧 부처이고 부처가 곧 중생인 것이다.[62] 다음을 보자.

이에 문수보살이 멀리서 오른손을 펴서 일백일십유순을 지나 선재의 머리를 어루만지면서 이르되 "착하고 착하다. 선남자여! 만약 믿음이라고 하는 근본을 여위었다면 마음은 졸렬해 근심하고 후회하므로, 공행이

---

61) 『華嚴經』, 『大正藏』 10卷, p.72b. "信爲道元功德母, 長養一切諸善法, 斷除疑網出愛流, 開示涅槃無上道. …… 信能增長智功德, 信能必到如來地."
62) 「答陳少卿」, 『書狀』 26卷, p.923b. "所以迷自心故作衆生, 悟自心故成佛, 而衆生卽佛, 佛卽衆生."

갖추어지지 않아 정근을 퇴실하여 하나의 선근에만 마음이 住着하여, 조그마한 공덕에 만족하여 능히 훌륭한 방법으로 행원을 일으키지 못하므로 선지식의 거두어 보호하는 바가 되지 못하며, 이에 이와 같은 法性과 이와 같은 理趣와 이와 같은 법문과 이와 같은 소행과 이와 같은 경계를 능히 요달하여 알지 못했을 것이며, 저 周遍知와 저 種種知와 저 盡源底와 저 解了와 저 趣入과 저 해설과 저 분별과 저 증지와 저 획득을 모두 다 능히 요달하여 알지 못했을 것이다"라고 하였다.[63]

위의 인용문에서, 대혜는 『화엄경』[64]을 인용하여, 만일 선재동자가 믿음이라고 하는 근본을 여의었다면 조그마한 공덕에 만족하여 일체 공덕을 이루지 못했을 것이라는 증명을 한다.

결국 대혜는 本覺으로서의 우리의 마음에 대한 믿음이 곧 부처가 되기 위한 유일한 길이라는 것을 믿을 것을 주장하고 있다. 그리고 그 다음으로 그가 말하는 것은 진짜 마음인 척하고 우리의 안팎에서 버젓이 돌아다니는 가짜 마음을 가려내는 것이다. 그 가짜를 가려내고 진짜를 찾아내는 길은 힘들다. 왜냐하면 무시이래로 너무나 오랫동안 돌아다니고 있었기 때문이다. 따라서 疑團이라는 方法的 懷疑가 방편으로서

---

63) 「答曾侍郎」1, 『書狀』25卷, p.917a. "於是文殊遙伸右手, 過一百一十由旬, 按善財頂曰, 善哉善哉. 善男子, 若離信根, 心劣憂悔, 功行不具, 退失精勤, 於一善根心生住著, 於少功德便以爲足, 不能善巧發起行願, 不爲善知識之所攝護, 乃至不能了知如是法性, 如是理趣, 如是法門, 如是所行, 如是境界, 若周遍知, 若種種知, 若盡源底, 若解了, 若趣入, 若解說, 若分別, 若證知, 若獲得, 皆悉不能."

64) 『華嚴經』, 『大正藏』10卷, p.439b. "是時文殊遙伸右手, 過一百一十由旬, 按善財頂曰, 善哉善哉. 善男子, 若離信根, 心劣憂悔, 功行不具, 退失精勤, 於一善根心生住著, 於少功德便以爲足, 不能善巧發起行願, 不爲善知識之所攝護, 乃至不能了知如是法性, 如是理趣, 如是法門, 如是所行, 如是境界, 若周遍知, 若種種知, 若盡源底, 若解了, 若趣入, 若解說, 若分別, 若證知, 若獲得, 皆悉不能."

요구된다. 다시 말해서 대혜의 本覺的 頓悟인 자심에 대한 信의 강조는, 그 다음 단계로서 始覺的 頓悟로서의 疑團을 요청하게 된다.[65]

마음을 體證함은 어렵다. 참 마음을 알아차리는 길은 너무나 지난해서 자칫하면 속기 쉽다. 따라서 대혜의 간화선 사상에서는 마음 자체에 대한 것보다도 마음을 체득하는 방법론적인 면이 더욱더 강조된다. 따라서 무섭게 치고 들어가야 하는데, 이때 般若智의 물로 오염된 때를 씻어내고 온갖 망념을 발밑에서부터 단칼에 두 동강이를 내어서 두 번 다시 상속심을 일으키지 않도록 해야 한다. 이때 따로 깨닫는 사람이 있거나 따로 깨달은 法이 있거나 하는 생각은 邪魔外道의 견해에 불과하게 된다. 반드시 이 한 생각을 단박에 타파해버려야 비로소 깨달았다고 이름 붙일 수 있다. 그러므로 마음을 둔 채 타파하기를 기다려서는 절대 안 되고, 오로지 망상으로 전도된 마음, 사량분별하는 마음, 생을 좋아하고 죽음을 싫어하는 마음, 지견으로 이해하려는 마음, 고요한 것을 좋아하고 시끄러운 것을 싫어하는 마음과 같은, 이 모든 것을 일시에 내리누르고 그 내리누른 곳에서 오로지 화두만을 보아야 한다. 대혜는 곧바로 心地를 徑截하여 탁 트이고자 한다면, 다만 능하고 능하지 못함, 이해하고 이해하지 못함, 같고 같지 않음, 다르고 다르지 않음을 이와 같이 생각하고 이와 같이 헤아리는 것 따위는 저쪽 세계로 쓸어버려야 한다고 설파한다.[66]

徑截이란 돌아가지 않는다는 뜻과 곧장 가로질러간다는 의미를 동

---

65) 여기에서는 『大乘起信論』의 견해를 借用한다. 인간이 본래적으로 가지고 있다고 여겨지는 眞如自性을 本覺으로, 그럼에도 불구하고 현실에서 인간이 가지고 있는 無明心이나 差別心을 不覺으로, 그리고 不覺에서 本覺으로 나아가려는 마음을 始覺으로 보기로 한다.

66) 「答樊提刑」, 『書狀』 30卷, p.942b. "要得徑截心地豁如, 但將能與不能, 解與不解, 同與不同, 別與不別, 能如是思量, 如是卜度者, 掃向他方世界."

시에 가지고 있다. 돌아가는 방법이 思量分別에 의한 논리적인 설명 방식이라면, 돌아가지 않고 곧장 가로질러간다는 언명은 思量分別이나, 돌아가서 무엇을 얻고자 하는 마음을 잘라내고 탁 트인 心地를 곧바로 직관하여 드러냄을 뜻한다. 그러므로 긍정적으로는 心地, 즉 徑截處를 곧장 드러낸다는 것이요, 부정적인 표현으로는 思量分別과 生死心을 一刀兩斷한다는 의미가 된다.[67]

대혜는 표면적으로는 묵조선을 힐난하지만, 사실은 묵조선을 빌미로 하여, 모든 待悟禪을 배격한다. 왜냐하면 묵묵히 앉아 좌선만 하게 되면 枯木의 禪에 빠지게 되기 때문이다. 대혜는 이 문제를 간화라는 방법론적 자각을 통하여 해결할 수 있다고 생각한다.

대혜는 먼저 疑團, 즉 핵심이 되는 언구에 대한 의심을 출발점으로 삼는다. 그리고 이때 의심의 대상으로서의 언구는 '無字話頭' 一句이다.[68] 이 一句인 話頭를 통해서 모든 알음알이를 단칼에 잘라내고 곧바로 꺾어 깨달아 알고자 하는 것이다.

대혜가 의미하는 바의 무자화두는, 존재자가 그 자신을 실체에 연루시키고자 하는 허망하고 근거 없는 기대에 끊임없이 반하여, 그 자신

---

67) 인경, 「대혜 간화선의 특질」, 『보조사상』 제13집(서울: 보조사상연구원, 2000), p. 243
68) 앞에서도 언급했듯이 『서장』에서 대혜는 42名에게 보내는 62통의 편지글에서 '구자무불성'에 관한 언급을 34회 정도 한다. 이것은 그가 거의 매번의 서한에서 구자무불성을 언급하고 있다는 것을 알 수 있다. 물론 대혜는 구자무불성 이외에도 祖師가 西쪽에서 온 까닭[祖師西來意], 놓아버려라[放下着], 須彌山, 마른 똥막대기[乾屎橛], 한입으로 西江의 물을 다 마셔버린다[一口吸盡西江水], 뜰 앞의 측백나무[庭前栢樹子], 一着子등을 언급한다. 하지만 구자무불성을 언급하는 경우는 대개가 화두로써 언급을 하고, 나머지의 경우는 직접 화두로써가 아니라 화두를 참구하는 일례로써 언급하는 경우가 많다. 따라서 구자무불성을 언급하는 경우와 나머지의 공안을 언급하는 경우는 그 중요성에서 차이가 크다.

을 존재의 중앙에 올려놓는 무자화두인 것이다. 이때 우리는 공안을 의심함에 의해서 객관적인 대상으로 우리 앞에 서 있던 공안은 비로소 개인의 존재의 문제로 다가와서 우리에게 체증되는 것이다. 따라서 중요한 것은 공안이 아니라 그 이야기(話)를 지켜보는 것(看)에 있게 된다. 이렇게 본다면 간화선, 다시 말해서 간화선의 구체적인 言明으로서의 무자화두는, 일종의 수행 방법으로서의 하나의 프로그램이라고 할 수 있다. 따라서 간화선의 진정한 의의는 公案보다는 看話에 있다. 왜냐 하면 조사들의 남겨진 古則으로서의 公案은 수행하는 납자의 가슴에서 화두로 자리 잡을 때에 비로소 그 진정한 의미가 생겨나기 때문이다. 대혜는 인간이 가지고 있는 본래의 정신세계의 활발발함을 환기시키는 방법으로서 무자화두를 사용하고 있다. 화두는 존재자인 인간이 그가 주인공임을 깨닫는 계기로서 작용을 하게 된다. 손님을 주인으로 알고 손님에게 내주었던 방을 도로 되찾는 계기가 되는 것이다. 따라서 이제까지 述語的 人格으로서 살고 있던 存在者는, 비로소 述語的 人格이 아닌 主語的 人格으로서의 그 자신을 체증하는 方法論的인 自覺을 하게 된다. 따라서 本覺의 입장에만 집착하여 깨침을 무분별하고 무책임하게 수용하는 태도는, 始覺의 입장에서 疑團을 주요한 방법으로 하는 대혜의 간화선적인 始覺에 의하면 사마외도가 되는 것이다. 결국 趙州의 無字는, 그 본의가 상실되는 것은 아니지만, 大慧에 의해서 발전적으로 재해석된다고 볼 수 있다.

화두에 의심이 생겨 지극하고 간절하게 의심을 지어 가다 보면 어느 순간 그 의심이 끊어지지 않게 되는데, 이것을 '疑情'이라 한다. 그러다가 마침내는 의정이 하나의 덩어리가 되어 뭉치는데, 이것을 '疑團'이라 한다. 그래서 나중에는 의단만이 홀로 드러나게 된다. 이것을 '疑團獨路'라 한다. 이 의단이 독로하면 화두와 내가 하나가 되어 서로 나누어지지 않고 한몸을 이룬다. 이런 상태를 '打成一片'이라 한다. 중요한 것은 화두가 타성일편이 된 상태에서 은산철벽을 투과하여 확철대오해야 한다는 것이다. 이와 같은 은산철벽을 뚫고 나가야만 비로소 밝은 소식이 온다.[69]

만약 은산철벽에 들어서서 마음을 써서 화두를 들지 않아도 자연히 화두가 들리고, 고요한 가운데〔寂寂〕 또렷하고〔惺惺〕 역력하게〔歷歷〕 화두가 현전할 때에 이르면 몸과 마음과 경계가 한결같아 자나 깨나 끊어짐이 없이 화두가 들리게 된다. 이것을 '話頭三昧'라고 한다.[70]

대혜는 비록 간화선사이지만, 조사어록뿐만 아니라, 대승경전 등에서도 위에 말한 경지에 대한 논리적 전거를 제시한다. 다음을 보자.

> 이곳에 만약 들어가기를 깊이하면 저곳에는 물리쳐 보내지 아니해도 모든 마군과 외도가 저절로 없어지고 굴복할 것이다. 설은 곳은 놓아서 하여금 익게 하고 익은 곳일랑 놓아서 하여금 설게 하는 것이 바로 이를 위함이다. 평상시 공부를 하는 곳에 칼자루를 잡아 (놓아버리지 말며) 점점 힘이 덜림을 깨달을 때가 문득 힘을 얻는 곳이다.[71]

대혜는 『원각경협송집해강의』[72]를 인용하여 익은 곳(즐세간의 반야)은 놓아서 설게 하고, 부지런히 여래의 원각 경계인 청정심을 구해 깨

---

69) 『간화선』. pp.233~237
70) 같은 책, pp.321~332
71) 「答曾侍郞」6, 『書狀』25卷, p.919b. "此處若入得深, 彼處不著排遣, 諸魔外道自然竄伏矣. 生處放敎熟, 熟處放敎生, 政爲此也. 日用做工夫處, 捉著〔標-示+(革*月)〕柄, 漸覺省力時, 便是得力處也."
72) 『圓覺經夾頌集解講義』5卷, 『卍續藏』87卷. p.731a. "約禪宗說之, 乃是熟處放敎生, …… 乃是生處放敎熟"

닫고자 하는 사람은, 설은 곳(세간의 일)은 놓아 익게 하라고 하는 말을
통해서, 速效心을 버리고, 모름지기 결정적인 뜻을 세우고 공부를 할
것을 설파하고 있다. 그렇게 하면, 다시 말해서 칼자루를 잡아 놓아버
리지 않으면 점점 힘이 덜림을 깨달을 때가 오는데, 그때가 힘을 얻는
곳이라는 것이다.

　이렇게 한다면, 『화엄일승교의분제장』[73]에서 말하는 것처럼, "모름
지기 한 생각도 일어나지 않아서" 미혹함을 타파할 것이 없으며, 깨달
음을 기다릴 것도 없고, 마치 사람이 물을 마심에 차고 따뜻한 것을 스
스로 아는 것과 같이 된다는 것이다.[74]

　그렇기 때문에 古德〔淸凉澄觀〕[75]이 "놓아 비워 그 가고 머무는 데 맡
기어서 고요히 비춰 그 원류를 깨달아야 하니, 증득함을 말한즉 사람에
게 보일 수 없으려니와, 이치를 말한즉 증득함이 아니면 분명히 알지
못한다"고 했다는 것이다.[76]

　결국 화두 참구에서 무엇보다도 중요한 것은, 『능엄경』[77]에서도 말
했듯이, 능히 하루 종일 가운데 치열하게 작용할 때 반드시 상응할 수
있는가? 잠자는 것과 깨어 있음의 두 가지 경계에 한결같을 수 있는
가?[78]라는 것이다.

---

73) 『華嚴一乘敎義分齊章』 第3卷. 『大正藏』 45卷, p.491a. "一念不生卽是佛"
74) 「答富樞密」1. 『書狀』 26卷, p.921a. "直須一念不生顚倒心絶, 方知無迷可破, 無悟可
　　待, 無知解可障. 如人飮水冷煖自知, 久久自然, 不作這般見解也."
75) 『答皇太子問心要』. 『大正藏』 51卷, p.459c. "放曠任其去住, 靜鑑覺其源流. 語證則非
　　可示人, 說理則非證不了, 自證自得處."
76) 「答樓樞密」2. 『書狀』 29卷, p.938b. "古德云, 放曠任其去住, 靜鑑覺其源流. 語證則不
　　可示人, 說理則非證不了, 自證自得處."
77) 『楞嚴經』 第10卷 『大正藏』 19卷, p.151b. "是人平常, 夢想消滅, 寤寐恒一, 覺明虛靜
　　猶如晴空."
78) 「答富樞密」, 『書狀』 26卷, p.921c. "能二六時中熾然作爲之際, 必得相應也未. 寤寐二

지금까지 논구한 것에서도 볼 수 있듯이, 대혜는 간화선 수행과 관련하여 많은 경전적 논거를 제시하며 문도들에게 수행에 전념할 것을 간곡하게 촉구한다. 우선 발심과 관련해서, 대혜는 『화엄경』과 『능엄경』 등에서 그 경전적 근거를 제시한다. 다음 간화선 화두 참구의 가장 큰 적인 '알음알이'의 문제와 관련해서는 『화엄경』을 주로 하고, 『능엄경』을 종으로 하여 경전적 근거를 제시한다. 동시에 '알음알이'를 무조건 배척하지 말 것을 주문하면서 『화엄경』과 『유마경』을 그 문헌적 근거로 제시한다.

　　간화의 三要 가운데에서는 大信心의 부분이 대혜가 『화엄경』에서 그 근거를 들어 설파한 주요 부분이다. 반면에 '疑團'과 '無字話頭' 부분은 그 특성상 교학적 설명이 불가능했기 때문인지, 경전적 근거를 드는 경우를 발견할 수가 없었다. 그렇지만 '화두삼매'의 경지에 대해서는 『능엄경』, 『원각경협송집해강의』, 『화엄일승교의분제장』 등과 청량징관을 인용하면서 그 경전적 근거를 제시하고 있다.

4. 깨달음의 세계와 관련하여

　　대혜가 『서장』 전체에서, 대승경전 등과 관련하여, 연구자의 과문인지는 모르지만, 깨달은 이의 세계를 설파하는 경우는 많지 않다. 다음을 보자.

　　이른바 생각 생각 가운데 온갖 법이 멸하여 다 없어진 삼매에 들어가서 보살의 길에서 물러나지 않고 보살의 일을 저버리지 않으며, 대자비심

邊得一如也未."

을 버리지 아니하고, 바라밀을 닦아 익히되 일찍이 휴식한 적도 없었으며, 온갖 불국토를 관찰하되 싫어하거나 태만함이 없어서 중생들을 제도하는 원을 버린 적도 없었으며, 법륜 굴리는 일을 끊지 않고 중생들을 교화하는 업을 폐한 적도 없었으며, 내지 가진 바의 수승한 원이 다 원만하게 되어서 온갖 국토의 차별을 분명히 알며, 부처님의 근본성품에 들어서 피안에 이르렀다.[79]

    대혜는 깨달음의 전제조건으로, 『화엄경』[80]의 "생각 생각 가운데 온갖 법이 멸하여 다 없어진 삼매에 들어가는 경지"를 세운다. 동시에 『유마경』[81]을 인용하여, "정명이 말씀하시기를, 부처님께서 증상만인을 위해서 음탕하고, 화내고, 어리석음을 여의어야 해탈이 된다 말씀하셨거니와, 만일 증상만이 없는 사람이라면 음탕함·화냄·어리석음의 성품이 곧 해탈이라고 말씀하신다"[82] 설파한다. 또 『금강삼매경』[83]을 인용하여, "법은 분별을 따라 생기고 도리어 분별을 따라 사라지니, 모든 분별법을 소멸하면 이 법은 나고 없어지는 것이 없다"[84]고 말한다. 이

79) 「答張丞相」, 『書狀』 27卷. p.927a. "所以於念念中, 入一切法滅盡三昧, 不退菩薩道, 不捨菩薩事, 不捨大慈悲心, 修習波羅蜜, 未嘗休息, 觀察一切佛國土, 無有厭倦, 不捨度衆生願, 不斷轉法輪事, 不廢敎化衆生業, 乃至所有勝願, 皆得圓滿, 了知一切國土差別, 入佛種性到於彼岸."

80) 『華嚴經』, 『大正藏』 10卷, p.229c. "所以於念念中, 入一切法滅盡三昧."

81) 『維摩經』, 『大正藏』 14卷, p.548a. "佛爲增上慢人, 說離婬怒癡爲解脫耳. 若無增上慢者, 佛說婬怒癡性卽是解脫."

82) 「答樓樞密」1, 『書狀』 29卷. p.938b. "故淨名有言, 佛爲增上慢人, 說離婬怒癡爲解脫耳. 若無增上慢者, 佛說婬怒癡性卽是解脫."

83) 『金剛三昧經』, 『大正藏』 9卷, p.372a. "法從分別生, 還從分別滅, 滅諸分別法, 是法無生滅."

84) 「答樓樞密」2, 『書狀』 29卷. p.938c. "法從分別生, 還從分別滅, 滅諸分別法, 是法無生滅."

때 증상만이란 증득하지 못한 법을 증득하였다고 생각하는 사람이다. 다르게 말해서 '분별심'에 가득 찬 사람이다. 그렇기 때문에 대혜는, 법은 분별을 따라 생기고 도리어 분별을 따라 사라지니, 모든 분별법을 소멸하면 이 법은 나고 없어지는 것이 없다고 해서, 분별심에 가득 찬 사람은 분별심, 즉 음탕하고 화내고 어리석음 등을 벗어나야 해탈이 된다고 말하는 것이다. 그러나 분별심을 벗어난 이, 다시 말해서 생각 생각 가운데 온갖 법이 멸하여 다 없어진 삼매에 들어가는 경지에 다다른 이에게는 음탕함·화냄·어리석음의 성품이 곧 해탈이 되는 것이다. 다시 말해서 소식 끊어짐을 얻으면 佛見, 法見, 衆生見 등을 일으켜 헤아리고 분별하며 총명을 짓고 도리를 설파하더라도 모두 서로 방해가 되지 않는다.[85]

대혜가 말하는 이러한 경지는 화두와 내가 한 덩어리가 되어, 깨어 있고 잠자는 양변에서 한결같은, 놓으려야 놓을 수 없고 버리려야 버릴 수 없는 은산철벽의 경지에 들어선 상태에서 화두를 타파하여 '반야지의 경지'가 현현하는 상태이다. 다시 말해서, 반야지의 경지가 현현하는 상태란, 부처님께서는 스스로 깨달은 존재의 실상을 중도·연기·무아·공으로 표현했다는 것, 간화선은 부처님께서 밝히신 이 진리를 당장 이 자리에서 몰록 體化하거나 환히 드러내 보이는 길이라는 것, 간화선의 근본종지는 바로 중도법이라는 것, 간화선에서 말하는 깨달음은 바로 공에 바탕을 둔 반야행이며, 그 반야 또한 연기와 무아에 근거한다는 것 등을 깨달은 경지를 말한다. 이러한 '지혜'의 경지에 이르면 가슴속이 시원하고 밝음이 마치 백천 가지의 해와 달과 같아서 시방세

---

85) 「答呂郎中」, 『書狀』 28卷. p.930c. "忽然向抵住處絶消息, 不勝慶快平生得消息絶了, 起佛見法見衆生見, 思量分別, 作聰明說道理, 都不相妨日用四威儀中, 但常放教蕩蕩地."

계를 한 생각에 밝게 알되 한 실 터럭 끝만큼도 다른 생각이 없게 되어 비로소 구경과 더불어 상응함을 얻게 된다고 대혜는 말하고 있는 것이다.[86]

대혜는 또 설파하기를 깨달음의 경지에 이른 이는 '대자비심'을 떨쳐 일으켜 역순의 경계 가운데 진흙을 안고 물에 합하여[87] 몸과 목숨을 아끼지 않고 구업을 두려워하지 말고 모든 것을 건져내는 사람이라고 한다. 만약 이와 같지 않다면 결코 깨달은 것이 아니라는 것이다.[88]

위의 글에서도 보이듯이, 대혜에 의하면, 깨달은 이는 ①보살의 길에서 물러나지 않고, ②보살의 일을 저버리지 않으며, ③대자비심을 버리지 아니하고, ④바라밀을 닦아 익히되 일찍이 휴식한 적도 없었으며, ⑤온갖 불국토를 관찰하되 싫어하거나 태만함이 없어서 중생들을 제도하는 원을 버린 적도 없고, ⑥법륜 굴리는 일을 끊지 않고 중생들을 교화하는 업을 폐한 적도 없었으며, ⑦내지 가진 바의 수승한 원이 다 원만하게 되어서 온갖 국토의 차별을 분명히 알고, ⑧부처님의 근본성품에 들어서 피안에 이르게 된다.

결국 대혜가 말한 여덟 가지 깨달음의 요체는 요약하면 '지혜'와 '자비'를 두 축으로 하고 있음을 알 수 있다.

---

86)「答富樞密」2,『書狀』26卷. p.922a. "廓徹大悟, 胸中皎然, 如百千日月, 十方世界一念明了, 無一絲毫頭異想, 始得與究竟相應."

87) 진흙을 안고 물에 합한다는 말은 중생을 위하는 자비심에서 자기 자신을 아래에 처하게 하여 중생을 교화한다는 의미이다.

88)「答劉寶學」,『書狀』27卷. p.925c. "若已到恁麼田地, 當以此法門興起大悲心, 於逆順境中和泥合水, 不惜身命不怕口業, 拯拔一切以報佛恩, 方是大丈夫所爲. 若不如是, 無有是處."

Ⅳ. 나가는 말

지금까지 논구되어 온 것들을 중심으로 나가는 말에 대신할까 한다. 『서장』에서 대혜는 전부 42명에게 62편의 답신을 보냈다. 특기할 것은, 여성 1인, 승려 2인을 제외하고는, 『서장』에서 대혜가 가르침을 내리는 대상은 모두가, 당시의 지식인이자 관료인, 사대부라는 것이다.

『서장』에서 대혜가 보낸 62통의 답신을 분석해 보면, 선어록을 포함하여 조사와 관계된 내용이 98회, '狗子無佛性'을 중심으로 한 화두와 관련된 내용이 63회, 『화엄경』 등과 관련된 대승경전류는 103회 인용되고 있다. 이것은 비율로 따지면 98:63:103이 된다. 이것을 다시 화두를 1로 놓고 볼 때, 조사(어록):화두:대승경전류의 비율이 대강 1.55:1:1.63이 된다. 만일 조사(어록)와 화두를 같은 계열로 놓고 본다면 조사어록 및 화두가 161회, 대승경전류가 103회 이므로, 선과 교의 비율이 100:64가 된다.

『서장』에 인용된 대승경전류는 103회이다. 이 가운데 『화엄경』의 인용이 30회로 가장 많고, 『능엄경』이 16회, 『열반경』과 『유마경』이 8회, 『금강경』과 『법화경』이 7회, 『원각경』이 6회 인용되고 있다. 그 밖에 『묘법연화경요해』, 『원각경협송집해강의』, 『원각경대소』, 『능가경』, 『대승기신론』, 『금광명최승왕경』, 『사십이장경』, 『대보적경』 등의 방대한 대승경전과 논소가 인용되고 있다. 또한 승조가 인용될 뿐 아니라, 화엄조사로 청량징관과 규봉종밀 등도 여러 번 인용되고 있다. 대혜는 간화선의 요체를 설명하는 도구로 사용하기에 가장 적합한 대승경전류로 『화엄경』, 『능엄경』, 『열반경』, 『유마경』, 『금강경』, 『법화경』 그리고 『원각경』 등을 지목하고 있었다.

대혜는, 일반적인 시각과는, 달리 묵조선법의 비판 전거를 대승경전에서 찾는 경우가 다대하다. 『원각경』, 『능엄경』 그리고 『열반경』 등의 대승경전류를 논리적 전거로 사용하는, 대혜의 묵조선 비판은 세 가지로 설명될 수 있다. 첫째, 묵조선이 단순히 고요한 곳만 찾는 枯坐禪에 머물고 있는 坐의 형태를 고수하는 것을 힐난한다. 다시 말해서 단지 앉아 있는 것만을 깨달음의 當體라고 생각하는 것을 비판한다. 둘째, 화두를 무시하는 것을 비판한다. 대혜에 의하면 화두는 깨달음으로 가는 가장 좋은 방편이다. 그런데 묵조선에서는 화두 없이 묵묵히 좌선을 하여 고요히 앉아 부처되기를 기다리고 있는 것이다. 셋째, 깨달음에 대한 착각을 하는 것을 꾸중한다. 화두 없이 가만히 앉아서 자신에 대한 철저한 반성적 자각 없이 공겁 이전의 마음자리를 얻을 수 있는 줄 착각하고 있는 무리들에 대한 비판이다.

　초심자들은 화두를 들기 전에 불법에 대한 바른 가치관〔正見〕, 즉 중도·연기에서 바라보는 바른 세계관, 인생관을 수립하여야 한다. 정견의 확립은 불교의 핵심적인 가르침인 中道·緣起·無我·空에 대한 이해로부터 출발한다. 연기와 무아에 대한 바른 이해를 갖추면 그것을 자기 삶을 통해 실천해 나가야겠다는 간절한 염원이 생긴다. 그래서 연기와 무아와 맞게 사고하고 행동하여 이것이 인격화되는 길을 열어 간다. 간화선 수행은 이렇게 연기법을 인격화하고 내면화하기 위한 길이다.

　대혜는 『능가경』, 『금강경』, 『원각경』, 『능엄경』 그리고 『화엄경』 등의 방대한 대승경전류를 논리적 전거로 사용하면서, 간화선에 입문하고자 하는 수행자에게 불교적 세계관인 無自性에 입각한 中道緣起觀을 확립해야 할 것을 주문한다. 즉 무엇보다 먼저 부처가 설파한 緣起·無我·中道에 대한 올바른 선 이해가 법에 대한 바른 안목〔正見〕으로서 필요함을 간화선 수행의 기초로서 계속해서 주장하고 있다.

대혜는 간화선 수행과 관련하여 많은 경전적 논거를 제시하며 문도들에게 수행에 전념할 것을 간곡하게 촉구한다. 우선 발심과 관련해서, 대혜는『화엄경』과『능엄경』등에서 그 경전적 근거를 제시한다. 다음 간화선 화두 참구의 가장 큰 적인 '알음알이'의 문제와 관련해서는『화엄경』을 주로 하고,『능엄경』을 종으로 하여 경전적 근거를 제시한다. 동시에 '알음알이'를 무조건 배척하지 말 것을 주문하면서『화엄경』과『유마경』을 그 문헌적 근거로 제시한다.

간화의 三要 가운데에서는 大信心의 부분이 대혜가『화엄경』에서 그 근거를 들어 설파한 주요 부분이다. 반면에 '疑團'과 '無字話頭' 부분은 그 특성상 교학적 설명이 불가능했기 때문인지, 경전적 근거를 드는 경우를 발견할 수가 없었다. 그렇지만 '화두삼매'의 경지에 대해서는『능엄경』,『원각경협송집해강의』,『화엄일승교의분제장』등과 청량징관을 인용하면서 그 경전적 근거를 제시하고 있다.

대혜는 깨달음의 전제조건으로,『화엄경』,『유마경』,『금강삼매경』을 경전적 전거로 인용한다. 또한『화엄경』을 바탕으로 깨달은 이의 분상에 대해서, 보살의 길에서 물러나지 않고, 보살의 일을 저버리지 않으며, 대자비심을 버리지 아니하고, 바라밀을 닦아 익히되 일찍이 휴식한 적도 없었으며, 온갖 불국토를 관찰하되 싫어하거나 태만함이 없어서 중생들을 제도하는 원을 버린 적도 없고, 법륜 굴리는 일을 끊지 않고 중생들을 교화하는 업을 폐한 적도 없었으며, 내지 가진 바의 수승한 원이 다 원만하게 되어서 온갖 국토의 차별을 분명히 알고, 부처님의 근본성품에 들어서 피안에 이르게 된다는 여덟 가지를 든다. 대혜가 말한 깨달음의 요체는 요약하면 '지혜'와 '자비'라고 할 수 있다.

여기서 우리는 하나의 의문을 가질 수 있다. '疑團'과 '無字話頭' 부분이 간화선의 핵심인데, 왜 그 경전적 근거가『서장』에 없느냐는 것이다. 이것은 간화선과 경전의 교설이 만나고 헤어지는, 다시 말해서 간화선이 간화선으로서의 차별적인 영역을 확보하는, 바로 그곳에는 '經典의 教說'이 자리잡을 곳이나 방법이 없다는 것을 확연히 보여준다.

주지하듯이 간화선이 간화선으로서 정체를 가장 잘 드러내는 대목은 경전을 啓導的으로 설명하는 경우가 아니다. 무엇보다도 교설을 화두로 변용하여 간화선의 종지를 전개하는 소재로 마음껏 활용하는 수법에서 간화선사로서의 본분이 아낌없이 발휘되는 것이다. 그렇기 때문에 대혜의『서장』을 비롯한 조사의 어록들은 경전을 대변하는 교설의 변주곡이 아니다. 오히려 인용된 교설들은 독립적인 간화선의 경계를 나타내는 단순한 소재나 주변적인 도구의 역할을 하고 있는 것이다.

연구자는 간화선에서 문자의 정당한 지위를『서장』을 이용하여 찾고자 했다. 그렇지만 간화선이 '경전으로 되돌아가자'는 주장을 했다고 한 적은 없다. 만약 그렇게 주장한다면 그것은 간화선이 경전을 폐기하자는 주장을 했다는 언설만큼이나 위험한 생각이다. 간화선에서 교학은 무시의 대상이 아니다. 그러나 간화선이 교설을 선의 방식으로 활발하게 전개하고 있는 터에 그것을 교설로 되돌려 놓고 흡족해한다면 간화선의 존재 이유는 사라질 것이다. 사자가 얼룩말을 먹어 얼룩말이 사자의 피와 살이 되었다고 해서 사자가 얼룩말이 되는 것은 아닌 것이다.

연구자는 이번 논문에서『서장』에서의 경전 인용 부분에 관한 구체적인 의문은 어느 정도 해결하였다고 생각한다. 그렇지만, 보다 중요한, 간화선법과 경전 인용부분의 긴장관계에 대한 핵심은 거의 해명하지 못했다. 그렇기 때문에 이 논문은 대혜 간화선과 대승경전과의 함수관계에 대한 연구 중 실증적인 부분에 대한 기초 작업을 이제 겨우 시작한 것에 불과하다. 선 문헌에 인용된 교설을 연구하는 것은 가치 있는 작업이지만, 이러한 천착은 간화선이라는 대마에 사활을 걸고 벌이는 도박에 가까울 수도 있다. 우리는 그 방법상의 묘수, 결정적인 한 수를 찾는 데 전력을 기울여야 할 것이다.

參考 文獻

『大慧普覺禪師語錄』,『大正新修大藏經』(東京; 大正一切經刊行會, 1924 ～1934) 47卷

『金剛般若波羅蜜經』(眞諦本),『大正新修大藏經』8卷

『金剛般若波羅蜜經』(羅什本),『大正新修大藏經』8卷

『金剛三昧經』,『大正新修大藏經』9卷

『華嚴經』,『大正新修大藏經』10卷

『涅槃經』,『大正新修大藏經』12卷

『維摩經』,『大正新修大藏經』14卷

『入楞伽經』,『大正新修大藏經』16卷

『圓覺經』,『大正新修大藏經』17卷

『楞嚴經』,『大正新修大藏經』19卷

『華嚴一乘敎義分齊章』,『大正新修大藏經』45卷

『答皇太子問心要』,『大正新修大藏經』51卷

『圓覺經夾頌集解講義』,『卍續藏』87卷

宋祖詠 編,『大慧普覺禪師年譜』,『佛敎大藏經』(臺北: 佛敎出版社, 1978) 47卷

大韓佛敎曹溪宗敎育院 編,『書狀』(서울: 大韓佛敎曹溪宗敎育院, 1999)

金鎗源, 編, 『文淵閣 四庫全書한글索引集』(서울: 太學社, 1994)

智象 註解, 『書狀』(서울: 佛光出版部, 1998)

조계종 교육원 불학연구소·전국선원 수좌회 편찬위원회 편저, 『간화선』
    (서울: 조계종출판사, 2006)

월암, 『간화정로』(부산: 현대북스, 2006)

金晋鉉(玄碩), 「大慧 宗杲의 華嚴觀 研究」(서울: 동국대 석사논문, 2003)

무애, 「大慧書狀과 華嚴經에 關하여」, 『수다라 9집』(합천: 허인사 승가
    대학, 1994)

인경, 「대혜 간화선의 특질」, 『보조사상』 제13집(서울: 보조사상연구원,
    2000)

김호귀, 「대혜의 묵조선 비판에 대하여」, 『보조사상』 제13집(서울: 보
    조사상연구원, 2000)

이덕진, 「東山慧日의 禪法에 대한 一考察」, 『한국불교학』 제43집(서
    울: 한국불교학회, 2005)

주제어

대혜, 『서장』, 간화선, 수행, 대승경전, 불교적 세계관, 알음알이, 연
기, 무아, 중도, 지혜, 자비

한글 초록

大慧宗杲(1089-1163)의 『서장』에 인용된 대승경전류는 103회이다. 이
가운데 『화엄경』의 인용이 30회로 가장 많고, 『능엄경』이 16회, 『열반

경』과『유마경』이 8회,『금강경』과『법화경』이 7회,『원각경』이 6회
인용되고 있다. 그 밖에도 방대한 대승경전이 인용되고 있다. 대혜는
간화선의 요체를 설명하는 도구로 사용하기에 가장 적합한 대승경전류
로『화엄경』,『능엄경』,『열반경』,『유마경』,『금강경』,『법화경』그리
고『원각경』등을 지목하고 있었다.

대혜는『능가경』,『금강경』,『원각경』,『능엄경』그리고『화엄경』등
의 방대한 대승경전류를 논리적 전거로 사용하면서, 간화선에 입문하고
자 하는 수행자에게 불교적 세계관인 無自性에 입각한 中道緣起觀을
확립해야 할 것을 주문한다. 즉 무엇보다 먼저 부처가 설파한 緣起·無
我·中道에 대한 올바른 선이해가 법에 대한 바른 안목〔正見〕으로서 필
요함을 간화선 수행의 기초로서 계속해서 주장하고 있다.

대혜는 간화선 수행과 관련하여 많은 경전적 논거를 제시하며 문도들에
게 수행에 전념할 것을 간곡하게 촉구한다. 우선 발심과 관련해서, 대혜
는『화엄경』과『능엄경』등에서 그 경전적 근거를 제시한다. 다음 간화
선 화두 참구의 가장 큰 적인 '알음알이'의 문제와 관련해서는『화엄경』
을 주로하고,『능엄경』을 종으로 하여 경전적 근거를 제시한다. 동시에
'알음알이'를 무조건 배척하지 말 것을 주문하면서『화엄경』과『유마경』
을 그 문헌적 근거로 제시한다.

대혜는 깨달음의 전제조건으로,『화엄경』,『유마경』,『금강삼매경』을
경전적 전거로 인용한다. 또한『화엄경』을 바탕으로 깨달은 이의 분상
에 대해서, 보살의 길에서 물러나지 않고, 보살의 일을 저버리지 않으
며, 대자비심을 버리지 아니하고, 바라밀을 닦아 익히되 일찍이 휴식한
적도 없었으며, 온갖 불국토를 관찰하되 싫어하거나 태만함이 없어서
중생들을 제도하는 원을 버린 적도 없고, 법륜 굴리는 일을 끊지 않고
중생들을 교화하는 업을 폐한 적도 없었으며, 내지 가진 바의 수승한 원

이 다 원만하게 되어서 온갖 국토의 차별을 분명히 알고, 부처님의 근본 성품에 들어서 피안에 이르게 된다는 8가지를 든다. 대혜가 말한 깨달음의 요체는 요약하면 '지혜'와 '자비'라고 할 수 있다.

연구자는 간화선에서 문자의 정당한 지위를 『서장』을 이용하여 찾고자 했다. 그렇지만 간화선이 '경전으로 되돌아가자'는 주장을 했다고 한 적은 없다. 만약 그렇게 주장한다면 그것은 간화선이 경전을 계기하자는 주장을 했다는 언설만큼이나 위험한 생각이다. 간화선에서 교학은 무시의 대상이 아니다. 그러나 간화선이 교설을 선의 방식으로 활발하게 전개하고 있는 터에 그것을 교설로 되돌려 놓고 흡족해한다면 간화선의 존재 이유는 사라질 것이다.

 이덕진

이덕진(철학박사)은 고려대 철학과를 졸업하고, 고려대 대학원 철학과 석사과정 및 박사과정과 동국대 대학원 장례문화과를 졸업했다. 현재 창원전문대 교수이며 예문동양사상연구원 인도·불교철학 연구실장을 맡고 있다. 주요논저로는, 「한국의 대표사상가 10인- 지눌」, 「자료와 해설, 한국의 철학사상」, 「韓國 宗敎의 喪·葬禮에 관한 考察」, 「普照知訥의 禪思想 硏究」, 「儒敎와 佛敎의 生死觀에 대한 一考察」, 「知訥 禪思想에서 頓悟의 含意」, 「看話禪의 狗子無佛性에 대한 一考察」, 「현행 壽衣의 사용과 실태의 문제점」, 「우리나라 장례문화의 현황과 그 개선방안」, 「올바른 장례문화를 위한 불교계의 역할」, 「陽明의 '心卽理'와 知訥의 '卽心卽佛'에 관한 一考察」 등 50여 편이 있다.

이덕진이 관심을 가지는 분야는 크게 두 가지다. 하나는 '한국불교'인데, 특히 간화선 분야에 연구 역량을 집중시키고 있다. 나머지 다른 하나는 '죽음에 관한 연구'인데, 특히 불교적 생사관에 관심을 가지고 있다.

조계종 간화선 수행의 성찰과 전망

– 간화선 수행의 현실 진단과 개선 방향

월암 스님 | 수좌회 학술위원장

I. 서론

진정한 종교의 입장에서 볼 때 수행 공간의 확대, 사원 경제의 풍요, 신도의 양적 팽창, 사찰환경의 편리 등등 외형적 발전 현상을 불교의 발전과 동일시할 수는 없다. 이는 세속적 풍요에서 오는 보편적 현상일 뿐 결코 불교문화의 질적 향상이라 볼 수 없기 때문이다. 오늘날 한국불교는 많은 문제점을 안고 있다.

이 시대를 살아가는 불교 대중은 역사의 전통과 영광에 자족하며, 불교문화를 창출하여 문화민족의 위상을 드높인 주체적 위상을 방기한 채, 한편으로 수행이라는 명목 아래 아란야의 적정에 매몰되어 세속의 질곡과 역사의 고통에 대한 대승적 희생을 상실하고, 다른 한편으로 교화의 방편이라는 미명 아래 외도사법(外道邪法)을 자행하며 시대대중을 미혹케 하고, 스스로 사회와 괴리된 독선의 무명에 빠져 말류(末流)적 세속화에 열을 올리고 있다. 다시 말하면 한국불교는 내적으로 참선·염불·간경·주력 등 기존의 수행체계를 제대로 정립하지 못하고, 외적으로 역사의 요구와 시대의 도도한 변화의 흐름에 능동적으로 대처하지 못하고 있다.

한국불교는 다시 일어설 수 있는가? 그리고 이러한 혼돈의 시대에 불교적 사상 및 실천의 대안은 존재하는가? 존재한다면 어디에 무엇으로 존재하고 있는가? 보조 선사는 일찍이 『근수정혜결사문』의 서두에서 "땅에 쓰러진 자 땅을 짚고 일어서라〔人因地而倒者, 因地而起〕"고

외치고 있다. 즉 "일심이 미혹〔迷〕하여 번뇌를 일으켜 중생이 되었으니, 일심을 깨달아〔悟〕 불성의 묘용을 회복해 부처를 이루어야 한다"라고 사자후를 외친 것이다. 이와 같이 쓰러진 불교의 위상 또한 불교적 정신과 실천을 회복함으로써 재정립이 가능하다는 것을 일깨워준 것이다.

사상과 실천의 위기에 처한 한국불교의 한 모퉁이에서 그나마 불교의 정체성과 위상을 견지하고 있는 곳이 선원(禪院)이라 자위하고 있다. 심지어 선원을 한국불교의 마지막 보루(堡壘)라고 말하고 있다. 실로 물질문명의 위기 속에서 수많은 대중이 안거정진(安居精進)하고 있다는 사실은 매우 중요하고 자랑할 만한 사건임에 틀림없다. 그러나 오늘날 선원에서 직접 안거 대중으로 참여하고 있는 납자들은 우리의 안거정진이 정녕 자타가 공인하는 한국불교 최후의 보루로서의 정신사상과 실천의 무기를 갖추고 있는지 냉철히 성찰해 보아야 한다.

한국불교를 통불교(通佛敎)라고 정의할 때 교(敎)와 선(禪) 그리고 밀(密)과 정토(淨土)가 어우러진 회통(回通)의 의미로 해석할 수 있다. 역사적 전통에서 볼 때, 조계종 역시 통불교적 바탕 위에 선(禪)을 중시하되 교(敎)를 함께 수행하는 선교겸수(禪敎兼修)의 종풍이 견지되어 왔다. 간화선 역시 선교겸수의 토대 위에 세워진 수행 체계이다. 현재 조계종 선원에서 수행하는 참선 수행은 전적으로 간화방법론에 입각해 있다고 할 수 있다. 그러므로 간화선 수행이 최상승선의 실천이라 말하며, 간화선 수행자가 참선 수행의 표상〔首座〕이 되고 있는 현실이다.

이러한 의미에서 한국을 간화선의 전통이 가장 잘 보존되고 있는 나라라고 말한다. 이것은 간화선이 제창된 중국에서의 선불교의 쇠퇴 현상과 세속화 현상이 농후한 일본불교에 비해 간화선 수행이 절대 우위를 차지하며 실천되고 있는 한국불교의 현실을 반영한 것이라고 할 수 있다. 현재 조계종의 제방선원에는 안거(安居)마다 2천여 수선대중(修禪大衆)이 운집하여 정진에 매진하고 있다. 아울러 재가불자를 위한 시민선원이 개설되어 선 수행 프로그램을 다양하게 마련하고 있다. 이러한 현상은 외형적으로 볼 때 간화선 붐이 일어나고 있음을 반증하고 있다.

그럼에도 불구하고 우리가 여전히 간화선의 위기를 제기하고 있는 이유는 어디에 있는가. 물론 현재 간화선 수행의 문제는 여러 선장(禪匠)들이 지적하고 있는 것처럼 "간화선 수행법 자체의 문제"라기보다는 많은 부분 "간화선을 수행하는 수행자의 문제"라고 보아야 할 것이다. 다시 말하면 간화선 수행자들이 간화선의 정신에 바탕을 두고 철저히 간화방법론에 의해 수행과 깨달음을 실천하고 있는지 반추해 보아야 한다.

대혜종고(大慧宗杲) 선사는 일찍이 공안(公案)에 대한 개념적 이해로써 깨달음을 삼는 문자선(文字禪)의 병폐, 아무 일 없음에 안주하여 무사안일에 빠져 있던 무사선(無事禪)의 풍조, 앉아 있음만으로 선을 삼는 묵조사선(默照邪禪)의 폐풍에 대응하여 간화선(看話禪)을 제창하였다. 즉 당시의 잘못된 선풍을 치유하기 위해 철저히 간화선의 정신과 방법론에 입각하여 간화선풍을 진작하였던 것이다.

오늘날 최상승을 표방하며 실참실구(實參實究)하는 간화행자들의 의식과 수행 방법이 이러한 간화선의 종지종풍(宗旨宗風)을 계승하여 역대 간화종장들이 설파한 간화정종(看話正宗)의 지남(指南)에 의해 본지풍광(本地風光)을 드러내고 있는지 깊이 반성해 볼 필요가 있다. 즉 간화의 물음이 삶 전체의 문제를 풀어내는 보편적인 방법론으로 서지 못하고, 적정무사에 안주하여 선미를 탐착하는 일부 수행자의 도피적 방편으로 전락하고 있다면 간화선의 정신 또한 구현할 수 없을 것이다.

대승불교는 근본불교의 정신으로 돌아가 지혜와 자비를 함께 닦는 '비지쌍운(悲智雙運)'으로 그 사상적 근간을 이루고 있다. 중국 선종도 대승불교의 깨달음과 실천의 정신을 계승하여 '견성성불(見性成佛), 요익중생(饒益衆生)'을 종지로 이론과 실천의 토대로 삼았다. 대혜의 간화선 역시 사회 현실에 적극적으로 동참하는 요익중생의 길과 깨달음을 법칙으로 삼는〔以悟爲則〕견성성불의 길을 동시에 제시하고 있다. 지금 현재 간화행자들은 대혜 선사가 창도한 간화정신인 견성성불 요익중생의 종지를 충실히 이행하고 있는지 점검해 보아야 한다. 그리고 간화선 역시 역사적이며 연기적 산물이기에 또한 이 시대에 맞는 간화정종(看話正宗)의 이론적 토대를 마련하여 시대 대중으로 하여금 결국 실참실구(實參實究)로 귀착시켜 해탈의 삶을 지향해 나아가도록 해야 한다.

본고에서는 현재 조계종의 간화선풍에 대해 성찰해 보고 그 발전적 방향을 모색해 보고자 한다. 그러기 위해 현재 간화선 수행의 문제점과 개선 방향을 묶어 동시에 천착해 보고자 한다. 이를 위해 특히 간화선의 정신사상과 실천 수행의 두 측면에서 논구하고자 하며, 주로 종문의 올바른 간화선의 정신과 실천의 방양(榜樣)을 제시해 봄으로 해서, 상대적으로 현실의 문제점이 무엇인지를 반추해 보는 방식을 취하고자 한다.

II. 현재 간화선 수행의 문제점과 개선 방향

1. 간화정신(사상)의 확립

현대사회의 다양한 가치관의 혼돈 속에서 '간화선만이 최상승의 수행법'이라는 일방적 주장은 다원주의에 길들여진 이 시대 대중에게 설득력이 약하다. 진정 최상승의 가르침이라고 한다면 그 '최상승의 가치'를 철저히 견지하되 다른 것과 공존하고 다른 것을 융회할 수 있는 유연성과 포괄성이 함께 제시되어야 한다. 그리고 항상 명확한 이유와 합리적 설명을 수반해야 함은 물론이다. 역대 간화의 대종장들이 경전의 정형화된 언어를 뛰어넘어 일상의 평상화(平常話)로써 진리를 일깨웠듯이, 오늘의 간화 수행자도 다시 이 시대와 사회대중이 요구하는 살아있는 언어와 보편적 개념으로 최상승의 수행과 깨달음(간화선)을 설명해야 한다.[1]

이러한 맥락에서 볼 때, 현재 간화선 수행의 문제점 가운데 하나는 간화선 수행자가 철저한 간화정신에 토대하지 못하고 있다는 점이다. 일부 참학자들 중에는 간화선이 깨달음에 목적이 있기 때문에 그것을 수행할 때 사상적 전제는 필요 없고 화두 참구만 잘하면 된다고 말한다. 그래서 간화선은 오로지 깨닫기만 하면 되는 것이지 다른 것은 필요 없다는 주장을 하게 된다. 이른바 깨달음제일주의에 빠져 적정과 무사안일에 침잠하는 것이 수행이라 여기고 있다. 그러나 어찌 간화선이 다만 깨달음만 추구하여 깨닫기 전이나 깨달은 후의 일을 도외시할 수가 있겠는가. 세간에서 학문을 연구할 때도 평생의 노력이 필요하고,

---

1) 참조, 『간화결의론과해』, 鶴潭, 머리글 p.7.

집 한 채를 지을 때도 갖추어야 할 조건이 수없이 많으며, 집을 완성하고 난 뒤에도 많은 정성을 기울여 관리해야 한다. 일반적으로 올림픽 경기에 나가서 메달을 하나 획득하는 데도 몇 년 이상 각고의 노력이 필요한 것이 인지상정이다.

그런데 항차 인생과 우주의 근원적인 진리인 일대사(一大事)를 요달(了達)하여 생사를 영단하고 인천(人天)의 사표(師表)가 되어 중생을 제도하고자 하는 간화선 수행자가 아무 사상적 정립 없이 바로 선 수행에 착수할 수 없다. 중생을 바꾸어 조사가 되고 부처를 이루고자 하는 일이 결코 작은 일이 아니기 대문이다. 무량한 세월 동안 중생으로 사생육도(四生六道)에 윤회하다가 금생에 다행히 수행의 기연을 만나 중생의 업식(業識)을 벗고자 하면, 이 일대사를 위해 전인격을 투영하고 평생의 기량을 다투어 신명을 바칠 각오와 준비가 필요하다. 그래서 간화행자는 참선 수행에 임하기 전에 반드시 사상적 정립이 전제되어야 한다. 즉 현재 간화선 수햫자들에게 간화정신의 확립이 우선적으로 요구되어야 한다.

(1) 중도정관(中道正觀)의 확립

오늘날 조계의 후학들 가운데 많은 사람들이 말로는 불교를 수행한다고 하면서도 불교적(연기적)인 인생관과 철학관을 결여하고 있음을 보게 된다. 특히 선(禪)에 입문하고자 하는 수행자는 정견(正見)의 안목을 갖추어야 한다. 임제 선사는 일찍이 참선 수행자들에게 진정견해(眞正見解)를 갖출 것을 주장하고 있다. 이른바 정견의 안목이라 말하는 진정견해가 바로 중도정관(中道正觀)인 것이다. 간화행자는 우선 중도정관을 확립해야 한다. 즉 먼저 부처님께서 설하신 연기(緣起)·무아(無

我)・무상(無常)의 도리에 대한 올바른 이해가 필요하다. 또한 대승불교에서 말하는 공(空)・중도(中道)・반야(般若)・불성(佛性)사상에 기초한 연기적 인생관과 세계관의 정립 없이 화두를 참구하게 되면 수행에 전 인격이 투영될 수 없다. 뿐만 아니라 주인공 혹은 본래면목(本來面目) 등의 선적 언어 표현에 오해를 불러일으켜서, 번뇌망념 너머 소소영령(昭昭靈靈)한 실체적 자아(아트만)를 찾는 것을 참선이라 착각하거나, 무사적정의 무기공(無記空)의 경계에 안주하는 것을 선정삼매(禪定三昧)로 오인할 수 있다. 아울러 선을 신비한 영적 체험으로 잘못 이해할 수도 있다. 즉 철저한 중도정관의 정립이 없이 참선을 하게 되면 삿된 길[邪道]로 빠져들어 자신도 망치고 주위 사람들에게도 피해를 줄 수도 있다. 실제로 선원에서 정진하는 대중 가운데서 중도적 관점의 토대 없이 수행하는 이가 많이 있음을 볼 수 있다.

부처님께서 깨달으신 내용이 곧 연기(緣起)요, 무아(無我)이다. 이러한 연기와 무아의 사상이 대승불교에 오게 되면 공(空)・중도(中道)・반야(般若)・불성(佛性) 등 다양한 표현으로 불리게 된다. 중국 선종은 "자성청정(自性淸淨)"의 중도를 깨닫는 것이 선의 요체라고 말한다. 혜능은 『단경』에서 "자성이 청정함을 단박에 깨닫는 것[頓悟自性淸淨]"이 돈오선의 십지법문이라고 설하고 있다. 즉 자성이 청정함을 깨닫는 것이 바로 견성(見性)이니, 자성청정이란 곧 중도에 다름 아니다. 중도를 깨닫는 것이 곧 견성성불이다. 그러므로 혜능 또한 제자들에게 최후 설법으로 중도를 설하고 있는 것이다. 그는 이 중도 법문이 선종의 근본 종지라고 말하고 있다.

너희들은 다른 사람들과 같지 않다. 내가 멸도한 후에 각각 한 지방의 스승이 될 것이므로 내 이제 너희들에게 법 설함을 가르쳐서 근본 종지를 잃지 않도록 하겠다. 먼저 삼과법문과 움직여 쓰는 데 서른여섯 가지 상대하는 법〔對法〕을 들어 말하리니, 나오고 들어감에 양변(兩邊)에 치우침을 여의고 온갖 법을 설할 때 자기 성품을 여의지 말라.

갑자기 어떤 사람이 너희에게 법을 묻거든, 말을 내되 다 두 법으로 하여 서로 상대하는 법을 모두 취해서 오고 감이 서로 원인이 되게 하고, 마침내는 두 가지 법을 모두 없애되 다시 갈 곳마저 없게 하라. …(중략)… 설사 어떤 사람이 있어 "무엇이 어두움이냐?" 하고 묻는다면 "밝음은 바로 인(因)이요, 어두움은 바로 연(緣)이니, 밝음이 없어지면 곧 어두움이다"라고 답하라. 밝음으로써 어두움을 나타내며 어두움으로써 밝음을 나타내면, 오고 감이 서로 원인이 되어 중도의 뜻을 이룰 것이니, 다른 물음에 대하여도 모두 이와 같이 하라. 너희들이 뒤에 법을 전할 때에도 이를 의지해 서로 가르쳐주어 종지를 잃지 말라.[2]

불교의 제 종파인 삼론종, 천태종, 화엄종, 법상종, 밀종 등 모두가 다 중도에 입각하여 법을 설하고 중도를 깨달을 것을 설하고 있다. 그중에서 대표로 천태종에서는 "한 거의 색, 한 개의 향이 중도 아님이 없다〔一色一香無非中道〕"라고 하였으니, 이러한 중도를 깨달아야 진정한 본색납자(本色衲子)라 할 수 있을 것이다. 중도를 내놓고는 불교는 성립되지 않는다. 선종도 예외가 아니어서 중도를 깨달음이 견성이요, 성불이다. 성철 선사도 『백일법문』을 통해 모든 종파의 중도 법문을 소개하

---

2) 『六祖法寶壇經』, 『大正藏』 제48권, p.360. "汝等不同餘人. 吾滅度後, 各爲一方師, 吾今教汝說法, 不失本宗. 先須擧三果法門, 動用三十六對, 出沒卽離兩邊, 說一切法, 莫離自性. 忽有人問汝法, 出語盡雙, 皆取對法, 來去相因, 究竟二法盡除, 更無去處. …(중략)… 設有人問何名爲暗, 答云, 明是因, 暗是緣, 明沒則暗. 以明顯暗, 以暗顯明, 來去相因, 成中道義, 餘問悉皆如此. 汝等於後傳法, 依此轉相教授, 勿失宗旨."

고 마지막으로 선종의 중도 법문에 대해 선문 조사의 어록을 예로 들어 설명하고 있음을 볼 수 있다. 마조 선사의 중도 법문을 설하고 있는 일단을 소개하면 다음과 같다.

자성이 공했기 때문에 삼계가 유심입니다. 삼계유심이란 자성청정심을 말하는 것인데 일체만법이 다 공하여 쌍차쌍조(雙遮雙照)하며 진공(眞空)이 묘유(妙有)한 것인데 이것을 마음이라 하고 중도라 합니다. 앞에서 선도 취하지 않고 깨끗하고 더러움의 양변을 버린 것을 마음이라 했습니다. 이것은 삼라만상이 모두 쌍차쌍조(雙遮雙照)해서 차조가 동시〔遮照同時〕라는 말입니다. 그래서 삼라만상이 일법지소인(一法之所印)으로 중도와 자성청정을 내놓고는 하나도 성립될 수 없습니다.[3]

그 외에 선종의 중도 법문은 수없이 많은데, 모두가 중도의 이론 체계 속에서 진행되고 있다. 현사사비(玄沙師備)가 말하기를 "바깥의 티끌 경계를 마주해서는 죽은 나무나 꺼진 재처럼 되었다가, 마음을 써야 할 때에 가서는 중도(中道)를 잃지 말아야 한다. 거울이 모든 물체를 비추지만 스스로 빛을 잃지 않고, 새가 공중을 날면서도 하늘 바탕을 더럽히지 않는 것과 같이 하라"[4]고 하였다. 간화종장인 대혜도 『서장(書狀)』에서 사구백비(四句百非)를 떠난 중도적 사고의 토대 위에서 화두를 참구할 것을 강조하고 있다.

---

3) 『百日法門』 下, (藏經閣), p.210.
4) 『參禪警語』, (藏經閣), p.78. "必須對塵對境, 如枯木寒灰, 臨時應用, 不失其宜. 鏡照諸像, 不亂光輝, 鳥飛空中, 不雜空色."

유(有)에 집착하지 않으면 무(無)에 집착하고, 양쪽 모두에 집착하지 않으면 유·무(有無) 사이에서 헤아려 분별한다. 비록 이 병폐를 알았다 하더라도 이내 유도 아니고 므도 아닌 곳에 집착하고 만다. …(중략)… 사구(四句)를 벗어나고 백비(百非)를 끊어라. 바로 한 칼에 두 동강을 내서 다시는 앞뒤를 생각지 말고 그대로 일천 성인의 정수리를 끊어버리라 한 것이다.[5]

대혜는 이렇게 사구백비를 벗어나야 "모든 법이 실로 있다〔實有〕"거나, "모든 법이 실로 없다〔實無〕"거나, "모든 법이 있기도 하고 없기도 하다〔亦有亦無〕"거나, "모든 법이 있는 것도 아니요, 없는 것도 아니다〔非有非無〕"라고 하는 데 빠진 외도의 장애를 받지 않고 중도정관(中道正觀)을 바로 수행할 수 있다고 설하고 있다. 즉 선이란 모든 개념적인 틀을 부수고 반야직관에 으한 중도정관으로 자아와 세계에 대한 진정 견해(眞正見解)를 획득하는 것이다. 그러므로 중도정관은 참선 수행의 제일 전제라 할 수 있다.

중도정관에 의한 정념(正念)의 바탕 위에서 참선을 해야 이단외도의 길로 빠지지 않게 된다. 이와 같이 중도정념을 갖추는 일은 매우 중요한 일이다. 이러한 중도적 사고와 중도적 인생관 그리고 중도적 세계관을 확고히 정립한 뒤에, 이해의 차원에서 머물 것이 아니라 화두 참구를 통해 이 중도의 법칙을 깨닫는 것이 간화선의 가르침인 것이다.

---

5) 『大慧語錄』 卷27, 『大正藏』 47권, ⊃.928上. "若不着有便着無, 若不着此二種, 種於有無之間搏量卜度. 縱識得此病, 定在非有非無處着到. 故先聖苦口叮嚀, 令離四句絶百非. 直下一刀兩斷, 更不念後思前, 坐斷千聖頂寧頁."

(2) 계정혜 삼학등지(三學等持)

간화행자는 먼저 계·정·혜 삼학을 고르게 닦을 것을 다짐해야 한다. 어떤 선자들은 선은 선정을 통해 지혜를 얻는 것이기 때문에 지계와는 아무 상관이 없다고 말한다. 아울러 혜능이 설한 무상계(無相戒)를 잘못 이해해서 아예 유상의 계율[有相戒律: 오계, 십계 등의 齋戒]은 지킬 필요가 없다는 식으로 이해하며, 심지어는 막행막식(莫行莫食)의 무애행(無碍行)이 본분납자(本分衲子)의 가풍이라고 천명하고 있다. 윤리적 긴장이 수반되지 않는 오늘의 선 수행 풍토는 반드시 개선되어야 한다.

근본불교의 교의에서는 계·정·혜 삼학의 근수(勤修)로 수증문을 삼고 있음을 볼 수 있는데, 즉 지계청정(持戒淸淨)의 바탕 위에 선정삼매에 들 수 있고, 선정삼매를 얻음으로써 반야지혜가 발현될 수 있다고 설하고 있다. 선종의 계율에 대해 중봉(中峰) 선사는 이렇게 설하고 있다.

달마 스님이 계율을 말씀하지 않은 것은 두 가지 이유가 있기 때문이다. 첫째는 근본 종지만을 투철하게 관찰하게 하려고 그런 것이고, 둘째는 제자들을 믿었기 때문이다. 근본 종지만을 투철하게 관찰하게 했다는 뜻은 오로지 부처님의 심인(心印)을 전하는 것으로써 종을 삼았다는 말이다. 제자들을 믿었다는 것은 달마 문하에는 모두 상근기의 인재들만 모여서 숙세에 반야의 종지를 익히고 최상승의 근성을 갖추지 않은 사람은 하나도 없었다. 이런 사람들은 이미 계·정·혜 삼학을 닦았기 때문에 또다시 계율의 수지를 말할 필요가 없다.

달마 스님 당시에는 계율을 지키라고 말하지 않아도 잘 지켰던 것이다. 굳이 계율을 지키라고 강조하지 않았지만, 어느 제자도 고의적으로 계율을 어기는 자가 없었다. 달마 스님 이후로 대승의 근기와 성품을 갖춘 선사들이 천지 사방에서 구름처럼 일어나고 바닷물이 용솟음치듯 하였다. 달마 스님 때부터 계속해서 계율을 말하지 않았던 것은, 종지로 볼 때에 너무나 당연한 것이다. 애초에 계율을 지키지 않고 부처님의 심종(心宗)을 전수했다는 소리는 내 아직 들어 본 적이 없다.[6]

사실 선종사에서 볼 때 백장 선사가 선원청규를 제정하여 독립적인 선종의 살림을 꾸리기 전에는 전부 율종 사원에 함께 더부살이하며 수행했던 것이다. 그러니 계율을 수지하는 것은 너무나 당연한 일이었다. 그러니 계율에 대해 특별히 강조하지 않았을 뿐이지 부처님의 심종(心宗)을 전수하는 본분납자로서 계·정·혜 삼학을 닦지 않은 종사는 단 한 사람도 없었던 것이다.

그래서 남종선에서는 정혜등지(定慧等持)를 주장하고, 더 나아가서 계·정·혜의 일체(一體)인 삼학등지(三學等持)를 해탈의 증문으로 삼고 있다. 즉 계·정·혜 삼학 중 어느 한 문이라도 결핍되면 완전한 해탈을 얻을 수 없다고 주장하고 있다. 홍주종의 홍선유관(興善惟寬)은 백거이(白居易)의 물음에 다음과 같이 대답하고 있다.

"선사께서는 무엇 때문에 법을 설합니까?" 선사가 답하였다. "무상보리란 것은 몸에 걸치면 계율이 되는 것이요, 입으로 말하면 법이 되는 것이요, 마음으로 행하면 선이 되는 것이다. 응용하면 셋이 되지만 사실은 하나이다. …(중략)… 계율이 바로 법이요, 법은 선정을 떠나지 않는다. 어찌 이 가운데 망령되이 분별을 일으키는가?"[7]

---

6) 『山房夜話』, (藏經閣), pp.93~94.

선원청규에 나타나고 있는 계율관 역시 선종이라고 해서 특별히 다른 계율이 적용되는 것이 아니라, 부처님이 제정한 율장에 의거해 계율을 그대로 지키되 선종의 특성상 선농겸수(禪農兼修)를 통한 자급자족의 생활에 필요한 부분만 따로 '선문규식(禪門規式)'으로 제정해 놓은 것에 불과한 것이다. 백장청규에서의 계율에 대한 면모는 자세히 알 수는 없으나 자각 종색(慈覺宗賾)의 『선원청규(禪苑淸規)』에는 분명하게 계율을 엄정히 지킬 것을 제시하고 있다. 지계는 수행자의 도업을 성취시킬 뿐만 아니라 불법이 이로 인해 현전한다고 설하고 있다. 또한 계를 가볍게 여기는 요즘 수선납자에게 경종이나 울리듯, 계를 지키며 죽을지언정 계율 없이 구차하게 살지 말 것을 당부하고 있다.

삼세제불은 모두 출가하여 도를 이루었다고 한다. 인도의 28대 조사와 중국의 6대 조사들도 부처님의 마음〔佛心印〕을 전한 출가 사문이었다. 모두 계율을 엄정히 지켜 모름지기 삼계에 큰 모범이 되었다. 그러므로 참선하여 도를 묻는 자는 계율을 첫째로 삼는다. 허물을 떠나고 그름을 막지 않았다면 어떻게 부처를 이루고 조사가 될 수 있었겠는가. 계를 받은 후에는 항상 마땅히 지켜야 한다. 계와 함께 죽을지언정 계 없이 살지 말아라. …(중략)… 재물과 색(色)의 허물〔禍〕은 독사보다 심하다. …(중략)… 계율이 청정하면 불법이 현전하리. 가죽이 있지 아니하면 털이 어찌 붙어 있겠는가. 그러므로 경에 말하되 "정진하여 청정한 계율을 지님을 마치 맑은 구슬〔明珠〕을 보호하듯 하라"라고 하였다.[8]

---

7) 『傳法堂碑』, 『全唐文』 권678. "旣曰禪師, 何故說法? 師曰, 無上菩提者, 被於身爲律, 說於口爲法, 行於心爲禪, 應用有三, 其實一也. …(중략)… 律卽是法, 法不離禪. 云何於中妄起分別?"
8) 『禪苑淸規』第一, "三世諸佛皆曰出家成道. 西天二十八祖, 唐土六祖, 傳佛心印, 盡是沙門.

천태지자(天台智者)도 『지관좌선법(止觀坐禪法)』에서 수행자가 지관을 수행하려고 하면 반드시 다섯 가지의 연(緣)을 갖추어야 하는데, 그 가운데 가장 첫 번째가 "계(戒)를 지킴이 맑고 깨끗해야 할 것"을 주장하고 있다. 그는 모든 선정을 이루고 고통을 멸하는 지혜를 얻기 위해서는 반드시 지계가 인(因)이 됨을 강조하고 있다. 지계를 강조하는 것과 마찬가지로 파계한 자에 대한 참회법을 소상히 밝히고 있다. 즉 이미 계를 파한 자는 불전에 나아가 간절하게 참회를 하라고 지시하고 있다. 참회를 통해 죄를 소멸하여야만 선정을 성취할 수 있음을 고취시키고 있다. 이것은 지계의 터를 닦지 않고는 선정의 기둥을 세울 수 없고 지혜의 대들보를 얹을 수 없는 것과 마찬가지다.

단운지철(斷雲智徹)의 『선종결의집(禪宗決疑集)』에서 수행납자는 반드시 오계로 바탕을 삼고, 십선으로 작용을 삼으라고 달하고, 작용과 바탕이 동시에 행해져야만 비로소 불사를 성취할 수 있다고 강조하고 있다.

이 계는 부처님과 부처님이 주고받았고, 조사와 조사가 서로 전하여 오늘에까지 이르렀다. 학인들이 기왕에 염불, 참선하여 이 일을 규명하려 한다면 반드시 계를 준수하여, 어떤 삿된 스승이나 사견을 가진 자가 "술 마시고 고기 먹는 것이 보리에 장애되지 않고, 도적질하고 음행하는 것이 반야에 해로울 것이 없다" 하고 함부로 지껄이는 소리를 절대로 믿어서는 안 된다. 이들은 지옥의 무리요, 악마의 권속으로 부처님의 제자가

蓋以嚴淨毘尼, 方能洪範. 然則參禪問道戒律爲先. 旣非離過防非, 何以成佛作祖. …(중략)… 受戒之後, 常應守護, 寧有法死, 不無法生. …(중략)… 財色之禍, 甚於毒蛇. …(중략)… 尸羅淸淨佛法現前. 皮之不存, 毛將安傳. 故經云, 精進持淨戒, 猶如護明珠."

아니다. 법문에서 밥을 훔쳐 먹고 함부로 반야를 말하여 사람들의 바른 믿음〔善信〕을 파괴하고 부처님의 혜명(慧命)을 끊으려는 자들이다.[9]

오래도록 선문의 수면 밑으로 답습되고 있던 '술 마시고 고기 먹는 것이 보리에 장애되지 않고, 도적질하고 음행하는 것이 반야에 해로울 것이 없다'는 이단사설에 경종을 울리고 있다.

근세의 중국을 살다간 허운은 당시 소멸해 가던 선종의 현사의 맥〔懸絲之脈〕을 다시 이어 선을 중흥시키고 120세를 일기로 입적에 들면서 제자에게 한 마지막 유훈에서도 계율의 중요성을 남기고 떠난다.

그동안 나를 시봉하느라고 고생이 많았다. 나는 근 10년간 온갖 신고(辛苦)와 비방을 겪으면서도 다 감수했는데, 그것은 오직 이 나라가 불조(佛祖)의 도량(道場)을 보존하고, 사원이 청규를 지키며, 출가자들이 이 가사〔大衣〕를 잘 보존하도록 하기 위함이었다. 그러나 어떻게 해야 이 가사를 영구히 지켜 갈 수 있는가? 오직 한 글자뿐이니, 바로 '계(戒)'이다.[10]

어떤 선자는 말한다. 화두를 타파하여 깨달으면 되는 것이지 굳이 계에 얽매일 필요가 무엇 있나 하고. 그러나 옛 조사는 고구정녕하게 말하기를, 계는 성불하는 데 필요한 사다리와 같다고 하였다. 사다리가 없으면 부처의 보전에 오를 수 없으며, 또한 그 기봉이 험난한 조사의 관문을 뚫고 나갈 수 없다. 계를 지키는 것과 선정을 닦는 것과 지혜

---

 9) 『禪宗決疑集』, 회산 계현 지음, 연관 역주, 『禪門鍛鍊說』, (불광출판사, 1998年), pp.193~194.
10) 『參禪要旨』(허운 화상 법어, 대성 스님 옮김, 여시아문, 2004년) p.248.

를 얻는 것은 하나이자 셋이요, 셋이자 하나인 것이다.

그래서 조선의 청허도 『선가귀감』에서 설하기를 "계·정·혜는 하나를 들어 셋을 갖추는 것이므로 하나하나 따로 이해해서는 안 된다"라고 말하고, 나아가 "계의 그릇이 온전하고 견고해야 선정의 물이 맑게 고이고 거기에 지혜의 달이 나타난다"[11]라고 했다. 아울러 이 땅에 살아가는 수선대중을 위해 계율에 대한 만고방양(萬古榜樣)을 고구정녕(苦口叮嚀)히 설파하고 있다.

음란하면서 참선하는 것은 다치 모래를 쪄서 밥을 지으려는 것과 같고, 살생하면서 참선하는 것은 마치 제 귀를 막고 소리를 지르는 것과 같고, 도둑질하면서 참선하는 것은 마치 새는 그릇이 가득 차기를 바라는 것과 같고, 거짓말하면서 참선하는 것은 마치 똥으로 향을 만들려는 것과 같다. 이런 무리들은 비록 많은 지혜가 있다 하더라도 다 마구니의 도를 이룰 뿐이다.[12]

계·정·혜를 평등하게 닦음〔三學等持〕이 종문의 바른 눈이며, 간화행자의 입문 조건이다. 중생과 더불어 함께하는 것이 대승 계율이라는 경허의 말에 의하면, 눈 푸른 본분납자의 계는 중생과 더불어 잘 지키고〔持〕, 범하고〔犯〕, 열고〔開〕, 닫는〔遮〕 것이 되어야 할 것이다.

---

11) "戒器完固, 定水澄淸, 慧月方瑛."
12) 『禪家龜鑑』, "帶淫修禪, 如烝沙作飯. 帶殺修禪, 如塞耳叫聲. 帶偸修禪, 如漏卮求滿 帶妄修禪, 如刻糞爲香. 縱有多智, 皆成魔道."

(3) 인과와 자비관의 정립

선을 수행해서 도를 깨치려는 수행자는 먼저 인과법(因果法)을 깊이 믿어야 한다. 비단 선 수행자뿐만 아니라 모름지기 공문(空門)에 귀의한 자는 모두 인과를 믿는 것이 그 삶의 바탕이 되어야 한다. 그런데 요즘 불교 수행자들 사이에 은연중 인과에 대한 믿음이 점차 희박해져 가고 있음 또한 사실이다. 만약 인과를 믿지 않고 신·구·의(身口意) 삼업을 청정하게 하지 않고는 도를 얻지 못하는 것은 말할 것도 없고 삼악도의 고통이 그를 기다릴 것이다. 그러므로 경허는 말하기를 "형상이 곧으면 그림자가 단정하고, 소리가 크면 메아리가 웅장하다"[13]라고 하였다.

허운은 『참선요지』에서 도를 깨닫는 선결 조건 가운데 그 첫 번째로 "인과를 깊이 믿으라"고 가르치고 다음과 같이 설법하고 있다. "부처님이 말씀하시기를 '전생의 일을 알고 싶은가. 금생에 받고 있는 것이 그것이다. 내생의 일을 알고 싶은가. 금생에 짓는 것이 그것이다'라고 하였으며, 또 말씀하시기를 '설사 백천겁이 지난다 해도 지은 업은 없어지지 않으며, 인(因)과 연(緣)이 만날 때 과보를 받게 된다'고 하였다. 『능엄경』에 이르기를 '원인이 참되지 못하면〔因地不眞〕 그 결과도 비뚤어진다〔果招紆曲〕'고 하였다."[14] 그리고 백장야호(百丈野狐)의 인과 법문을 들려주고 있다.

옛날 백장회상에 상당설법 후 노인 한 분이 나타나 자신은 사람이 아니고 여우의 정령이며 본시 전불(前佛)인 가섭불 시절에 이곳의 당두(堂頭: 방장)로 있었다고 했다. 하루는 어떤 스님이 "큰 수행인(道人)

---

13) 『鏡虛法語』, p.118. "夫形直影端, 聲大響雄."
14) 『參禪要旨』, p.36.

도 인과에 떨어집니까?" 하고 묻기에 "인과에 떨어지지 않는다[不落因果]"라고 대답해준 과보로 오백 년 동안 여우의 정령이 되어 벗어날 길이 없으니, 부디 자비심으로 제도해 달라고 간청했다. 백장 선사가 그대가 나에게 다시 물어보라고 하니, 노인이 묻기를 "큰 수행인도 인과에 떨어집니까?" 백장 스님이 대답하기를 "인과에 어둡지 않다[不昧因果]"라고 하였다. 노인은 이 한 마디 말에 크게 깨닫고 여우의 몸을 벗었다. 후백장이 선백장을 제도시킨 일화이다.

사실 인과를 깊이 믿으면 원인과 결과가 분명해진다. 그리고 항상 모든 중생을 대할 때 선인(善因)을 심고자 노력하게 된다. 이와 같이 인과를 소중히 여기는 노력이 바른 생명에 대한 외경으로 나타나게 되니, 이것이 바로 자비심이다. 견성하여 성불하겠다는 신심납자는 모든 중생을 이롭게 하겠다는 대자대비의 원력이 저절로 일어나게 된다. 따라서 선자는 마땅히 요익중생(饒益衆生)의 자비관(慈悲觀)을 정립해야 한다.

옛날 부처님은 도를 깨달아 이룬 그곳에서 생멸심을 소멸시켰다. 또한 적멸한 경지에 머무르지 않으셨으니, 이를 일러 적멸을 드러내 보이셨다고 말한다. 이러한 적멸의 경지에는 두 가지 수승함이 있다. 그 첫 번째가 위로 시방제불의 원력에 계합하여 제불여래와 동일한 대자의 힘을 내는 것[慈力]이요, 그 둘째가 아래로 육도중생에게 계합하여 일체중생과 동일한 대비를 우러르는 것[悲仰]이다. 앞에서 말한바 "대자대비를 갖추어[興慈運悲]" 악도 중생을 구제하는 것이 이것을 말한다. 중생은 깨닫지 못한 까닭에 생사를 윤회한다. 먼저 깨달은 사람이 만약 자비가 없다면 어떻게 중생세계를 건질 수 있겠는가.[15]

---

15) 『大慧語錄』16권, 위의 책, p.878下. "古聖得了, 便於得處滅却生滅心. 亦不住在寂滅

대혜는 제불여래의 "지혜로 생사에 머물지 않고[不住生死], 또한 자비로 열반마저도 버리고[不住涅槃]" 육도중생을 위한 보현행원의 실천을 예로 들면서, 먼저 깨달은 자는 마땅히 자비원력으로 중생세계를 구원해야 함을 역설하고 있다. 그러면 아직 완전한 깨달음에 이르지 못한 수행자는 어떻게 해야 하는가? 남종선은 먼저 『유마경』을 인용하여 "유위를 다함이 없고[不盡有爲], 무위에도 머물지 않음[無住無爲]"을 원칙으로 하여, 또한 『열반경』의 말씀을 들어 "비록 내가 깨닫지 못했다 하더라도 먼저 다른 이를 깨닫게 하라"라고 말하고 있다.

발심과 깨달음은 둘이 아니다. 이 둘 중 발심하기가 더욱 어렵네. 내가 아직 도를 이루지 못했더라도, 먼저 다른 이를 제도하라. 그러므로 초발심에 경례하는 것이다. 초발심은 이미 인천(人天)의 스승이라 성문과 연각을 뛰어넘는다.[16]

대승 『반야경』에서 보살의 두 가지 공능에 대해 설할 때에 반드시 '불착(不着)'과 '수순(隨順)'을 들고 있다. 그런데 대승보살은 마땅히 불착보다 수순을 더욱 소중히 여겨야 한다고 가르치고 있다. 이른바 불착이라는 것은 "번뇌에 집착함이 없어서 생사를 해탈하는 것"이니 견성성불을 말함이요, 이른바 수순이라는 것은 열반에도 안주하지 않고 다시 중생의 뜻에 따르는 것이니 요익중생을 가리키는 말이다. 조사선은

地, 謂之寂滅現前. 於寂滅地獲二殊勝. 一者上合十方諸佛, 與佛如來同一慈力, 二者下合六道衆生, 與諸衆生同一悲仰. 前所云興慈運悲救拔惡道是也. 衆生爲不覺故輪轉生死. 先覺之士若無慈悲, 如何得衆生界."

16) 『壇語』. "發心畢竟二不別, 如是二心先心難. 自未得度先得他, 是故敬禮初發心. 初發已爲人天師, 勝出聲聞及緣覺."

대승불교의 정신을 생활 가운데서 구현하는 것으로 종지를 삼고 있다. 그러므로 본색납자는 마땅히 불착의 견성성불과 수순의 요익중생을 실천의 양 날개로 삼아야 하되, 여기서 한 발짝 더 나아가 요익중생의 생활 실천인 보현행원을 위해 이 한 몸 기꺼이 바쳐야 한다. 이것이 대혜가 주장하는 간화선 수행자의 수행 지침이다.

그러므로 종색의 『좌선의(坐禪儀)』의 서두에 "반야의 지혜를 수행하는 보살은 먼저 반드시 중생을 구제하려는 대비심을 일으키고, 큰 서원을 세우고 열심히 선정삼매를 닦아 맹세코 중생을 제도할 것을 서원해야 하며, 자기 자신만을 위하여 해탈을 하려고 해서는 안 된다"[17]라고 설하고 있다.

그리고 『선원청규』에도 "중생을 자비롭게 생각함을 마치 갓난아이와 같이 하라"[18]고 하였다. 천하에 좌선입도(坐禪入道)하고자 하는 이는 마땅히 먼저 중생과 하나 되는 대자비심을 갖추어야 함은 당연지사다. 자비심 없이 지혜를 구하겠다는 것은 연목구어(緣木求魚)에 지나지 않는다. 지혜와 자비를 함께 닦는 '비지쌍운(悲智雙運)'과 '복혜겸수(福慧兼修)'가 대승정신의 기초요, 조사선의 실천이다. 그래서 대혜도 간화행자는 마땅히 먼저 "자리이타(自利利他)의 마음으로 베풀지 않으면 안 된다"[19]고 역설하고 있는 것이다.

인과를 깊이 믿어 모든 향을 가벼이 하지 않고, 자비를 실천하여 도든 생명을 이롭게 하고자 하는 보살행이 수선자의 인격적 완성으로 나타나서 참선 수행이 더욱 견고하고 풍부해진다. 인격과 수행을 일치시

---

17) 『坐禪儀』 서두. 최법혜 역주. 『고려판선원청규역주』(伽山佛教文化硏究院), p.423
   "夫學般若菩薩, 先當起大悲心, 發弘誓願, 精修三昧, 誓度衆生, 不爲一身獨求解脫爾."
18) 위의 책, p.72. "慈念衆生, 猶如赤子."
19) 『大慧語錄』 卷26, 『大正藏』 47권, p.922上. "自利利他無施不可."

키는 작업이야말로 화두 수행의 근간이 되어야 한다.

(4) 선교겸수(禪敎兼修)의 종지

현재 한국 선불교의 문제점 가운데 하나는 이론과 실참이 양극화되어 있다는 점이다. 선원에서 실참하고 있는 수선납자들은 오로지 실참실구(實參實究)만이 최고의 가치이며 선사상과 선학이론에 대해서는 거의 무관심하며, 이른바 선학자들은 선학이론의 연구에 치우쳐 실수(實修)를 등한시하고 심지어 일각에서는 수선안거(修禪安居)마저 잘못된 행태라고 비판하고 있다.

이러한 양쪽의 입장을 정리해 보면, 수선납자들은 선은 오로지 실참을 통해 깨쳐야만 일대사(一大事)를 요달하는 것이라는 깨달음절대주의(見性絶對主義)에 빠져 있다. 이러한 관점에서 언어나 문자로 선을 논하는 것은 구두선, 문자선을 행하는 지해종사(知解宗師)의 할 일이라고 치부해버린다. 그렇기 때문에 이것은 교가(敎家)나 학자가 하는 짓으로 폄하되고 있다. 물론 대혜가 "깨달음으로 법칙으로 삼아〔以悟爲則〕" 간화선을 제창하였고, 깨달음이 전제되지 않는 선은 선이라고 말할 수 없다. 그러나 깨닫기 전에는 오직 앉아서 참구하는 것 외에는 아무것도 하지 않겠다는 극단적 수행 행태는 일종의 편향된 시각이다.

그리고 선학자들은 실참 대중을 향해 불교의 세계관이 정립되지 못하여 선학이론에 무지하며, 일신의 해탈에 매몰되어 세상을 향한 구세대비(救世大悲)의 교화가 결여되어 있다고 비판하고 있다. 이러한 시각 또한 올곧은 수행은 수행 그 자체가 교화로 승화되어 행화일치(行化一致)가 된다는 사실을 무시한 발언일 수 있다.

이러한 현상은 마치 옛날 천태지자 선사가 언어문자에 집착하여 이론에만 천착하고 그 공능에 매몰되어 선을 실참하지 않는 학자들을 향해 '문자법사(文字法師)'라 칭하고, 언어문자를 배척하고 실천의 지혜가 없이 오로지 앉아 있음만으로 선을 삼는 선사들을 향해 '암증선사(暗證禪師)'라고 비판한 것과 괘를 같이하고 있다.

선종사를 거슬러 올라가 개괄해 보면 선지(禪旨)와 더불어 교학에 능통하지 않은 역대 선사나 조사가 거의 없으며, 경학과 함께 선을 실수하지 않은 강주나 종장이 한 분도 없다. 분명한 것은 양비론(兩非論)에 입각하여 선가와 교가 모두가 비판의 목소리를 겸허히 수용해야만 한다는 것이다. 조선시대를 살다 간 벽송지엄(碧松智嚴)의 제자 경성(敬聖)의 일갈이 소중한 것은 바로 이런 이유 때문이다.

> 대저 공부하는 사람이 활구를 참구하지 않고 다만 똑똑함과 영리함을 믿고 구이의 학문[口耳之學: 지식을 쌓는 학문]을 닦아 세상에 뽐내며 자랑하는 부류들이 있다. 그들은 실속 있는 공부를 접하지 못해서 말과 행동이 엇갈리고 이곳저곳 산수를 찾아다니며 헛되이 밥만 축낼 뿐 아니라 경론을 배운답시고 일생을 졸면서 보내기가 예사다.
> 그리하여 마침내 지옥 찌꺼기로 전락하여 세상 사람들을 제도하는 배가 되지 못한다. 또 어떤 사람들은 한가롭게 노는 버릇이 성품으로 굳어져 바른 스승을 찾지 않고 여우굴 속에 들어앉아 졸면서 입으로만 화두를 중얼거리니 참으로 불쌍한 노릇이다.[20]

진정으로 생사를 요달하고자 하는 수행자가 명상(名相)을 버리고 자신을 다그치며 온 힘을 다해 실참하지 않고 의리(義理)만을 연구하는 것은 근본을 버리고 지말을 추구하는 격이다. 이것은 총명(聰明)으로

---

20) 『東師列傳』, 「敬聖一禪」, 金侖世 譯, (광제원) p.124.

업식(業識)을 대적할 수 없고, 박학(博學)으로 고륜(苦輪)을 면할 수 없음을 모르는 어리석은 행이다. 그러나 학문의 기초가 없이 어찌 향상일로(向上一路)의 일착자(一着子)가 있음을 알 것이며, 혜맥(慧脈)의 종지(宗旨)를 선양할 수 있겠는가. 종문의 안목이 되고 인천의 스승이 되려 한다면 학문 또한 소홀히 할 수 없는 과목이다. 그래서 계현(戒顯) 선사는 참구와 학문을 겸수하라고 지시하고 있다.

> 참학(參學)이라는 말은 조사들께서 세우신 것으로서 여기에는 순서가 있다. 비록 학문만을 중히 여기고 참구를 저버려서도 안 될 것이지만, 참구하기만 하고 학문을 폐해서도 안 된다.[21]

물론 계현은 본분작가(本分作家)의 단련에 의거하여 의단을 타파하고 근본이 분명해진 이후 애써서 학문을 연마하라고 지시하고 있지만, 본색종사(本色宗師)를 만나지 못한 시절에는 어쩔 수 없이 참구와 학문의 선후차제(先後次第)를 따질 수가 없게 된다. 선교병수(禪敎並修)에 입각하여 참구와 학문을 지혜롭게 균등히 할 필요가 있다. 그래서 고덕은 "대개 도는 말과 문자에 있지 않더라도, 실로 말과 문자를 떠나서는 도를 드러낼 수가 없다"라고 말하였다. 말과 문자야말로 마음의 빛을 드러내어 오묘한 도를 그려내는 것이니, 이것이 어찌 처음부터 도를 장애하는 것이 될 수 있겠는가.

달마선의 전통은 '자교오종(藉敎悟宗)', 즉 '교에 의거해서 선을 깨닫는 것'이다. 이러한 선교겸수(禪敎兼修)의 가풍은 혜능, 마조, 연수, 대혜로 이어지는 조사선의 전통이다. 즉 교에 의해서 선이 이해되고, 선

---

21) 『禪門鍛鍊說』, 위의 책, p.112.

행(禪行)을 통해 교의(敎義)가 실천될 때 진정한 의미의 '선교일치(禪敎一致)'의 가풍이 정립될 수 있다.

선종의 종지로 표방된 불립문자(不立文字)는 한편으로 언어문자를 신비화하고 교조화하는 교가(敎家)에 대한 집착을 깨기 위한 방편으로 이해할 수도 있다. 그래서 선가(禪家)에서도 문자를 사용하지 않는 것〔不用文字〕이 아니라, 문자에 집착하지 않는다〔不着文字〕라고 말한다. 아울러 문자에 집착하지도 않고 문자를 여의지도 않는〔不卽不離〕 중도의 문자관을 주장하게 된 것이다.

주지하는 바와 같이 사교입선(捨敎入禪)의 '사교(捨敎)'란 결코 경교(經敎)의 가르침을 버려서 폐기처분하라는 의미가 아니라, 교를 배우고 교를 의지하여 선을 깨닫되〔依敎悟禪〕, 언어문자의 공능을 과신하거나 집착하여 교조화하지 말라는 경구로 이해해야 할 것이다. 설사 '사(捨)'를 버린다는 의미로 해석한다 하더라도, 만약에 경전을 배우지 않고 조사어록을 열람하여 그 가운데 얻은 것이 없다면 아무것도 버릴 것이 없는데 또한 무엇을 버린단 말인가? 공안의 도리로 '버릴 것 없는 그것'을 버린다는 말은 아닐 것이다.

적어도 경론과 전등어록에 정통한 연후에 그 가운데서 깨달아 얻은 지해(知解)마저 버리고 본분사(本分事)를 결단〔公案參究〕하는 향상일구(向上一句)를 투과하라는 뜻으로 받아들여야 할 것이다. 요즈음 조사선의 종지를 잘못 이해하여 경론을 익히지 않고 교학을 요해하지 않으려는 태도가 있다면 이는 자칫 선으로 하여금 무지선(無知禪)으로 빠지게 할 위험이 농후하다.

대도는 언어에 있지 않으나 언어가 아니면 도를 밝힐 수 없고, 불법은 배우는 데 있지 않으나 배우지 않으면 법을 밝히지 못한다.[22]

마조도일 선사가 제자인 서당 지장을 향해 선에만 몰두하지 말고 교를 익혀 훗날 교화에 차질이 없도록 할 것을 주문하고 있는 것을 볼 수 있다. 그리고 송대 본숭(本崇)의 "두순의 화엄종지를 깊이 깨달으면, 조주 선차(禪茶)의 일미를 터득함이다〔深明杜順旨, 好喫趙州茶〕"라는 일구는 선교겸수의 정신이 후대 조사선의 가풍으로 전승되고 있음을 증명하고 있다.

그래서 청허는 『선교결(禪敎訣)』에서 선과 교에 대해 "선은 부처님의 마음이고, 교는 부처님의 말씀이다. 교는 말로 말 없는 데에 이르는 것이요, 선은 말 없이 말 없는 곳에 이르는 것이다. 말 없이 말 없는 곳에 이르기 때문에 사람들은 그것을 무엇이라 이름 할 수 없으니 억지로 이름 하여 마음이라고 한다"[23]고 정의하였다.

그리고 『선가귀감』에서는 선교원융의 태도를 "말에서 잃어버리면 염화미소(拈花微笑)도 모두 교적(敎迹)이 되고, 마음에서 얻으면 세간의 시중잡담도 모두 교외별전(敎外別傳)의 선지(禪旨)가 된다"[24]라고 주장하고 있다. 또한 설하기를 "교문은 오직 일심법(一心法)을 전하고, 선문은 오직 견성법(見性法)을 전한다. 심(心: 마음)은 거울의 체(體: 본체)와 같고, 성(性: 성품)은 거울의 빛〔光: 작용〕과 같다. 성품은 스스로 청정하여 즉시에 활연히 깨달으면 다시 본심을 얻는다"[25]라고 하였다. 이것은 교와 선을 본체와 작용으로 파악하여 체용일여(體用一如)로 설

---

22) 『禪門鍛鍊說』, p.110.
23) 『韓國佛敎全書』 제7권, p.657. "禪是佛心, 敎是佛語也. 敎也者, 自有言至於無言者也. 禪也者, 自無言至於無言者也. 自無言至於無言, 則人莫得而名焉, 强名曰心."
24) 『韓國佛敎全書』 제7권, p.635. "失之於口, 則拈花微笑, 皆是敎迹. 得之於心, 則世間 麤言細語, 皆是敎外別傳禪旨."
25) 위의 책, p.636. "敎門惟傳一心法, 禪門惟傳見性法. 心如鏡之體, 性如鏡之光. 性自淸 淨, 卽時豁然, 還得本心."

명하고 있는 것이다.

조선 말 대선장 경허도 청허의 관점을 계승하여 말하기를 "그 뜻을 얻었다면 거리의 한담도 법의 수레를 굴림이요, 말에서 잃어버리면 용궁보장(龍宮寶藏:『화엄경』)도 한마디 잠꼬대일 뿐이다"[26]라고 하여 선교를 원융하게 섭수하되, 선교 어디에도 얽매임이 없는 모습을 보여주고 있다.

어느 한쪽에 치우친 극단의 행위는 중도의 가르침에 크게 장애가 된다. 언어문자를 세우지 않되[不立文字] 언어문자를 잘 사용하야 하며[善用文字], 잘 익히고 사용하되[習用文字] 또한 집착하지 말아야 한다[不着文字]. 그러므로 언어문자를 여의지도 않고[不離] 집착하지도 않아서[不卽], 세우고[立] 파함에[破] 수연자재하여[隨緣自在], 방편을 당해서는 세울 것이요, 지견(知見)에 이르러서는 파할 뿐이다.

오늘을 살아가는 후학들은 선종의 가르침인 "부즉불리(不卽不離)"의 중도적 언어문자관을 가진 납자가 진정한 납자요, 선사임을 분명히 알아야 한다.

이러한 이론과 실참을 바탕으로 오늘 이 시대를 살아가는 사회 대중에게 간화의 종지를 널리 선양하여 간화의 선식(禪食)으로 삶을 풍요롭게 살아가도록 해야 한다. 그리고 세계화, 지구촌 시대를 맞이하여 전세계 인류를 위해 물질문명의 병폐를 극복하는 그 대안으로서 선문화를 고양시켜 일상생활 가운데서 수행과 깨달음이 현전되어, 세계일화(世界一花)가 이루어지도록 노력해야 한다.

---

26) 『鏡虛法語』, pp.634~635. "得其志也, 街中閑談, 常軫法輪. 失於言也, 龍宮寶藏, 一場寐語."

2. 간화실천(수행)의 문제와 개선 방향

(1) 철저한 발심

현재 간화행자의 가장 큰 문제는 발심(發心)이 없는 상태에서 화두 수행에 입문하는 데 있다. 선원에서 많은 납자들이 화두에 의심이 생기지 않고 설사 의심이 든다 하더라도 오래가지 않는다고 하소연하고 있다. 이것은 단지 사무쳐 간절한 발심이 없기 때문이다. 고인이 말하기를 "마음을 깨닫는 데는 발심보다 우선하는 것은 없다"고 하였다. 즉 화두 참선을 하기 위해서는 우선 발심부터 해야 한다. 발심이 있는 곳에 화두가 있고, 화두 있는 곳에 발심이 있다. 생로병사의 고통으로부터 벗어나서 무상대도를 성취하여 일체 생명에게 즐거움을 주겠다는 간절한 마음이 곧 발심의 뿌리가 되는 것이다. 무이는『참선경어』에서 간절함에 대해 다음과 같이 말하고 있다.

> 참선하는 데에서는 '간절함(切)'이라는 한 마디가 가장 요긴하다. 간절함은 무엇보다도 힘이 있는 말이니 간절하지 않으면 게으름이 생기고, 게으름이 생기면 편한 곳으로 내쳐 마음대로 놀게 되며 못할 짓이 없게 된다.
> 만일 공부에 마음이 간절하면 방일할 겨를이 있겠는가. 간절하다는 이 한 마디만 알면 옛 스님들의 경지에 이르지 못한다고 근심할 필요도 없고, 생사문제를 해결하지 못한다고 근심하지 않아도 된다. 이 간절하다는 말을 버리고 따로 불법을 구한다면 모두 어리석고 미친 사람들로서 형편없이 빗나가고 있는 것이다. 그러니 이런 엉터리와 참선하는 사람을 어떻게 동일시할 수 있겠는가.[27]

화두를 드는 것은 비상(非常)한 일이다. 팔만사천의 망념이 마치 폭포처럼 빗발치는 의식의 강물을 역류하는 것과 같은 화두법은 간절한 마음이 없이는 잠시도 참구가 되지 않는다. 그러므로 대혜, 고봉, 무이 등 간화종장들은 한결같이 이마에 간절 '절(切)'자 한 글자를 써 붙이고 다니라고 말하고 있다. 그런데 간절한 마음은 어디서 생기는가? 무상심(無常心)에서 비롯된다. 생사의 일이 하루아침 풀잎의 이슬과 같다는 무상심의 바탕 위에서만 간절한 의심이 돈발(頓發)될 수 있다. 경허 선사는 그의 「참선곡」에서 인생의 무상함에 대해 다음과 같이 읊고 있다.

> 홀연히 생각하니 모두 꿈속의 일이로다.
> 천만고 영웅호걸 북망산의 무덤이요,
> 부귀문장 쓸데없다 황천객을 면할쏘냐.
> 오호라! 나의 몸이 풀끝의 이슬이요,
> 바람 앞의 등불이라.[28]

세상사 모두가 전도된 꿈속의 일이라고 보고 빨리 꿈속에서 깨어나고자 발심하는 것이다. 그래서 『심경』에서도 "전도된 꿈속의 일을 멀리 여의고[遠離顚倒夢想], 구경에 열반을 성취한다[究竟涅槃]"고 설하고 있는 것이다. 경허도 거듭 말하기를 "사람 되어 못 닦으면 다시 공부 어려우니, 나도 어서 닦아 보세"라고 하여 무상함으로부터 발심 수행으

---

27) 『參禪警語』, (藏經閣), p.40. "做工夫, 最要緊是個切字. 切字最有力, 不切則懈怠生, 懈怠生則放逸縱意靡所不至. 若用必眞切, 放逸懈怠何由得生. 當知切之一字, 不愁不到 古人田地, 不愁生死心不破, 捨此切三別求佛法, 皆是癡狂外邊走. 豈可以做工夫同日而 語也."
28) 『鏡虛法語』, p.502.

로 나아갈 것을 권고하고 있다. 옛 조사들의 기연을 살펴보더라도 대다수가 무상을 절감하고 발심 출가했거나, 혹은 출가한 이후라도 문득 무상이 신속함을 통감하고 참선으로 전향하여 생사를 영단할 것을 재발심하고 있다. 대혜도 이렇게 말했다.

> 묘희(妙喜)는 십칠 세에 이 일에 대해 의심하기 시작하여 장장 십칠 년을 참구하고서야 쉴 수 있었다. 깨닫기 이전에 항상 스스로 생각하기를 내가 지금 이미 몇 살이나 먹었는가? 또 남섬부주에 태어나기 이전에 어디를 좇아왔는지 모른다. 마음이 어둡기가 마치 칠통과 같아서 어디서 왔는지를 알 수가 없다. 이미 온 곳을 모르니 이것이 태어남의 문제가 크다〔生大〕는 것이다. 내가 백년 후 죽을 때 어디로 향해 가는가? 마음 또한 어둡고 어두워서 갈 곳을 모른다. 이와 같이 갈 곳을 모르니 이것이 죽음의 문제가 크다〔死大〕는 것이다. 이를 일러 무상이 신속한데〔無常迅速〕 생사의 일이 크다〔生死事大〕는 것이다."[29]

선은 깨달음으로 얻는다. 깨달음의 내용이 무엇인가? 연기(緣起), 무아(無我), 공(空)이다. 이것은 곧 생명의 본체에 대한 깨달음이다. 생명은 시작과 끝이 있는가? 태어남은 어디를 좇아오는 것이며〔生從何處來〕 죽음은 어디를 향해 가는가〔死向何處去〕? 이 문제는 불교가 설하고 있는 가장 핵심 과제이며, 인간과 우주에 대한 근원적인 문제의식이기도 하다. 이 근원적인 일대사(一大事)를 대하는 대혜의 문제의

---

29) 『大慧語錄』 권16, 『大正藏』 47권, p.878下. "妙喜自十七歲, 便疑着此事, 恰恰參十七年, 方得休歇. 未悟已前, 常自思惟, 我今已幾歲? 不知我未託生來南閻浮提時從甚麼處來. 心頭黑似漆, 並不知來處, 卽是生大. 我百年後死時, 却向甚麼處去? 心頭依舊黑漫漫地, 不知去處. 旣不知去處, 卽是死大, 謂之無常迅速生死事大."

식이 바로 '무상신속(無常迅速), 생사사대(生死事大)'라는 말로 표현되고 있는 것이다. 일상생활 가운데서 항상 무상이 신속함을 알아 '생사(生死)'라는 두 글자를 가슴에 품고, 이 일을 해서 마쳐야겠다는 결심을 확고부동하게 정립해야 한다.

수행자에게 생사 문제는 보통의 일이 아니라 필생의 가장 큰 일이다. 따라서 일대사인연(一大事因緣)이라고 말하는 것이다. 이 일대사인연은 말로 전할 수도 없고 배울 수도 없다. 모름지기 스스로 증득하고 스스로 깨달아야 하며 스스로 긍정하고 스스로 쉬어야만 비로소 공부에 철두철미해지는 것이다. 대혜 스님의 생사 문제를 향한 발심은 다음과 같다.

> 대장부가 일대사인연(一大事因緣)을 결판내려 한다면 모든 세상일을 돌보지 않고 조급한 마음으로 꼿꼿이 앉아서 남의 생각에 끌려가지 말고 평소부터 품어 오던 자기의 의심을 붙들고 늘 염두에 두어야 한다. …(중략)… 그리하여 급할 것도 없는 데서 무슨 일이나 난 듯 참구해 나가야 비로소 이 생사 문제를 해결해 나갈 자격을 갖게 된다.[30]

근세의 선지식인 만공 선사는 참선 공부의 과정을 첫째, 지무생사(知無生死)를 들어 생사가 본래 없음을 알아야 된다고 하였다. 둘째는 계무생사(契無生死)로서 생사가 없는 경지에 계합해야 하며, 셋째 체무생사(體無生死)로서 생사가 없는 도리를 체달(體達)해야 한다고 했

---

30) 『參禪警語』, p.60. "大丈夫漢, 決欲究竟此一段大事因緣, 一等打破面皮, 性燥豎起脊骨, 莫順人情, 把自平昔所疑處, 貼在額頭上, ……無急得急, 無忙得忙, 無大得大底, 一件事方有趣向分."

으며, 마지막으로 용무생사(用無生死)라 하여 생사 없는 경지를 내 마음대로 수용해야 한다[31]고 하였다.

이 네 종류의 생사의 일을 마치기 위해서는 반드시 화두 참선을 해야 한다고 주장하였다. 아울러 모든 납자는 화두 공부밖에 할 것이 없다는 서원을 세우라고 말하고 있다. 그래서 그의 입실제자인 일엽(一葉) 선사에게 "세세생생(世世生生)에 참선밖에 할 것이 없음을 알아야 할 것"[32]이라는 유훈을 남기고 있다. 발심납자는 한결같이 무상이 신속하고[無常迅速], 생사의 일이 크다[生死大事]는 생사화두(生死話頭)에 철저해야 한다. 이것이 일대사인연을 해결하는 바탕이 된다.

굉지정각이 말하기를 "참선이라고 하는 이 일은 실제로 생사를 해탈하는 것이다. 만약 생사를 해탈하지 못한다면 어떻게 선이라 할 수 있겠는가?"[33]라고 하였다. 참선은 신심(信心), 분심(憤心), 의심(疑心)의 세 마음이 합해져 움직임이 없어야 공부를 성취할 수 있다고 하였다. 이 세 가지 마음이 참선 수행의 기본이다. 고봉의『선요(禪要)』에서도 신심, 분심, 의심을 참선하는 데 가장 요긴한 세 가지 요건이라 하여 이를 갖춤을 '삼요(三要)'라고 말하고 있다.

만약 착실한 참선을 말한다면 결단코 세 가지 요점을 갖추어야 한다. 첫 번째 요점은 큰 신심(大信根)이 있어야 하니, 신심이 수미산(須彌山)을 의지하는 것과 같다는 것을 분명히 알아야 한다. 두 번째 요점은 큰 분심(大憤志)이 있어야 하니, 이 분심은 부모를 죽인 원수를 만나 바로 두

---

31)『滿空法語』, p.262.
32)『一葉禪文』(修德寺 歡喜臺, 도서출판 문화사랑, 2004年), p.165.
33)『宏智廣錄』卷第5,『大正藏』48권, p.60. "參禪一段事, 其實要脫生死. 若脫生死不得, 喚什麼作禪?"

동강 내버리는 마음과 같아야 한다. 세 번째 요점은 큰 의심〔大疑情〕이 있어야 하니, 이 의심은 아무도 모르는 곳에서 큰일을 저질러 은폐되었던 일들이 막 드러나려고 할 때와 같은 것이다.[34]

고봉 선사는 주장하기를 "의심은 믿음으로 체(體)를 삼고 깨달음은 의심으로 용(用)을 삼는 줄 알아라. 믿음이 십분(十分: 전부)이면 의심이 십분이고, 의심이 십분이면 깨달음이 십분이다"[35]라고 하여 신심과 의심과 깨달음이 일체(一體)임을 강조하고 있다. 곧 화두 참선은 나고 죽음〔生死〕에 대한 무상심(無常心)으로부터 신심과 분심이 일어나고, 신심과 분심이 충만하면 화두를 의심하지 않을 수 없게 된다. 이렇게 저절로 들어지는 화두라야 하루 24시간에 일념상응(一念相應)하여 화두 일여(話頭一如)로 무상대도(無上大道)를 성취할 수 있는 것이다. 억지로 하지 않아도 저절로 들리는 화두를 자연화두(自然話頭)라고 한다. 자연화두가 되어야만 자연불성(自然佛性)을 보아 자연성불〔自然成佛〕을 할 수 있는 것이다.

출가하여 사문이 된 것은 생사윤회를 영단하고 일체중생을 제도하고자 함이니, 가장 수승한 참선법을 배워 생사법(生死法)을 여의고 중생을 구해야 한다. 화두를 간택하여 참선을 하는 목적은 마음을 밝혀 불성을 보고자 함〔明心見性〕이다. 불성은 망념에 가려서 나타나지 못하니, 마음의 오염만 제거하면 자성은 저절로 드러난다. 오염은 전도된 망상〔顚倒妄想〕이다. 망상이 본래 공한 줄 알면 망상이 그대로 불성

---

34) 『禪要』, p.108. "若謂着實參禪, 決須具足三要. 第一要, 有大信根, 明知此事, 如靠一座須彌山. 第二要, 有大憤志, 如遇殺父母怨讐, 直欲便與一刀兩斷. 第三要, 有大疑情, 如暗地, 做了一件極事, 正在欲露未露之時."
35) 위의 책, p.88. "疑以信爲體, 悟以疑爲用. 信有十分, 疑有十分. 疑得十分, 悟得十分."

이다. 불성을 바로 봄이 도(道)이다.

종밀(宗密)은 달마의 9년 면벽의 벽관을 정의할 때 "밖으로 모든 인연을 쉬고〔外息諸緣〕, 안으로 헐떡임이 없어서〔內心無喘〕, 마음이 장벽과 같아야〔心如牆壁〕, 도에 들어갈 수 있다〔可以入道〕"라고 한 바 있다.

일찍이 밀운(密雲)도 이 말에 대해 해석하기를 "밖에서 들어오는 바가 없으니 곧 '밖으로 모든 인연을 쉰 것〔外息諸緣〕'이요, 안에서 일어나는 바가 없으니 곧 '안으로 마음이 헐떡이지 않는 것〔內心無喘〕'이다. 이미 안으로 마음이 헐떡이지 않고, 밖으로 모든 인연을 쉬면 한 생각도 일어나지 않는다〔一念不生〕"³⁶⁾라고 하였다. 밖으로 모든 인연을 쉬고 안으로 헐떡임이 없다는 것은, "온갖 인연을 다 놓아버리고 한 생각도 일어나지 않는 것〔萬緣放下, 一念不生〕"³⁷⁾을 말한다. 이른바 "만연방하, 일념불생"이라고 하는 두 구절이 화두 참선의 대전제가 되는 것이다.

이러한 철저한 발심이 대전제가 되지 않으면 화두 참구는 그냥 앉아서 흉내만 내고 있는 것이지 한 발짝도 앞으로 나아갈 수가 없다. 온갖 인연에 얽매이고 번뇌가 죽 끓듯 하며, 망념이 폭포처럼 솟아져 잠시도 쉴 수 없는데 어느 곳에 발을 붙여 화두를 든단 말인가. 이런 경우를 옛 조사들은 "모기가 쇠로 된 소가죽을 물래야 물 도리가 없다"라고 표현하고 있는 것이다.

인연에 매달려 망념을 일으키고 생각을 움직여 바깥 경계에 끄달려 잠시도 쉬지 못하는데 어떻게 화두가 순일무잡(純一無雜)할 수 있겠는가. 이것은 일체 사량분별하는 정식(情識)의 마음을 놓아버리라는 말이

---

36) 『密雲語錄』, "外無所入則外息諸緣, 內無所岑則內心無喘. 旣內心無喘, 外息諸緣則一念不生."
37) 참조, 『參禪要旨』, p.16.

다. 화두를 제대로 참구하기 위해서는 육근과 육진의 일체 경계에서 죽어야만 살 길이 생긴다. 밖으로 모든 반연을 다 놓아버리고 안으로 한 생각도 없이 무심해져야 화두가 일여(一如)하게 자리잡게 된다는 말이다. 이것은 대혜 스님이 묵조사선을 향해 비판한 바 있는 무기정(無記定)에 떨어진 것과는 출입(出入)이 있다. 왜냐하면 화두 위에서 의심을 거량하고 있기 때문이다.

이렇게 모든 인연을 놓아버리면, 망상은 스스로 없어지고 분별은 일어나지 않아 집착을 여의게 된다. 여기에 이르면 한 생각도 일어나지 않게 되어(一念不生), 자성광명이 온통 환히 드러날 것이다. 이렇게 되면 참선의 조건이 구비된 것이며, 다시 노력하여 진실로 참구하면 마음을 밝혀 성품을 볼 수 있는 분(分)이 있게 되는 것이다.[38]

결국 화두 참구는 발심이 대전제가 된다. 발심으로 인해 모든 인연과 망상이 죽는 것이다. 죽어야 사는 것이니 "죽은 사람처럼 되어야" 하는 것이다. 그러므로 "오조법연은 '반드시 죽음에 임했을 때의 선[臨終時禪]을 참구하라"[39]고 하였고, 불안청원 역시 "열반당선(涅槃堂禪)"을 참구할 것을 강조하였다. 그리고 박산무이는 "참선 공부를 할 때 죽을 사(死)자를 이마에 붙이고 몸과 마음을 죽은 상태처럼 하여, 오직 이 문제를 밝혀야겠다는 한 생각만이 눈앞에 나타나게 하라"[40]고 하였다. 일체 분별망념이 죽지 않고는 화두 수행이 온전히 간단없이 이어질 수 없다. 온갖 망념이 시퍼렇게 살아서 그물 속의 물고기처럼 팔딱거리고 있으면 화두가 들어설 자리가 없게 된다. 그래서 온갖 인연을 통째로

---

38) 『參禪要旨』, pp.17~18.
39) 『圓悟心要』 下, p.54. "五祖老師示學徒, 須參臨終時禪."
40) 『參禪驚語』, p.28. "做工夫把死字, 貼在額頭上, 將血肉身心, 如死去一般. 只有要究明底一念子現前."

놓아버리고〔通身放下〕 일체 망념이 모두 죽는 것이 발심의 대전제가
된다. 한 번 죽어 영원히 사는 길이 화두 참선의 길이다. 초심 간화 수
행자들에게 제대로 된 발심의 계기를 마련해줄 수 있는 교육체계가 정
립되어야 한다.

(2) 선지식의 지도

오늘날 선문에는 선지식이 없다고 공공연히 말하고 있다. 이 말은
옛날 기라성 같은 조사들이 우후죽순처럼 행화하던 시절에 비추어서
하는 말일 것이다. 그러나 오늘 우리 시대에 어찌 선지식이 없다고 말
할 수 있겠는가? 어찌 보면 선지식이 없는 것이 아니라 선지식을 찾을
신심이 없는 것이 아닌지 모르겠다. 지금 이 시점에서는 설사 석가모
니 부처님이 오고 달마, 혜능, 원효가 온다 해도 선지식으로 믿지 않는
불신 풍조가 만연되어 있는 것은 아닌지? 그런데 이즈음 종문에 선지
식의 역할이 축소되어 있음은 사실이다. 간화선의 전통에서 보면 사자
상승의 원칙이 고수되고, 참문으로부터 인가에 이르기까지 스승의 역
할이 절대적이라 할 수 있다.

선문에 들어 발심한 자는 마땅히 선지식을 찾아 법을 물어야 한다.
이것을 참문(參問)이라고 한다. 선지식이란 안목과 덕행을 갖추고 정
도(正道)로 인도하여 정법(正法)을 깨닫게 해주는 스승을 말한다. 『대
품반야경』 27권에 설하기를 선지식은 "공(空)·무상(無相)·무작(無
作)·무생(無生)·무멸(無滅)의 법과 일체종지(一切種智)를 설하고, 사
람들에게 환희심과 믿음의 기쁨〔歡喜信樂〕을 줄 수 있는 자"라고 정의
하고 있다.

그리고 천태지자는 『마하지관(摩訶止觀)』 권4에서 "삼종선지식(三
種善知識)"을 설하고 있다. 첫째 외호선지식(外護善知識)으로 대중을

외호하여 안온하게 수도할 수 있게 하는 사람을 말하며, 둘째 동행선지식(同行善知識)인데 대중과 더불어 행동하며 서로 격려하고 경책해 주는 도반을 가리키며, 셋째 교수선지식(敎授善知識)으로서 선교방편으로 설법해 깨달음으로 인도해주는 스승을 가리키는 말이다.

만공도 말하기를 "참선은 절대로 혼자는 하지 못하는 것이니, 반드시 선지식을 여의지 말아야 하나니, 선지식은 인생 문제를 비롯하여 일체 문제에 걸림 없이 바르게 가르쳐주느니라"고 말하고, 도량(道場)·도사(道師)·도반(道伴)의 삼다 요건을 갖추어 공부하라고 지시하고 있다.[41] 여기서의 도량은 외호선지식에 해당되며, 도반은 동행선지식이요, 도사는 다름 아닌 교수선지식이 되는 것이다.

사실 선종의 역사는 사자상승(師資相承)의 전등(傳燈)·전법(傳法)의 역사이며, 특히 간화선에서는 스승과 제자간의 제시(提示)·문답(問答)·거량(擧揚)·점검(點檢)·인가(印可) 등 일대일의 교육 방법이 절대시되었다. 더러 스승의 지도 없이 스스로 깨닫는 전통〔無師自悟〕이 없지는 않으나, 모든 문제에서 선지식의 계도(啓導)가 결정적인 역할을 하고 있다. 그러므로 선지식(스승)의 역할은 대단히 중요시되었다.

만일 대선지식을 만나 지도를 받고 좌선하여 무심(無心)을 깨달으면 모든 업장이 다 녹아 없어져 생사가 끊어지니 마치 어두운 곳에 햇빛이 한번 비치면 어둠이 다 가시는 것과 같다.[42]

---

41) 『滿空法語』, p.250, p 294.
42) 『無心論』, 『大正藏』제85권, p.1269中. "若遇大善知識, 敎令坐禪, 覺悟無心, 一切業障, 盡皆消滅, 生死卽斷. 譬如暗口, 日光一照, 而暗皆盡."

불보살로부터 역대 조사 모두가 다 선지식이다. 그러므로 수많은 깨달은 사람 가운데 선지식의 도움 없이 깨달음에 이른 사람은 하나도 없다고 말하는 것이다. 원오 선사 역시 말하기를 "참구를 하려면 모름지기 실답게 참구해야 하며 진정한 스승을 만나야 한다"[43]라고 하였다. 사람으로 태어나 불법을 만났다 하더라도 바르게 인도해줄 스승을 만나지 못하면 무거운 돌이 강을 건너려고 하는데 배를 만나지 못하는 것과 같아서 끝내 피안(彼岸)에 이르지 못한다. 또한 중병이 들었을 때 양의를 만나면 그 병을 치료받을 수 있는 것처럼 선지식은 자비의 배요, 훌륭한 의사이다.

선지식은 훌륭한 의사와 같아서 중병을 능히 고칠 수 있고, 큰 시주와 같아서 능히 마음먹은 대로 베풀 수 있다. 납자가 자기 공부에 만족하는 생각을 내어서 선지식을 만나 보지 않으려 해서는 안 된다. 선지식을 친견하려 하지 않고 자기의 견해에만 집착해 있다면, 선 공부에 이보다 더한 큰 병이 없음을 마땅히 알아야 한다.[44]

선지식은 도를 배우려는 사람에게 때로는 순경(順境)의 섭수로, 때로는 역경(逆境)의 배척으로 근기와 상황[機緣]에 따라 자비를 베풀어 도에 들게 한다. 그러므로 원오 선사는 "도를 배우는 사람은 부지런히 생사 문제를 가슴에 품고 밤낮으로 고생을 꺼려하지 않을 수 있어야 한다. 선지식을 섬겨 한 마디 반 마디 말에서 깨달음의 약을 찾아야 한다. 꾸짖고 배척하는 갖가지 나쁜 경계를 만나더라도 힘써 전진해야 한

---

43) 『圓悟心要』 上, (藏經閣), p.66. "參須實參, 得眞正道師."
44) 『參禪驚語』, (藏經閣), p.111. "善知識者, 是大醫王能療重病, 是大施主能施如意. 切不可生自足想不欲見人, 當知不肯見人, 爲執己見, 禪中大病無過此者."

다. 숙세의 훈습으로 이루어진 자연종지(自然種智)가 아니면, 반드시 주저하거나 혹은 물러나 후회하리라"[45]라고 경책하였다. 이와 같이 선지식은 순화(純化)와 역화(逆化), 자비와 무자비의 방편으로 중생들을 잘 인도하되, 평등하여 다름이 없어야 한다.

예로부터 종문에서는 명안종사의 안목을 획득하지 못한 장로(長老)는 감히 선지식으로서 방장(方丈)이나 조실(祖室)의 지위에 나아가지 않았다. 선지식으로서 대중을 지도하는 지위가 바로 총림의 방장이다. 조사선 전통에 비추어 볼 때, 총림의 방장은 수선납자의 표상이자 사표(師表)로서 위로 불조의 혜명을 잇고, 아래로 사부대중의 귀의처가 되어 선중(禪衆)의 공부를 점검, 지도하여 후학들에게 정법(正法)의 안목을 열어 선문의 정로(正路)를 제시해주고, 종문의 법통(法統)을 여실하게 세우는 막중한 책무를 지닌 최고의 상징이며, 권위이다. 오늘날 조실 방장의 안목에 미치지 못한 자들이 그 지위를 탐하여 조위(祖位)에 오르고자 함은 종문의 사법(嗣法) 기강을 문란케 하여 종국에 정법안장(正法眼藏)의 기틀을 무너뜨리는 일이 될 것이다.

방장(方丈)의 어원은 유마거사의 선실(禪室)이 사방일장(四方一丈)이었음에 연원하고 있으며, 중국에서 주지의 거실(居室)을 가리키는 말로 바뀌었다. 당대(唐代) 이후 선종이 발전함에 따라 백장회해 선사에 의해 선사(禪寺: 禪院)가 율종사원(律宗寺院)으로부터 독립하여 선원청규를 제정하면서 선중의 주지 임무를 맡은 장로화상(長老和尙: 일명 堂頭和尙)을 방장이라 칭하게 된 것이다.

『선림보훈(禪林寶訓)』 권4에 설하기를, "장로선지식(방장, 조실)의

---

45) 『圓悟心要』 下, p.126. "學徒之人, 能矻矻孜孜以生死之事居懷, 晝三夜三, 不憚勞苦. 事善知識, 求一言半語發藥. 雖遭訶斥, 種種惡境, 而力向前. 非自宿昔薰成自然種智, 必且猶豫或則退悔."

요건으로 첫째 도덕(道德)이 종문의 사표가 되어야 하며, 둘째 언행이 일치하여야 하며[解行相應], 셋째 인의(仁義)가 충실하여야 하며, 넷째 예법(禮法)을 존중하여야 한다"라고 하였다.

그리고 『백장청규(百丈淸規)』에 의거하면, 장로선지식의 책무로 상당(上堂), 만참(晩參), 소참(小參), 보설(普說), 입실(入室), 고향(告香), 염송(念誦), 순료(巡寮), 숙중(肅衆), 훈동행(訓童行), 수법의(受法衣), 영대존숙(迎待尊宿) 등 열다섯 가지를 열거하고 있다.

그리고 회산계현(晦山戒顯)은 『선문단련설(禪門鍛鍊說)』에서 선지식의 역할에 대해 자세하게 설명하고 있다. 총 열세 가지의 단련설을 열거하여 선지식의 역할을 제시하고 있다.

첫째, 서원을 굳게 세우고 고통을 감내해야 한다. 둘째, 근기를 살펴 화두를 간택해주어야 한다. 셋째, 입실(入室)하여 다스려라. 넷째, 직접 선방에 나아가 일깨워주어야 한다. 다섯째, 실제 단련법을 제시한다. 여섯째, 교묘하게 책발(策發)하라. 일곱째, 교묘하게 전환하라. 여덟째, 관문(關門: 祖師關)을 부수고 안목을 열어주어야 한다. 아홉째, 강종(綱宗: 선학의 이론적 체계)을 연구하라. 열째, 행실을 엄정히 해야 한다. 열한째, 학업을 연마하여야 한다. 열둘째, 재능이 있는 자를 선발하여 단련하라. 열셋째, 신중히 법을 전하라.

이와 같이 선지식의 위대한 점은 인재를 선발하여 재목을 잘 단련하는 데 있다. 그래서 계현은 "우수한 재능이 있는 이거나 소질이 있는 이를 선발하여 단련하지 않는다면 어찌 능히 소임을 감당하고 법문을 빛낼 수 있겠는가"라고 말하였다. 수행의 문을 단련하여 깨달음의 집에 들게 하여 빼어난 용상대덕을 배출하는 것이 선지식의 역할이다. 그러므로 신심납자는 모든 것을 믿고 맡기어 선지식의 조정(祖庭)을 참문하는 것이다.

선지식이 된 스승이나 선지식의 지도를 받아야 할 납자 모두가 반드시 스스로의 분수를 지켜야 종문의 수행 전통이 되살아날 것이다.

(3) 안빈낙도(安貧樂道)의 승풍 진작

오늘날 우리의 승풍(僧風)은 안빈낙도(安貧樂道)의 수행자적 생활이 결핍되어 있다. 즉 수선납자로서의 윤리적 긴장과 절제가 부족하다. 세속이 물질적 풍요를 구가하고 쾌락적 풍조에 오염되었다고 하여 출가 수행자의 생활 행태가 무비판적으로 세태를 흉내 낸다면 이것 역시 수행납자의 가풍이라 할 수 없다. 출가하여 사문이 된다는 자체가 명예와 이익〔名利〕을 멀리하고 오직 수행하여 널리 중생을 제도하고자 함이다.

그러므로 수행자는 언제 어디서나 정신적으로 깨어 있어야 하며, 물질적으로 방회설옥(方會雪屋)[46]의 청빈 가풍을 본받아야 한다. 지금 선문에서 결제 용상방에 이름이 오른 대중의 수가 수천에 이름에도 불구하고 아직 명안종사가 우후죽순처럼 출현했다는 소식은 듣지 못했다. 출가 대중의 생활방식을 반성해 보아야 할 것이며, 특히 수선납자의 의식과 수행 풍토가 철저히 청빈의 조사선 가풍에 의거하지 않고 물질적 풍요 속에서 편리함만 추구한다면 속인과 다를 바가 무엇이 있겠는가. 13, 4세기를 살다간 천목중봉은 당시 청빈(淸貧)과는 거리가 멀고 편안함에 안주하는 승가의 풍토를 맹렬히 비판하고 있다.

슬프다! 요즘 도를 닦겠다는 자들은 그저 도를 닦는다는 그 자체로써

---

46) 양기방회(楊崎方會)의 도량이 노후하여 서까래가 내려앉아서 눈비가 선상(禪床)까지 들이쳤다. 양기가 임종에 다다랐을 때 밤새 내린 눈이 선상에 수북이 쌓였으므로 제자들이 집을 고칠 것을 간청했으나, 고인은 삼의일발(三衣一鉢)로 나무 아래에서 수행하였던 것을 기억하고 오직 정진에만 힘쓸 것을 당부하고 고치지 못하게 하였음을 일컫는 말이다.

명분을 삼기는 한다. 그러나 그 하는 행동을 살펴보면 배고프지 않아도 밥 먹고, 피곤하지 않아도 침소로 향한다. 그런가 하면 모든 것을 다 받아들이고 제멋대로 시주물을 쓴다. 그러다가 더러 마음에 들지 않으면 원망과 탄식이 마구 일어나며, 남이 부지런히 정진한다는 이야기를 들으면 귀를 막고 물러나 움츠러든다. 천하에 어찌 노력하지 않고 거두며 심지 않고 수확하는 것이 있겠는가? 생각해 보니, 선배들은 대근기를 갖추었으면서도 깨닫지 못했거나 사무치지 못한 날에는 밥 짓고 절구질 하며, 일상생활 속에서 자기를 숨기고 아무리 천한 일이라도 감히 꺼려 하지 않았다. 그런데 지금 우리들은 도대체 어떤 존재이기에 감히 방종 하면서 스스로를 돌보려 하지 않는가![47]

이러한 현상은 비단 그 당시에만 국한된 일이 아니다. 바로 오늘날 의 승풍을 향해 내려치는 조사의 장군죽비다. 출가 수행자는 당연히 시주물을 수용할 권리가 있다고 생각하고 그 은혜를 너무 소홀히 하는 것이 오늘 우리들의 모습이 아닌가. 이른바 '노력하지 않고 거두며, 심 지 않고 수확하는 것'이 오늘 우리 선문의 모습이 아닌지 깊이 반성해 볼 필요가 있다. 만약 이러한 행태가 조금이라도 깃들어 있다면 우리 는 지체 없이 수정해 나가야 한다.

손끝 하나 까닥하지 않고 편안히만 지내려는 생각, 이런 썩은 생각 으로는 절대로 대도를 성취할 수 없다. 땀 흘려 일하면서 수행해야 한 다. 남이 준 밥을 당연한 마음으로 받아먹고 내 공부 하려는 썩은 정신

---

47) 『東語西語』下, (藏經閣), pp.147~148. "嗟! 今置身空寂之地者, 例以學道爲名. 逮觀 其所由, 惟未飢而餐, 未倦而寢. 百種受用, 任意所需. 或不隨情, 怨嗟交作, 聞勤苦精 進, 則掩耳退縮. 天下安有不爲而成, 不種而穫者哉. 思前輩雖負大根器, 每於未悟未徹 之頃, 凡執爨負舂, 陸沈賤役, 尙不敢憚其勞苦. 我曹何人, 而敢縱逸無檢!"

으로는 만사불성(萬事不成)이다. 그러므로 '일일부작(一日不作) 일일불식(一日不食)'의 만고철칙을 가슴에 새겨야 한다.

『선가귀감』에서 청허는 이렇게 경책하고 있다. "불자여! 그대의 한 벌 옷과 한 그릇 밥이 농부와 직녀의 피와 땀이 아닌 것이 없거늘, 도의 눈이 밝지 못한다면 어떻게 소화하리오."

화두를 타파하여 불조사의 혜명을 잇고 사은(四恩)을 갚아야 본분납자의 사명을 다했다 할 것이다. 옛 스승이 말하기를 "출가하여 도를 이루지 못하면 삼가(三家)에 죄를 짓는 것이다"라고 하였으니, 즉 국가와 사회, 속가의 가족 친지, 출가의 삼보와 단월의 은혜를 저버리는 무거운 중죄인이 된다는 말이다. 동산양개 화상의 사친서(辭親書)에 답하는 그 어머니의 편지 내용을 살펴보기로 하자.

내 너와 전생에 인연이 있어 처음 모자로 맺어질 때, 애정을 쏟아 부어 너를 밴 뒤로 아들 낳게 해 달라고 부처님과 신령님들께 빌었느니라. 임신하고 달이 차서는 실낱같은 목숨이었으나 마침내 바람이 이루어지고 낳아서는 너를 보배처럼 아꼈으니, 더러운 똥도 냄새난다고 하지 않으며 고생스럽게 젖 먹일 때도 고생인 줄 몰랐느니라. 차츰 자라서 공부하러 보내 놓고는 조금이라도 돌아올 때가 지나면 문에 기대고 바라곤 했었는데, 보내온 편지에 굳이 출가하겠다고 하는구나.

그러나 네 아버지는 돌아가시고 이 어미는 늙었으며, 네 형과 아우는 다들 살림이 넉넉하지 못하니 내 누구를 의지하겠느냐. 자식은 어미를 버릴 마음이 있으나, 어미는 자식을 버릴 뜻이 없느니라. 네가 일단 다른 곳으로 떠난 뒤에는 밤낮으로 항상 슬픈 눈물을 흘리게 되었으니 이보다 더 괴로운 일이 없구나. 그러나 이제 너는 출가하여 집에 돌아오지 않겠다고 맹서했으니, 네 뜻대로 하기를 허락하노라.

나는 네가 얼음에 눕는 왕상(王祥)이나, 나무를 새기는 정란(丁蘭)이 되기를 기대하지는 않으련다. 다만 네가 목련 존자처럼 되어서 나를 구제하여 윤회에서 해탈케 하고 나아가 부처되기만을 간절히 바랄 뿐이다. 만일에 그렇게 되지 못한다면 무거운 죄를 짓는 것이니 깊이 명심하도록 하여라.[48]

천하에 어미 된 자는 항상 자식을 걱정한다. 설사 그 자식이 부처가 되고 조사가 되었다 한들 그 마음은 변함이 없다. "자식은 어미를 버릴 마음이 있으나, 어미는 자식을 버릴 뜻이 없다"고 하지 않는가. 어미가 자식을 걱정하는 그 마음을 항상 생각하고 그 은혜에 보답하고자 노력한다면 중노릇하는 자세가 많이 달라질 것이다. 청허(淸虛)의 중노릇에 대한 간명직절(簡明直切)한 말씀이 오늘에 절실한 것은 무엇 때문인가.

출가하여 스님이 되는 것이 어찌 작은 일이겠는가. 편안함을 구하는 것도 아니요, 따뜻하고 배부름을 구하는 것도 아니요, 이익과 명예를 구함도 아니다. 생사를 해탈하기 위함이요, 번뇌를 끊기 위함이다. 불조의 혜명을 잇기 위함이요, 삼계를 벗어나서 중생을 제도하기 위함이다.[49]

옛 조사들이 이토록 간절한 마음으로 청빈의 가풍을 강조한 것은 도 닦는 일이란 풍요로운 것과는 거리가 멀기 때문이다. 수행하는 납자들은 생사대사를 뼈아프게 여겨 출가하여 머리를 깎고 승복을 입었다. 그러니 머리에 불을 끄는 것처럼 화급히 공부하더라도 오히려 시간이 없을 텐데, 편안함에 안주해서 어떻게 생사를 벗어나서 중생의 복전이

---

48) 『曹洞錄』, (禪林古鏡叢書 14), p.150.
49) 『禪家龜鑑』, 『韓國佛敎全書』 제7권, p.641. "出家爲僧, 豈細事乎. 非求安逸也, 非求溫飽也, 非求名利也. 爲生死也, 爲斷煩惱也, 爲續佛慧命也, 爲出三界度衆生也."

될 수 있겠는가. 야운(野雲) 선사는 『자경문(自警文)』에서 검소하고 청빈한 수행 가풍을 이렇게 읊고 있다.

> 출가한 뜻 저버리지 않고자 한다면 모름지기 적정처에서 오묘한 뜻(화두)을 끝까지 궁구하되, 청빈하고 검소한 살림살이로[一衣一鉢] 중생심을 끊어버리고 배고프고 배부름에 무심하라. 그러면 도는 저절로 높아지리라.

오늘날 우리의 선문에 시은(施恩)을 소홀히 여기고, 청빈의 조사선풍을 구현하지 않는 풍조가 만연되어 있다. 이러한 가풍 속에서는 명안종사가 출현하기를 기대할 수 없다. 하루속히 소박하고, 진실하며, 검소하고, 청빈한 수행 전통으로 돌아가야 한다.

(4) 동중수행(動中修行)의 강화

간화선의 전통에서 볼 때 현재 우리 선문의 수행 풍토의 문제점은 동중수행(動中修行)의 약화에 있다. 간화선은 앉아 있음만으로 선을 삼는 묵조선에 대한 반동으로 제기되었다. 간화의 정신에 입각하여 동정일여의 수행 방법이 강화되지 않고, 단지 오래 앉아 있는 좌선형식주의만으로 선업(禪業)을 삼는다면 도통하기 전에 먼저 신경통, 관절통부터 얻게 될 것이다. 만약 선정주의에 매몰되어버리면 올바른 지견을 열 수 없을 뿐만 아니라, 정혜쌍수(定慧雙修)의 수행 전통에도 위배된다.

다시 말하면 오늘의 선원 풍토로 볼 때 선 수행의 문제점은 오로지 좌선 일변도의 정진 분위기 속에서 동중공부(動中工夫)에 대한 면역을 전혀 키우지 않은 데 있다. 혹자는 말한다. 조용히 앉아서도 화두가 될까 말까 한데 어떻게 움직이는 가운데서의 공부를 운운하느냐고. 초학자는 고요히 앉는 데서부터 시작하는 것이 필요할지 모르지만 평생토

록 좌복 위에 앉아서 세월을 보낸다는 것은 간화선의 역사와 사상에
비추어 보더라도 결코 자랑은 아니다.

설사 어떤 납자가 고요한 데서 힘을 얻었다 하더라도 시끄러운 경계를
당하여 무너진다면 올바른 공부라 할 수 없다. 입으로는 동정일여(動靜一
如)를 외치면서도 정작 동중공부에는 소홀한 것이 오늘날 우리의 실정이
아닌지. 예전 선원청규에 의한 총림의 살림살이와는 달리 아예 동중공부
의 실습은 사장되어버렸고, 적정무사에 안주하는 것만이 최고의 수행
가치가 되어버렸다. 대혜는 동정병수(動靜幷修)의 생활선을 강조하며
"일상의 삶을 떠나지 않고 화두를 참구하라"[50]고 당부하고 있고, 고봉
화상도 자신의 수행을 예로 들어 아래와 같이 경책하고 있다.

내가 옛날 대중 가운데 있을 때 두 끼니의 죽과 밥을 먹을 때를 제외하
고는 좌복 위에 앉지 않았다. 다만 아침부터 저녁까지 이리저리 걸으면
서 걸음걸음마다 화두를 조금도 여의지 않았을 뿐이었다. 이와 같이 하
여 세 해가 지나도록 일찍이 한 생각도 게으른 마음이 없었다.[51]

옛 총림의 간화선 수행은 오히려 앉지 않는 행선(行禪)에 더욱 치중
하였다. 앉음을 부정한 것은 아니지만 행주좌와(行住坐臥)의 사위의
(四威儀) 가운데서 한결같이 참구하게 가르쳤다. 구체적으로 선당에서
좌선 정진을 할 때에도 반드시 좌향(坐香: 좌선)[52] 반, 행향(行香: 경

---

50) 『大慧語錄』 권26, 『大正藏』 47권, p.921. "不離日用試, 如此做工夫看."
51) 『禪要』, p.103. "山僧昔年在衆, 除二時粥飯, 不曾上蒲團. 只是從朝至暮, 東行西行, 步
步不離, 心心無間. 如是經及三載, 曾無一念懈怠心."
52) 옛날 총림에서는 좌선이나 경행을 할 때 향을 피워 시간을 정하였으므로 좌선을 좌향
(坐香), 경행을 행향(行香)이라고 했다.

행) 반으로 하였으며, 경행을 할 때에는 빠르고 늦음을 병행해서 경계에 맞닥뜨리게 하여 착구를 으물게 하였다. 그리고 농선(農禪)의 강화로 일하는 가운데서 선정을 익히는 수행법을 제시하였다.

오늘의 선원에서는 말은 간화선을 한다고 하면서 이전에 간화선이 배격한 묵조의 형태에 침잠해서 경계를 수용하지 않고 오직 편안한 가운데서 태평선(太平禪)만 추구하고 있다. 이것을 어찌 간화종지를 선양한다고 하겠는가. 급변하는 세상의 현실을 도외시하고 흑산귀굴(黑山鬼窟)에 오래 앉아만 있으던 정진을 여법하게 하는 것이며, 이런 살림살이가 뒷날 조실이 되고 방장이 되는 지름길이라고 착각하고 있는 납자가 있다면 한심스런 일이라 하겠다. 이렇게 하여 지도자가 된들 무슨 안목으로 세상을 구하고 대중을 깨우치게 할 수 있겠는가. 행주좌와(行住坐臥) 어묵동정(語默動靜), 일체처(一切處) 일체시(一切時)에 항상 화두 수행이 끊어짐이 없어야 한다.

(5) 생산성의 제고

현재 우리 승가의 허약한 체질이 생산성이 전무한 수행 풍토이다. 간화선은 무사안일과 무위도식에 빠져 있는 무사선의 병폐를 극복하기 위해 시설된 선풍이다. 혹자는 부처님을 핑계대면서 출가 사문은 정신적 지혜의 계발에만 힘을 써야지 육체적 노동을 금하고 있다고 말한다. 그러나 아무 일도 하지 않고 고요함을 즐기며 적정경계를 탐닉하는 것은 본분납자의 제일 금기사항이다.

대승불교는 일찍이 "생사에도 머물지 않고〔無住生死〕, 열반에도 머물지 않음〔無住涅槃〕"을 강령으로 하는 실천불교를 강조하였다. 조사선의 생활신조는 "하루 일하지 않으면 하루 먹지 않는다〔一日不作 一日不食〕"는 백장청규에 있다. 또한 선종의 생존방식이 선농겸수(禪農兼

修)에 의한 자급자족에 그 기반을 두고 있다면, 오늘날 아무런 생산 활동에 종사하지 않고 아무 일도 하지 않고 앉아 있는 좌선이 최고 수행이라는 의식에 빠져, 의식주를 오직 시은(施恩)에만 의존하고 있는 우리의 선원 풍토는 과연 건강한 체질인지 깊이 반성해 보아야 한다.

또한 대혜가 경산사 능인선원(能仁禪院)에서 종풍을 선양함과 동시에 '반야농원(般若農園)'이란 농장을 운영하여 생산성을 제고하며 자급자족한 사실은 오늘 우리에게 시사하는 바가 크다. 아울러 근세의 선지식이신 용성(龍城)과 학명(鶴鳴)이 당시 무기력한 불교승가를 중흥시키는 한 방편이 바로 생산불교에 있음을 지적하고 "선농일치(禪農一致)"를 제창했다는 것은 잘 알고 있는 사실이다.

한국불교가 거듭나기 위해서는 생산불교로 전환해야 한다. 생산에는 정신적 생산과 물질적 생산이 있겠지만, 선원청규에 의거해 노동과 수행이 일치되는 농선일여(農禪一如)의 보청법(普請法)을 복원해야 한다. 다시 말하면 선원 대중이 농부나 노동자가 되자는 말이 아니라, 최소한 선원청규의 보청정신에 기초를 두고 선과 노동이 둘이 아닌 수행풍토를 조성해서, 우리의 먹거리는 최소한 우리 자신들이 청정 농산물로 해결해야 하며, 만약 잉여생산물이 있다면 단월과 사회로 회향한다고 누가 탓하겠는가. 오늘날 승가의 참신한 모습은 재시(財施)를 받아들이고 법시(法施)를 행한다는 차원에 머무는 소극적인 자세를 극복하고, 재시를 받아들이되 도리어 법시와 재시가 함께 되돌아가게 하는 적극적인 교화 방편이 절실히 요구된다.

조동종의 조정(祖庭)인 운거사 운정전의 보청(普請)을 원붕(元鵬) 선사는 이렇게 노래하고 있다.

푸른 논두렁은 흩어져 벼 물결에 부서지는데, 향기로운 햇볕은 떠돌아다니며 벼꽃을 살찌운다. 몸소 경작하는 가풍(家風)의 명성은 예부터 오래였고, 귀로에는 농요 소리 햇빛 속에 흥겨웁다.

성철, 보문, 청담, 향곡 등 선사들에 의해 진행되어 한국 선원 수행의 근간이 된 '봉암사 결사'에서도 "부처님 법대로 살자"고 서원하고, 그 공주규약(公住規約)에 명시하기를 "수행상의 만고방양(萬古榜樣)인 '일일부작(一日不作) 일일불식(一日不食)'의 표치(標幟) 하에 운수반시(運水搬柴: 물 긷고 땔나무 함), 종전파침(種田把針: 농사짓고 바느질 함) 등 여하한 고역(苦役: 고생스러운 노동)도 불사한다"라고 적혀 있다. 여기서 우리는 노동과 수행이 하나 되는 생산적 선 수행의 모범을 배워야 한다. 생산성이 결여된 집단은 무위도식의 관념성에 빠져 결국 쇠망의 길로 나아갈 수밖에 없다. 생명의 근원을 체달하려는 수행납자가 최소한의 정신적, 물질적 생명산업에 종사하는 것은 어떤 면에서 당연한 일이라 하겠다.

(6) 해행상응(解行相應) — 수행과 인격의 일치

바람직한 승가상을 정립하는 데 수행과 인격이 일치하지 못한다는 현실은 매우 비관적일 수 있다. 선종의 종지가 '직지인심(直指人心)', 견성성불(見性成佛)'에 있다면, 직지인심의 차원은 인격의 단련을 내포하는 언어 개념으로 볼 수 있으며, 견성성불은 불격(佛格)의 완성을 가리키는 언어 범주에 속할 수 있다. 즉 인격(人格: 人心)을 닦아 불격(佛格成佛)을 이루는 것이 수행의 모범이라고 해석할 수도 있다. 중국 조사선에서는 조사를 "조불(祖佛)"이라는 말로 존숭한다. 이른바 조불이란 '조사인 부처', '부처인 조사'라는 의미인데, 다시 말하면 '조사가 바로 부처'라는 말이다. 백장 선사의 선원청규 제정 이래로 선종이 율종으로부터 독립하게 되는데, 그 변화 가운데 하나가 바로 불당(佛堂)을 없애고 법당(法堂)을 중앙에 배치하는 것이다.

이것은 조사라는 부처가 법을 설하는 그 장소가 바로 법당(法堂)이 된다는 의미이다. 이와 같이 조사선불교에서는 조사가 그대로 부처님을 대신하고 있다. 이것은 무엇을 의미하는가. 깨달은 조사가 부처님을 대신한다는 것은, 첫째 그 깨달은 바가 부처님과 같다는 뜻이고, 둘째 조사의 인격이 부처님과 같은 고매한 인격을 갖추어 수많은 대중을 거느리고 인도할 수 있다는 것이다.

우리가 입만 열면 조사선의 전통을 들먹거리듯이 행동 하나하나에 조사를 지향하는 수선납자로서의 인격이 구비되어야 한다. 그럼에도 불구하고 현재 우리의 승가 풍토에는 수행이력과 인격이 일치하지 않는 경우가 비일비재하다. 십 년을 수행하면 십 년 수행한 만큼 인격이 이루어져야 하고, 삼십 년을 한결같이 참구했다면 설사 부처님과 똑같은 깨달음을 이루지는 못한다 하더라도 거기에 걸맞은 고매한 인품이 묻어나는 인격적 성숙이 이루어져야 한다.

몽산은 달마의 말을 인용해서 말하기를 "불심종(佛心宗)을 깨닫는 것은 한 가지라 평등하여 차별이 없으나 깨달음[解]과 실천행[行]이 서로 상응해야 그것을 이름 하여 조사(祖師)라 한다"[53]고 하였다. 즉 조사는 깨달음과 실천이 일치해야 한다는 말이니, 곧 '지행합일(知行合一)'의 인격을 갖추어야 한다는 말이다.

그렇지 않다면 이는 연기적 중도관의 정립 없이 수행을 내면적 경지의 공고화 내지 외적 초월성에 그 초점을 맞추었거나, 철저한 계행의 수지나 학문의 연찬이 없는 상태에서 참구만 잘하면 된다는 편향된 수

---

53) 『蒙山法語』, p.70. "達摩有頌云, 悟佛心宗, 等無差互, 行解相應, 名之曰祖."

행의 결과 때문일 수 있다. 수행이란 지금 여기의 살아 있는 인격이 언제 어디서나 주체적 삶으로 서 있어야〔隨處作主〕 하는 것이다. 즉 선의 깨달음이 주체적 삶과 행위의 창조적 해탈로 승화되지 못하고 초월적 실재를 경험하는 것으로 오해하고 있는 결과일 수 있다. 수행이란 인격의 도야에서 오는 덕행의 완성이다.

옛날 당대의 고승 태전(太顚) 선사는 당시 폐불론(廢佛論)을 주장하던 한유가 보낸 기생 홍련의 유혹에 철저히 무심무동(無心無動)으로 대처하여 도리어 그들을 제도하였다. 이것은 높은 수행력과 청정한 덕행에서 묻어나는 고대한 인격이 출가 사문의 필요충분 덕목이라는 것을 시사한다. 이때 오히려 홍련을 위해 써준 시에는 선사의 수승한 도절(道節)과 애민중생(哀愍衆生)의 인품이 묻어난다.

축령봉 내려가지 않기 십 년	十年不下祝靈峰
색을 보고 공을 봄에 색 그대로 공이네.	觀色觀空卽色空
어찌 조계의 한 방울 물을	如何一適曹溪水
홍련의 잎사귀에 떨어뜨릴 수 있으랴.	肯墮紅蓮一葉中

이른바 "조계의 한 방울 물"이란 다름 아닌 수행에서 얻은 인격의 결정체이다. 인간〔我〕을 연기적 관점에서 물질과 정신의 여러 계기(매개)가 합쳐진 관계성의 존재로 본다면, 하루의 수행이 하루의 인격(해탈), 십 년의 수행이 십 년의 인격으로 드러나는 것은 자연의 이치라 할 것이다. 이것을 학담 스님은 "무엇이 불법의 바른 뜻인가를 묻는 인식론적인 물음과 역사를 어떻게 사는 것이 바른 삶인가라는 실천적인 물음과 통일시켜야 한다"[54]고 말하여 인식과 실천의 통일을 매개로 인격의 고양을 고취시키고 있다. 이것은 선이 적정무사의 경계에 안주하는 것

이 아니라, 고매한 인격과 수행을 바탕으로 사회와 역사를 계도하고 중생을 향해 깨달음의 메시지를 드날리며, 나아가 시대정신을 구현하는 진취적 방향으로 나아가야 한다는 방향 설정인 것이다.

III. 결론

말 이전의 소식이요, 언하에 바로 대오(大悟)하는 상근 보살의 입장에서는 굳이 화두 참선을 얘기할 필요가 없다. 그러나 대다수 많은 하근 범부를 위하여 옛 조사들께서는 애민중생(哀愍衆生)의 심정으로 고칙공안(古則公案)을 시설하고 화두를 참구하게 하여 분별심을 일시에 떨치고 본래면목을 바로 드러내 해탈의 삶을 살게 하였다.

화두 공부 역시 하나의 방편임에는 틀림없지만 업식(業識)이 두껍고 번뇌가 치성한 말세중생에게는 실천하기에 가장 적합한 수행법이라 할 수 있다. 대혜 선사를 비롯한 수많은 깨달은 스승들이 간화의 정로를 일러주었듯이, 오늘을 살아가는 선문의 간화행자도 안으로 참구의 일념을 놓지 않고, 밖으로 많은 대중이 간화의 방편에 들어 해탈의 삶을 살아가게 인도하여야 한다.

그렇게 하기 위해서는 교관을 겸수하고[敎觀兼修], 동정의 수행을 병수하며[動靜幷修], 자비와 지혜를 함께 발현하고[悲智雙運], 수행과 교화를 일치시키는[行化一致] 간화선 본래의 실천으로 복귀하여야 한다.

오늘날 우리 선원의 풍토에서는 언어와 문자에 의한 선교겸수를 제

---

54) 『간화결의론 과해』, p.7.

기하는 것은 의리선(義理禪)이요, 문자승(文字僧)으로 전락되고 만다. 이러한 가풍 속에서는 선종의 종지종풍에 의거한 수행의 지침이 완벽하게 정립될 수 없다. 완벽한 수행의 지남이 없이 간화선을 수행하는 것은 일대일의 전승 방법을 그수해 온 종문의 전통에도 맞지 않다. 선교겸수는 달마선의 전통이자, 한국불교의 특징이다.

오늘날 일부 선자(禪者)들이 교학을 폄하고 일체의 책 보는 행위를 금기시하여 그 결과로 선학에 대한 정견을 세우지 못한 상태에서 실참에 뛰어들어 무지선(無知禪)에 빠지는 경우가 있다면, 이는 분명 비판을 받아야 할 것이다. 불립문자(不立文字)의 진정한 의미가 불용문자(不用文字)가 아닌 불착문자(不着文字)에 있음을 안다면 경전이나 선어록을 열람하여 불교적 세계관과 인격이 바탕이 되어야 출격장부로서의 본분납자가 될 수 있을 것이다.

그리고 문제는 지금 한국불교의 재가자 대부분이 선에 대한 관심이 희박하고 더더욱 간화선이 무엇인지 잘 모르고 있다는 것이다. 일부 사승(邪僧)은 방편이란 이름으로 비불교적 행태로 행화(行化)하여 무당불교, 사주불교, 기복불교로 전락시켜 불법을 호구지책으로 삼고 있다. 또한 일각의 수선납자는 오로지 수행과 깨달음에 편향되어 역사와 사회의 질곡을 타자화(他者化)하여 소위 '비지쌍운(悲智雙運)'의 조사선 종지에 무관심으로 일관하고 있다. 이런 가운데 일부 선자들은 간화방법론의 형식화, 교조화에 의해 간화 선풍을 크게 진작시키지 못하고 오로지 선정주의(禪定主義)에 대몰되어 있다.

그래서 학담 스님은 『간화결의론과해』에서 "간화의 물음이 삶 전체의 문제를 풀어내는 보편적인 방법론에 기초하지 못하고, 적정무사에 안주하여 선미(禪味)를 탐착하는 일부 수행자의 도피적 방편으로 전락될 것"을 우려한 바 있다. 간화선은 깨닫기 전이나 깨달은 이후의 진

삶을 통해, 지금 여기 고통의 현실 속에서 고통이 공(空)함을 바로 보아, 고통으로부터 해방되어 늘 깨어 있고 열려 있는 삶을 살아가는 것이다. 조사선에서는 이러한 삶의 모습을 '직하무심(直下無心)'이라 표현하고, 이러한 삶을 살아가는 사람을 '무위진인(無位眞人)'이라 불렀다.

지금 현재 한국불교를 냉철히 진단해 보면, 재가불자는 불교적(연기적) 인생관이 빈약하고, 출가 수행자는 수행 이력과 인격이 일치하지 못하고, 깨달음과 실천을 하나로 통일하지 못하는 기형적 신앙 형태를 연출하고 있다. 중도적 인생관이 확립되지 못하여 인격이 고양되지 않는 내면적 수행은 참된 수행이라 할 수 없으며, 실천으로 회향되지 못하는 깨달음은 올바른 깨달음일 수 없다.

그러므로 수행과 인격이 일치하고 깨달음이 실천으로 회향되는 '해행상응(解行相應)', '지행합일(知行合一)'의 인격적 완성이 선의 지향점이 되는 것이다. 그럼에도 불구하고 만약 오로지 좌복 위에 앉아 화두 하나만 타파하면 바로 부처가 되고, 조사가 된다고 믿는 전문 직업 수좌의 한탕주의적 발상이 존재한다면 이는 조사선의 종지종풍에 역행하는 것이다. 간화방법론 역시 어떤 특정 종파, 혹은 출가 수행자의 전유물일 수 없음에도 불구하고 출가중심주의·선정주의·신비주의·법통주의에 의해 간화의 역동적 선풍을 제대로 살려내지 못하고 있다. 한국불교는 하루 빨리 선 본래의 정신으로 복귀해야 하며, 간화의 사상과 방법론으로 돌아가 간화정종으로 행화를 일치시켜야 한다.

오늘날 간화선의 종지로 수행하고 있는 제방의 납자는 간화선 본래의 활발발한 가풍을 되살려 창조적이고 역동적인 간화선풍을 진작시켜야 한다. 간화선 본래의 가풍을 진작시키기 위한 노력의 일환으로 종단의 교육기관 관계자와 선원의 지도자들에게 다음 몇 가지 사안을 당부하고 결론을 마무리하고자 한다.

첫째, 조계종이 선종을 표방한다면 전종도의 교육이나 교화 또한 대체적으로 선의 종지에 입각해서 이루어져야 한다. 특히 출가자의 기본 교육 과정에 선(禪)의 이론 정립과 실참실구가 이루어져야 한다. 따라서 강원, 기본선원, 대학 등의 기본교육 과정의 연장선상(일종의 상위 개념)에서 선 이론과 실참이 가해져야 한다. 이러한 기본 선(禪) 교육을 이수하고 행정, 교화, 강학, 율학, 참선 등 각자 소양에 맞추어 전공을 살려야 할 것이다.

둘째, 간화선 전문 인력 양성 기구가 설립되어야 한다. 간화선에 대한 재가와 출가의 다양한 욕구를 수렴하기 위해 재가 선포교사(이미 시행되고 있음)와 스님들을 위한 교육 인력 양성(예: 禪林院의 설립)을 서둘러야 한다. 세계적인 선에 대한 관심의 고조에 대응하여 한국 간화선을 선양하기 위해서는 시급히 요구되는 사안이다. 즉 한국 간화선의 만년대계(萬年大計)를 위한 종합적이고도 체계적인 운영의 일환으로 간화선센터의 설립을 추진해야 한다.

셋째, 교육원과 선원 수좌회가 공동으로 노력하여 전국 각 선원의 특성화가 이루어져야 한다. 모든 선원이 가풍의 차이가 전혀 없이 형식과 내용면에서 획일적으로 운영되고 있음 또한 활발발한 간화선풍 진작에 도움이 되지 못하고 있다. 예를 들어 승납이나 안거 횟수(수행 깊이)의 차이 등이 전혀 고려되지 않고 있으며, 기초선·염불선·남방선·간화선 등의 선원 구별이 없이 모두 뒤섞여 정진하고 있다. 따라서 선원에 앉아 누가 무슨 방법으로 수행하고 있는지 전혀 파악이 되지 않고 있는 실정이다. 또한 동중선의 강화, 노동선의 강화, 선교겸수의 강화 등 특성이 전혀 고려되지 않고 있는 것이 현실이다.

넷째, 앉아 있음만으로 선을 삼는 좌선형식주의에 빠져서 간화선 특유의 활발발한 생명력을 상실하고 있다. 따라서 안거 기간과 방식 및 내용의 차별화와 다양화가 동시에 이루어져야 한다. 전통방식의 우수성을 고수하되, 행정이나 교화에 종사하고 있는 스님들을 위한 안거기간 조정 및 내용의 다양화를 생각해 볼 수 있으며, 안거문화가 승가의 질적 향상과 사회에 회향(중생회향)되게 하는 내용으로 재편하는 것도 하나의 방편이 될 수 있을 것이다.

다섯째, 실질적 의미로써 선지식(조실, 방장)의 역할이 재고되어야 한다. 조실 방장이 형식적으로 문장(門長)의 역할에 그치지 않고, 선원에서 실질적으로 납자를 지도하는 스승으로 그 위상과 역할을 재고해야 선원이 본래의 모습을 되찾을 수 있을 것이다. 장로 선지식이 선원에 직접 나아가 납자 한 사람 한 사람의 모습과 이름, 각자의 본참공안을 파악하고 그 공부의 진척에 따라 간절하게 지도한 옛 가풍을 되살려야 한다.

살아 있는 삶 그 자체가 간화선이다.

 월암 스님

월암(月庵) 스님은 1973년 경주 중생사에 출가했다. 동헌 선사를 계사로 도문 화상을 은사로 사미계를 수지했다. 81년 해인사에서 고암 화상을 전계사로 비구계를 수지했다. 중국에 유학하여 여러 선지식을 참방하고, 眞如禪寺, 栢林禪寺, 南華禪寺, 天童禪寺, 靜居禪寺 등 선원에서 선칠(禪七) 안거했다. 북경대학 철학과에서 중국철학을 공부하고, 선학(선종사상사)을 전공하여, 「돈오선 연구」로 철학박사 학위를 받았다. 백양사, 화엄사, 칠불사, 봉암사, 정혜사, 벽송사 등 선원에서 수선안거하였다. 동국대학 선학과 강사로 후학을 지도하였으며, 현재 지리산 벽송사 벽송선원에서 정진하며 전국선원 수좌회 학술분과 위원장을 맡고 있다.

看話禪 대중화의
문제와 과제

서재영 | 조계종 불학연구소 선임연구원

I. 들어가는 말

세계보건기구(WHO)는 2001년을 '정신건강의 해'로 선포하고 현대인의 정신건강에 대한 심각성을 경고한 바 있다. 세계보건기구에 따르면 우울증을 비롯한 각종 정신질환이 21세기의 가장 심각한 질병으로 부각되고 있다고 한다. 치열한 생존경쟁, 갈수록 빨라지는 삶의 속도, 넘쳐나는 정보의 홍수는 인간이 견딜 수 없는 가혹한 환경을 만들어내고 있기 때문이다.[1] 물론 이 같은 사회적 현상의 저변에는 자본의 자기증식이나 더 많은 이윤을 추구하고자 하는 사회의 구조적 강제가 깔려 있다. 그러나 곰곰이 살펴보면 이런 사회를 조형해낸 것은 결국 인간 개개인의 욕망이라는 사실 또한 부인할 수 없다. 비록 풍요로운 사회와 개인의 행복이라는 구호를 앞세우고 있지만 그 이면에는 참다운 자의식의 결핍과 이로부터 비롯되는 욕망의 확대재생산이라는 불안한 구조가 웅크리고 있다.

이 같은 상황은 경제적으로 발전한 국가일수록 정도가 심각하기 때문에 풍요를 누리는 사회에서조차 물질적 속박으로부터 벗어나고자 하는 역설적 움직임이 활발하다. 한국도 예외는 아니어서 단기출가 프

---

[1] 정부 통계에 따르면 한국인의 경우 자살로 사망하는 사람이 교통사고로 사망하는 사람보다 1.5배나 많은 것으로 나타났다. 자살로 인한 사망자 수는 2000년 6400여 명이던 것이 2005년에는 12000여 명에 달해 불과 4년 새 무려 2배로 불어났다. 이는 사회적 풍요와 비례하여 사람들의 불안심리도 함께 증가하고 있음을 보여주는 대목이다.

로그램이나 템플스테이가 성황을 이루는가 하면2), 수행과 명상을 내세우는 각종 단체와 기관이 곳곳에 생겨나면서 갖가지 수행법들이 성행하고 있다. 이렇게 볼 때 수행이 대중적 관심을 끌게 된 것은 사회적 문제를 극복하려는 시대적 요청과 참다운 삶을 회복하려는 대중의 욕구가 교차하는 지점에서 싱긴 현상이라고 볼 수 있다.

다행히 2500년의 역사와 전통을 자랑하는 불교의 가르침과 문화 속에는 이 같은 시대적 요청에 응답할 수 있는 풍부한 문화적 전통과 사상적 자원이 내재되어 있다. 따라서 시대적 요청, 대중의 자발적 참여, 불교의 내적 자원이라는 세 가지 조건이 맞아떨어지면서 불교는 현대 사회에 가장 잘 준비된 종교로 평가받기에 손색이 없다. 그러나 아쉽게도 한국의 대표 종단인 조계종은 이 같은 수행문화를 선도하고 있는가라는 반문에 직면해 있다. 위빠사나는 물론이며 단학선원과 같이 갖가지 수행법을 내세우는 단체들이 곳곳에서 성행하고 있지만 정작 조계종을 대표하는 대중적 수행단체는 찾아보기가 쉽지 않기 때문이다.

한 가지 희망적인 사실은 최근 들어 종단차원에서 '간화선입문프로그램 지도인력 양성과정'을 개설하고 간화선 대중화를 위한 작업에 착수했다는 점이다. 비록 만시지탄의 감이 없지 않지만 대중과 시대적 요청에 응답하려는 종단의 움직임으로 평가할 수 있다. 본고 역시 이 같은 과정에서 요청된 것이며, 필자에게 주어진 주제는 간화선 대중화를 위한 '현재의 문제'와 '미래의 과제'로 압축된다.[3] 따라서 본고는 간

---

2) 조계종 템플스테이 사무국에 따르면 2002년 시작 당시 1000명에 불과하던 템플스테이 참석자 수는 해가 갈수록 급격히 늘어나고 있다. 구체적으로 지난 2004년에는 36,902명으로 늘어났으며, 2005년에는 52,549명, 2006년에는 70,914명을 기록했다. 이 같은 수치는 높아진 삶의 수준과 더불어 주5일제가 가져온 라이프스타일의 변화로 볼 수도 있다. 하지만 단순한 레저를 추구하는 것이 아니라는 점에서 수행에 디한 대중적 열망으로 읽을 수 있는 대목이다.

화선 대중화에 걸림돌이 되는 문제를 짚어 보고 이를 토대로 대중적 수행문화를 위한 종단의 과제가 무엇인지 탐색해 보고자 한다. 다만 오해를 줄이기 위해 다음과 같은 두 가지 문제를 사전에 짚고 넘어가고자 한다.

첫째 '간화선의 대중화'라고 했을 때 그 '대중'이 누구를 의미하느냐의 문제다. '간화선 대중화'라는 슬로건에는 출가자들에게 간화선을 보편적인 수행법이 되게 하겠다는 것인지, 아니면 일반불자들의 보편적 수행이 되게 하겠다는 것인지가 분명치 않다. 다만 종단에서 추진해 온 사업추진 경과를 살펴보면 간화선 대중화의 취지는 일반불자에게 수행의 문호를 개방하여 누구나 수행할 수 있는 여건을 조성하겠다는 의도로 풀이된다. 따라서 본고에서도 출가 수행자를 대상으로 한 수행이 아니라 일반불자들을 대상으로 한 간화선을 논점으로 삼고자 한다.

둘째, 흔히 간화선 하면 경절문(徑截門)으로 표현되는 상근기(上根機)의 수행법으로 이해된다.[4] 그렇다면 "상근자를 위한 수행법을 대중화한다는 것이 가능한가?"라는 반문이 뒤따른다. 아쉽게도 일반불자가 간화선을 대중적으로 행해 온 사례를 찾기란 그리 쉽지 않다. 만약 간화선이 상근중생을 위한 것이라면 이를 대중화한다는 것 자체가 무리일 수도 있다. 약으로 치자면 간화선은 대중에게 처방하기에 약효가 너무 강한 약일 수도 있기 때문이다. 따라서 그런 약을 대중에게 처방하자면 환자의 체력에 맞도록 적절한 조제가 필요하다. 흔히 부처님은

---

3) 문제와 과제라는 주제는 결국 동일한 내용을 지시하고 있다. '고집멸도(苦集滅道)'의 교설로 설법하신 부처님의 입장에서 볼 수 있듯이 '문제'를 정확히 파악하는 것은 곧 '무엇을 해야 할 것인가?'에 대한 과제의 설정과 맞물려 있기 때문이다.

4) 전국선원 수좌회에서 펴낸 『간화선』에서도 "간화경절문이란 화두를 들고 바로 질러가는 간화선 수행법을 말한다. 국사는 뛰어난 근기의 수행자를 위해 간화선을 제시했던 것이다"라며 간화선이 상근기의 수행자를 위한 수행법임을 인정하고 있다.

환자에게 필요한 약을 알맞게 처방하는 의사에 비유된다. 그래서 경전에서는 "부처님은 대의왕(大醫王)이시니, 중생에게 맞는 약을 잘 투약하시어 모든 고통을 제거하시고 다시는 윤회의 고통을 받지 않도록 하시네"[5]라고 노래하고 있다. 약의 특성에 사람을 맞추는 것이 아니라 사람에게 약을 맞추는 것이 명의(名醫)의 처방이며 부처님의 처방이다. 이는 간화선이 대중화되기 위해서는 대중의 근기에 맞게 보다 친절하게 변화되어야 함을 의미한다. 물론 이것은 '본분사(本分事)로써 학인들을 지도한다'[6]는 조사선(祖師禪)의 가풍에 어긋나는 것일 수도 있다. 하지만 수행을 대중화하겠다는 것은 선을 위한 선이 아니라 대중을 위한 선이 되겠다는 자기변화의 다짐이다. 따라서 본고에서는 간화선의 정통성을 어떻게 유지할 것인가가 아니라 대중에게 어떻게 다가갈 것인가에 초점을 두고 살펴보고자 한다.

Ⅱ. 수행의 대중화를 위해 극복해야 할 인식

1. 출가와 재가에 대한 이원적 사유와 수행의 독점

수행의 대중화를 저해하는 요인에는 여러 가지가 있을 수 있겠지만 가장 우선적으로 지적할 수 있는 대목은 출가와 재가에 대한 이분법적 사유를 꼽을 수 있다. 출가와 재가에 대한 전통적인 이미지는 출가자

---

5) 『雜阿含經』(大正藏2, p.332c), "正覺大醫王 善投衆生藥 究竟除衆苦 不復受諸有."
6) 『趙州錄』(卍續藏118, p.310b), "老僧此間即以本分事接人 若教老僧隨伊根機接人 自有 三乘十二分敎."

는 생사대사(生死大事)를 해결하기 위해 목숨 걸고 수행한다는 것이
다. 한 예로 감산(憨山)은 "출가자는 큰일을 밝혀야 하나니 첫째가 진
실로 생사심(生死心)을 끊는 것"[7]이라고 했다. 근대 한국의 고승 경허
도 "대저 참선자는 첫째로 무상함이 덧없이 빠르고 나고 죽는 일이 큰
일임을 두려워해야 한다"[8]고 했다. 물론 경허는 '출가자'가 아니라 '참
선자(參禪者)'라는 표현을 쓰고 있지만 이 역시 '출가자'를 지칭하는 것
으로 볼 수 있다. 이처럼 출가자에게는 생사를 해탈해야 한다는 종교
적 역할이 부여되어 있기 때문에 안거(安居)와 수행이 출가자의 최고
덕목으로 권장된다.

반면 재가자들은 선방에서 수행하는 스님들께 대중공양을 올리는
정도로 역할이 축소되어 있다. 이는 재가자들의 종교적 목표는 현세적
복을 비는 것이며, 이들에게 부여된 종교적 역할은 수행자를 후원하는
것이라는 인식을 반증해준다. 재가자는 이 같은 인식 속에서 자기의 종
교적 역할을 스스로 제한하고 기복적 신행에 안주해 왔던 것이 사실이
다. 여기서 출가자가 지향해야 할 종교적 목적과 재가자가 지향해야 할
종교적 목적이 달라지는 가치관의 분화가 발생한다.

물론 재가자에 대한 이 같은 규정은 『아함경』을 통해서도 찾아볼 수
있다. 즉 『잡아함』에 따르면 "승가는 다섯 가지 번뇌를 여의었기에 마
땅히 그 청정함을 찬탄해야 한다. 저 최상의 복전(福田)에 보시하면 조
그만 보시로도 큰 이익 거두리라. 그러므로 모든 사람은 누구나 승가의
복전에 보시해야 하리라. 더욱더 훌륭하고 묘한 법 얻어 명행(明行)과
선정이 상응하리라"[9]라고 설하고 있다. 출가자와 재가자 사이에 분명

---

7) 『憨山老人夢遊集』(卍續藏73, p. 483c), "出家兒要明大事 第一 要眞實爲生死心切."
8) 鏡虛, 『鏡虛集』, 극락선원, 1990, p.12

한 차별이 존재하는 것은 엄연한 사실이다. 그리고 거룩한 출가자를 존경하고 보시하는 것은 아름다운 종교적 실천임이 분명하다. 그러나 그것이 출가와 재가에 대한 기능적 구분이 될 때 자칫 잘못하면 수행이 소수 출가자의 전유물이 되고 다수의 대중은 종교의 궁극적 목표에서 소외될 가능성이 높다.

물론 출가와 재가의 종교적 위상에 차별이 존재한다는 명시적 규정이 있는 것은 아니다. 그러나 한국불교의 보편적인 신행문화 속에는 이 같은 인식이 암묵적으로 깔려 있다. 이는 결국 출가자는 성불(成佛)이라는 원대한 목표의식을 갖고 있지만 재가자는 현세에 안주해 복을 비는 것으로 충분하다는 것을 의미한다. 불교의 궁극적 목적이 깨달음이라고 한다면 어떤 의미에서 재가 대중은 그 목표에서 배제되어 있는 것이나 다름없다. 그래서 "재가자에게 현세적 복덕 쌓기만을 권장하는 신행체계는 결국 재가자에게 불교의 근본으로 들어갈 수 있는 기회를 차단하는 것"[10]이라는 반론이 제기된다.

수행이 대중화되기 위해서는 바로 이 같은 수행에 대한 출가와 재가에 대한 이분법적 인식의 벽을 허무는 작업이 전제되어야 한다.[11] 그렇지 않으면 수행은 언제나 출가자라는 특정한 신분을 위한 것으로 국한될 수밖에 없다. 따라서 수행을 대중적 실천으로 확대하기 위해서는

---

9) 『雜阿含』, (大正藏2, p.334a) "以曾離五蓋 淸淨應讚嘆 施彼最上田 少施收大利 是故諸 人者 當施僧福田 增得勝妙法 明行定相應."
10) 성태용, 「이상적인 재가불교를 위한 제언」, 『불교평론』, 2006년 여름호, p.99
11) 물론 재가자의 수행을 종단이나 사찰에서 의도적으로 막는다는 뜻은 아니다. 지금도 많은 재가자들이 수행을 하고 있고, 또 몇몇 사찰에서는 적극적으로 수행을 권장하고 있다. 하지만 한국불교의 전반적인 상황을 놓고 보았을 때 재가자가 참여할 수 있는 수행의 기회는 극히 제한되어 있는 것이 사실이다. 거의 모든 선방은 출가자만의 공간으로 되어 있고, 출가자=수행자로 인식되고 있다. 반면 재가자들에게 제시되는 신행은 대개가 기도와 복을 비는 의례에 무게중심이 맞춰져 있는 것이 현실이다.

출가와 재가라는 이분법적 구분에서 비롯되는 종교적 역할과 목표에 대한 차별적 인식을 해소해야 한다. 분명한 것은 선종의 사상적 연원이 되는 육조 혜능(六祖慧能)은 출가와 재가의 신분적 구분을 통해 수행을 논하지 않았다는 점이다.

> "선지식들아, 만약 수행하기를 바란다면 세속에서도 역시 가능한 것이며[在家亦得], 사찰에 있기만 한다고 되는 것은 아니다[不由在寺]. 설사 사찰에 있더라도 수행하지 않으면 서쪽 나라 사람의 마음이 악함과 같고, 세속에 있더라도 수행한다면 동쪽 나라 사람이 선함을 닦는 것과 같다. 오직 바라노니, 자기 스스로 깨끗함을 닦아라. 이것이 곧 서쪽 나라니라." [12)]

혜능은 세속에서도 수행이 가능하다는 '재가역득(在家亦得)'을 주장했다. 혜능에게 수행이란 출세간과 세속이라는 장소와 신분의 문제가 아니라 수행의 실천여부가 관건이 된다. 이는 수행을 종교적 신분의 문제가 아니라 실천의 문제로 인식하고 있음을 의미한다. 수행이 출가라는 신분에 갇혀 있다면 출가라는 종교적 신분 자체가 수행으로 오해될 소지가 높다. 하지만 육조가 지적하듯 고정된 틀로 정형화된 신분이 곧 수행이 될 수는 없다. 신분이란 겉으로 드러난 '형식[相]'일 뿐이며, 선(禪)은 끊임없이 '모양 없음[無相]'을 지향한다.『금강경』에서는 "겉으로 드러난 모습을 통해 여래를 보고자 하거나, 목소리를 통해 여래의 설법을 듣고자 한다면 이런 사람은 사도(邪道)를 행하는 자이므

---

12)『壇經』(大正藏48, 341a), "善知識 若欲修行 在家亦得 不由在寺. 在寺不修 如西方心惡之人 在家若修行 如東方人修善. 但願自家修淸淨卽是西方."

로 결코 여래를 볼 수 없다"[13]고 했다. 따라서 출가라는 신분적 차별성을 통해 수행(修行)과 증득(證得)을 논한다면 이 역시 사도를 행하는 것과 다름없다.

물론 이 같은 인식의 문제를 '출가자는 반드시 수행해야 한다'는 출가자의 종교적 실천에 대한 당위론으로 해석한다면 문제될 것은 없다. 하지만 이원화된 인식이 재가자와 대비되면 출가하지 않으면 수행할 수 없다는 종교적 제약으로 나타날 소지가 높다. 만약 수행이 출가라는 폐쇄적 신분 속에서만 가능한 것이라면 이것은 부처님의 정신과도 어긋난다. 부처님은 "내 이제 감로의 문을 여나니, 듣고자 하는 이가 있거든 기꺼이 다가와 지극한 마음으로 나의 설법을 들어라"[14]고 선포하셨기 때문이다. 이것은 종교적 지식과 권위를 독점했던 당대 종교인들의 배타적 특권을 버리고 모든 대중에게 진리를 회향했음을 의미한다.

따라서 우리가 부처님의 정신을 본받자면 좁은 문이 되어버린 수행을 모든 대중에게 개방하는 보문(普門)이 되도록 해야 한다. 물론 누구도 재가자의 수행을 막은 적은 없다고 반론할 수 있다. 마치 "아무도 막지 않는 천당에 가는 사람이 적은 이유는 중생 스스로 삼독번뇌로 집안의 보배를 삼았기 때문"[15]인 것처럼 수행하지 않는 것도 재가자들의 근기와 욕망 때문이라고 주장할 수 있다. 그러나 재가자의 종교적 실천을 결정짓는 것은 결국 출가자와 종단이므로 재가자들의 종교적 신행에 대한 궁극적 책임도 출가자와 종단에 있다.

수행의 대중화와 관련된 또 하나의 요점은 수행의 대중화는 결국 조

---

13) 『金剛般若波羅密經』(大正藏8, p 752a), "若以色見我 以音聲求我 是人行邪道 不能見如來."
14) 『佛本行集經』(大正藏3, p.806b), "我今欲開甘露門 若有聽者歡喜來 至心聽我說法味."
15) 元曉, 「發心修行章」(『韓佛全』1冊, p.841上), "無防天堂 少往至者 三毒煩惱 爲自家財."

계종의 정체성을 확립하는 문제와도 직접적으로 결부된다는 점이다. 조계종 종헌 제2조는 "본종은 석가세존의 자각각타(自覺覺他) 각행원만(覺行圓滿)한 근본교리를 봉체(奉體)하며 직지인심(直指人心) 견성성불(見性成佛) 전법도생(傳法度生)함을 종지로 한다"[16]고 규정하고 있다. '마음을 바로 가리켜 성품을 바로 보게 하여 성불하는 것'이 조계종의 종지다. 하지만 이러한 종헌의 정신이 출가자에게만 강조되고 재가자는 배려하지 않았던 것이 사실이다. 종단의 주인이 사부대중(四部大衆)이라고 할 때 출가중심의 종교문화 역시 사부대중을 대상으로 개방되어야 한다. '직지인심(直指人心) 견성성불(見性成佛)'이 전 종도의 기본정신이 될 때 종교의 궁극적 목적에서 출가와 재가라는 이원적인 신분은 해소될 수 있다. 이런 맥락에서 본다면 수행에서 출가와 재가라는 구분을 해소하는 것은 결국 조계종의 종지를 보편적 가치로 정립하는 것을 의미하며, 종단의 정체성을 대중적으로 확립하는 것을 의미한다.

2. '가난한 아들'에 안주하려는 대중적 인식

최근 들어 수행에 대한 대중의 관심과 참여가 날로 높아 가는 상황과는 대조적으로 정작 불교계 내에서는 수행의 일반화가 더딘 행보를 보이고 있다. 이것은 앞서 살펴보았듯이 출가와 재가를 이원적으로 구분 짓고 대중의 종교적 위상을 차별하는 것에서 기원한다고 볼 수 있다. 하지만 재가자에게도 절반의 책임이 있다. 그것은 불자들 스스로가 근기론(根機論)을 내세워 자신의 종교적 지위를 낮게 설정하고 수행을 기피하는 것이다. 물론 대중의 현실적 상황이 수행하는 것보다 현실의 복

---

16) 대한불교 조계종, 『종단 법령집』, p.19

을 비는 쪽이 더 용이하고 절박한 측면도 무시할 수 없다. 그러나 이것
은 불법의 진리보다 현실의 삶을 지배하는 세속적 가치의식에 대중이
종속되어 있음을 의미한다.

이처럼 스스로의 종교적 지위를 낮게 설정하는 대중의 인식을 잘 설
명해주는 것이 『법화경』이다. 『법화경』 「장자궁자품」에는 어린 아들
을 잃어버렸다가 되찾는 한 장자에 대한 이야기가 나온다. 한 장자가
50년 만에 그리던 아들을 되찾았지만 가난과 역경 속을 헤매던 아들은
자기 자신을 비천한 존재로 생각하고 있었다. 아들의 심리를 파악한 장
자는 그에게 머슴살이를 제안한다. 그리고 점차 지위를 상승시켜서 창
고지기를 거쳐 마침내 자신의 적자(嫡子)임을 선포하고 모든 재산을
상속한다는 줄거리다.[17]

여기서 가난한 장자는 끊임없이 스스로의 신분을 비하하는 대중의
종교적 정체성을 상징한다. 하지만 그의 본래 신분은 장자의 적자며,
가문의 모든 권위와 재산을 상속받을 존재다. 그럼에도 불구하고 중생
은 장자의 궁핍한 아들처럼 자신의 가치를 깨닫지 못하고 살아간다. 그
래서 성불이라는 고원한 목표를 두려워하며 비천한 신분에 안주하려는
노예근성에 매몰되고 만다.[18] 이처럼 자기 자신의 종교적 정체성을 '비
천한 걸인'으로 규정하는 상황은 지금도 사람들의 인식을 지배한다.

불법은 바로 이 같은 비탄적 자아관을 깨뜨리고 나 자신이 부처님의
적자임을 일깨워준다. 선종(禪宗)은 이 같은 불교의 가르침에 가장 충
실하게 부응하는 전통이었다. 그래서 황벽 선사는 "위로는 부처님으로

---

17) 『妙法蓮華經』(大正藏9, pp.16~17)
18) 『六祖大師法寶壇經』(『大正藏』48, p.350a), "善知識 小根之人 聞此頓教 猶如草木根
性小者 若被大雨 悉皆自倒 不能增長 小根之人 亦復如是."

부터 아래로는 꿈틀거리는 작은 벌레에 이르기까지 모두 불성을 지니고 있고, 그 마음의 본체는 동일하다. 그런 까닭에 달마가 서쪽에서 오셔서 오직 일심법(一心法)을 전하시며, 모든 중생이 본래 부처님임을 바로 가리키셨다"[19]고 했다. 따라서 선에서 수행이란 전도된 미망에 근거해 있는 허구적 자의식을 깨뜨리고 '본래 부처'로서의 자기 정체성을 바르게 회복하는 데 초점이 맞춰져 있다고 해도 과언이 아니다.

하지만 중생은 가난한 장자의 아들처럼 수행은 어려운 것이라고 지레 겁먹고 회피한다. 그도 그럴 것이 대중은 현실의 욕망을 해체하기 위해 종교를 찾아온 것이 아니라 현실적 욕망을 달성하기 위해 종교를 찾아왔기 때문이다. 따라서 이들이 불교를 통해 얻고자 하는 것은 대개의 경우 현실적 방법으로 달성할 수 없는 현세적 욕망을 부처님이라는 초월자를 통해 달성하는 것이다. 물론 이것은 불교만의 특징이 아니라 보편적 종교인들의 특징이다. 하지만 수행을 한다는 것은 현실적 자아관에 기초한 자질구레한 욕망과 인위적 성취에 대한 꿈을 해체하는 과정이다.

"지혜로운 사람은 진실을 깨달아 마땅히 이치를 따르고 세속적 가치를 거부한다[理將俗反]. 마음을 안정시켜 무위(無爲)를 추구하고, 몸이 인연의 흐름을 따르게 되면 일체 존재가 모두 공해져서 바람과 좋아함이 사라진다."[20]

---

19) 『宛陵錄』(『大正藏48』, p.386b), "上至諸佛 下至蠢動含靈 皆有佛性 同一心體. 所以 達磨 從西天來 唯傳一心法 直指一切衆生 本來是佛."

20) 『二入四行論』(大正藏48, p.369c), "智者悟眞 理將俗反. 安心無爲 形隨運轉 万有斯空 無所願樂."

166 간화선 수행의 성찰과 과제

달마는 '이장속반(理將俗反)'이라는 명제를 통해 자질구레한 일상의 욕망에 갇혀 있는 '가난한 아들'의 가치관을 전복한다. 세속적 가치로 표현되는 자신의 현실적 가치관을 부정하고 진리의 삶을 따르라고 가르치기 때문이다. 참다운 실상은 자신이 가지고 있는 현세적 인식을 초극한 곳에 있다는 것이다. 그래서 현재적 자아관을 토대로 형성된 습기(習氣)를 버리고 일체가 공(空)함을 깨달아 탐착심(貪着心)을 초월할 것을 역설한다. 그런 의미에서 수행의 길이란 세속적 가치를 거슬러 가는 것이며, 강물을 거슬러 올라가는 연어와 같은 삶이다. 혜능도 수행에 대해 "일체에 걸림이 없어서 밖으로 모든 경계 위에 생각이 일어나지 않는 것이 앉음〔坐〕이며, 안으로 본래 성품을 보아 어지럽지 않은 것이 선(禪)"[21]이라고 정의했다. 자질구레한 현세적 욕구를 벗어버리는 것이 선이 지향하는 목표이자 수행이라는 것이다. 결국 수행이란 현세적 가치의 부질없음을 일깨우는 것이며, 종교적 삶은 현재적 가치관을 초극한 곳에 있음을 말하고 있다.

박산(博山) 화상도 "참선하는 납자는 세간법(世間法)에 집착해서는 안 된다"[22]고 했다. 하지만 중생들은 고원한 수행, 높은 종고적 이상을 두려워한다. 그들의 눈에는 현세적 욕망의 대상이 더욱 달콤하고 가치 있어 보이기 때문이다. 그래서 고원한 삶은 출가자들의 몫으로 미루고 싶은 유혹에 이끌리게 된다. 따라서 대중은 욕망을 향한 꿈을 해체시키는 것에 초점이 맞춰져 있는 수행을 선뜻 받아들이지 못한다. 욕망의 해체는 '가난한 아들'이 갖고 있는 가치관을 부정하는 것이기 때문이

---

21) 『六祖大師法寶壇經』(大正藏48, p.353b), "外於一切善惡境界 心念不起 名爲坐 內見自性不動 名爲禪."
22) 『博山參禪警語』(卍續藏64, p.757a), "做工夫 不得沾著世法."

다. 여기서 대중은 스스로 출가자를 뒷바라지하는 존재로 자신의 역할을 하향 설정한다. 이를테면 "우리가 시주할 테니 거룩한 수행은 스님들이 다 하시고, 대신 우리에게는 당신들이 하찮게 여기는 그 현세적 달콤함을 달라!"고 기원한다. 결국 출가자에 대한 시주자의 역할에 안주하려는 심리의 이면에는 현세적 욕망을 포기하지 못하는 전도된 미망이 숨어 있다.

불교는 중생들이 가진 이처럼 나약하고 비겁한 인식을 깨뜨리고 궁극적 경지로 인도하는 것을 목표로 삼는다. 『법화경』「화성유품(化城喩品)」에는 보물을 찾아 떠났지만 여행으로 지친 무리들이 중도에서 안주하려는 이야기가 나온다. 이때 현명한 길잡이는 가짜로 멋진 성(城)을 만들어 놓고 '저곳에 달콤한 휴식이 기다리고 있으니 저곳에 가서 쉬자'고 제안한다. 그러나 그것은 현세적이고 순간적인 안락에 안주하는 여행자를 인도하기 위한 방편이라는 것이 『법화경』의 설명이다. 이처럼 불교는 끊임없이 현세에 안주하고자 하는 중생들을 독려해서 궁극의 경지로 인도하는 도사(導師)의 가르침이다. 따라서 불교에서 수행은 현실적 가치의식을 뛰어넘는 것이며, 새로운 가치관의 확립과 삶의 전환을 의미한다. 하지만 중생들은 전도된 망상으로 인해 현실적 가치를 숭배하며, '가난한 아들'의 삶을 유지하기 위해 발버둥친다.

그러나 '바른 길잡이〔導師〕'의 역할은 중생들이 고집하는 허구를 깨뜨리고 바른 길로 인도하는 것이다. 그러므로 수행의 대중화는 곧 불교의 궁극적 가치관을 보편화시키는 문제와 직결되어 있다. 그것은 비천하게 살아가는 중생들을 당당한 대장부로 회복시키는 것을 뜻하기 때문이다. 이런 맥락에서 본다면 대중이 수행을 받아들이고, 수행이 대중화된다는 것은 바로 불교의 궁극적 가치를 실현하는 것과 다름없다. 따라서 수행이 대중화된다는 것은 끊임없이 불교의 궁극적 목표에 대한 확인과 대중적 공감을 전제로 한다. 나아가 현세적 삶에 안주하는 삶을 뛰어넘어 우리 모두가 '부처님의 세계로 가는 수레〔一佛乘〕'를 타도록 권장하는 과정이 필요하다. 모든 중생들은 여래장을 가지고 있으며, 그 같은 사실에 입각하여 자신의 위대한 정체성을 회복하는 것이 바로 부처님의 수레를 타는 것이다.[23]

3. 신비화된 수행도량과 재가 수행의 결핍

선(禪)은 모든 형태의 격식과 권위로부터 탈피하는 것이지만 한국불교에서 수행은 어떤 의미에서 종교적 권위를 상징한다. 안거 횟수가 곧 비구의 가장 중요한 이력(履歷)을 의미하며, 종교적 신성을 나타내는 기호로 변해버린 측면이 없지 않다. 이 같은 현상은 수행자를 존중하고 수행을 권장한다는 측면에서는 긍정적이지만 부정적 측면을 조장하는 것도 사실이다. 일례로 수행이 출가자의 특출함을 나타내는 과정이 되고, 안거 횟수가 출가자의 권위를 나타내는 이력이 될 때 수행은 폐쇄적으로 닫혀질 위험이 높다. 바로 이 점에서 재가자의 수행은 출가자의 종교적 권위에 대한 도전으로 오해받을 소지가 발생한다. 실제로 선방은 재가자에게 엄격히 제한된 공간이며, 이름난 선방에서 스님들과 함께 안거를 난다는 것은 상상도 할 수 없는 일이다. 출가자의 수행공간이라는 이유만으로 범접할 수 없는 성역이 되어 있는 것이 사실이다.

수행이 쉽게 다가설 수 없는 배타적 영역으로 은폐되는 것과 동시에 일반 대중은 지고한 선의 세계를 이해할 수 없을 것이라는 인식이 고착

---

23) 元曉, 『法華宗要』(大正藏34, p.871a), "不離衆生界有如來藏故 是謂能乘一佛乘人也."

화되어 있다. 이런 인식은 자연히 재가자에 대한 수행지도를 방기하도록 유도한다. 수행은 출가자의 전유물처럼 생각되었기 때문에 대중을 위한 수행 프로그램의 개발에 신경 쓸 이유가 없었기 때문이다. 그 결과 몇몇 사찰을 제외하고 대부분의 사찰에서 재가자들이 수행에 접근해 갈 수 있는 프로그램을 만나기란 결코 쉽지 않다. 재가자들은 강복(降福)이나 소재(消災)만을 기원한다고 생각해 왔기 때문에 일반인을 위한 수행 프로그램을 굳이 만들 필요성을 느끼지 못했다.

이처럼 대부분의 사찰에서 재가자를 위한 수행 프로그램이 빈곤하고 일반인에게 수행을 지도하지 않으면서 생긴 현상 가운데 하나가 수행은 불교와 무관한 것처럼 인식되는 것이다. 일례로 요즘 사람들에게 수행이란 요가원이나 수행센터 같은 곳을 찾아가 회원권 끊어서 들어가는 것으로 인식되고 있다. 이는 대중에게 수행은 사찰 밖에 있는 것처럼 인식되고, 정작 사찰에는 불사와 의례만 있다는 인식이 굳어져 가고 있음을 의미한다. 이것은 불교 스스로 대중과 수행을 분리시켜 왔던 인과(因果)에서 비롯된 문제가 아닐 수 없다.

일반인을 위한 수행 프로그램이 사찰에서 자리 잡지 못한 그간의 상황은 재가자들만의 피해로 끝나지 않는다. 수행 프로그램의 부재는 출가자들에게 수행을 지도할 수 있는 기회의 상실로 귀결되었고, 이는 출가자들에게 수행법을 지도할 수 있는 실무적 능력을 배양할 수 있는 기회의 박탈로 나타났다. 다시 말해 수행자가 스스로 자기 자신의 종교적 정체성을 복제하는 방법에 무지하게 만드는 결과를 초래했다고 볼 수 있다. 그 결과 조계종은 선종을 표방하고 있지만 수행이라는 본래적 역할에 대해 서툴게 되었고, 급기야 수행 자체가 낯선 문화가 되고 말았다.

문제는 단지 불교의 이미지가 수행과 멀어진다는 것에 머물지 않는다. 이것은 선종으로서 조계종의 정체성을 잠식하는 현상으로 나타난다. 종단과 출가자는 조계종인터 그것을 떠받치는 신도들은 정토적(淨土的) 성향을 보이는 것이 오늘날 한국불교의 대체적인 모습이다. 수행의 대중적 확산에 게을렀던 인과는 종단 스스로의 정체성을 퇴색시키는 결과를 불러온 것이다. 이 같은 현실은 중생들의 근기를 간파하여 바른 길로 인도해야 하는 길잡이[導師]로서의 본분을 잊어버린 것이라고 하지 않을 수 없다.[24]

물론 앞서 지적했듯이 대중이 '가난한 아들'의 삶을 지향하고 기복을 원하기 때문이라는 반론도 있을 수 있다. 그러나 이는 아이가 단것을 좋아하기 때문에 몸에 나쁜지 알면서도 어쩔 수 없이 사탕을 주었다는 유모의 변명과 다를 바 없다. 스승의 안목으로 대중을 지도하는 것을 포기하고 대중의 현실적 욕구에 굴복해 왔다는 것은 대중에 대한 종교적 지도력의 부재, 정신적 장악력의 결핍을 의미하는 것이다. 따라서 대중이 수행을 멀게 느끼는 것은 대중의 근기 탓도 있겠지만 그들의 종교적 신행과 정체성을 이끌어 왔던 종단과 출가자에게도 책임이 있음을 지적하지 않을 수 없다.

그럼에도 불구하고 여전히 희망의 불씨는 살아있다. 비록 출가자에게 제한되어 왔지만 깨달음을 향한 출가자들의 수행 정신이 살아 있고, 대중도 삶의 질을 고민하기 시작하면서 수행에 대한 관심이 날로 높아지고 있다. 수행을 원하는 대중이 자발적으로 움직이기 시작했고, 호

---

24) 물론 한국불교가 통불교적(通佛敎的) 성격을 띠고 있으며, 조계종은 한국불교의 다양한 전통들을 담보해야 하는 것이 현실이다. 하지만 종단이 표방하는 종헌(宗憲)과 종지(宗旨)에 부합하는 정체성을 확립하는 것 역시 중요한 문제가 아닐 수 없다. 다양한 전통을 폭넓게 수용하되 분명한 자기 정체성을 확립할 때 조계종의 위상과 역할은 명료해질 것이다.

기심으로 가득 찬 눈빛으로 불교와 종단을 바라보고 있다. 종단은 이런 대중의 성향을 읽어내고 그들의 상승된 종교적 욕구를 수용해야 한다. 날로 높아져 가는 불자들의 종교적 욕구를 초하루 보름 법회에 참석하는 것으로 무마해서는 안 될 것이다. 대중의 상승된 종교적 욕구를 수렴하는 것은 선종으로서의 정체성을 회복할 수 있는 절호의 기회이기도 하다. 따라서 수행이 대중화되기 위해서는 단위 사찰에서부터 수행문화가 살아나야 한다. 마음만 먹으면 참여할 수 있는 수행 프로그램이 곳곳에 마련될 때 수행의 대중화는 앞당겨질 것이며, 조계종은 선종으로서의 자기 정체성을 분명히 세우게 될 것이다.

III. 간화선 대중화를 위해 극복해야 할 수행 풍토

1. 친절하지 못한 수행 풍토

간화선 수행은 화두를 타는 것으로부터 시작한다. 화두 참구가 간화선 수행의 핵심이고, 화두를 참구하기 위해서는 화두를 먼저 타야 하는 것은 당연하다. 하지만 난감한 것은 비록 수행에 관심이 있다손 치더라도 화두를 누구에게 타야 하는 것인지를 결정하고 선지식을 찾아가 화두를 타는 것이 만만치 않다는 것이 문제다. 조계종에서 펴낸 『간화선』에서는 "확고한 발심이 되었을 때 선지식을 찾아가 그 선지식으로부터 간택받아 그 가르침에 따라 참구해야 한다"[25]고 명시하고 있다. 하지만 눈을 뜨지 못한 초심자에게 누가 선지식인가라는 문제는 여전히 난감

---

25) 대한불교조계종 교육원, 『간화선』, 조계종출판사, 2005, p.165

한 사항이 아닐 수 없다. 설사 선지식이 누구인지 알았다고 할지라도 안거에 들어간 선방에 불쑥 찾아갈 수도 없는 일이다. 따라서 '선지식으로부터 화두를 간택받아야 한다'는 과정 자체가 간화선의 대중화를 가로막는 걸림돌이 되고 있다.

나아가 어떻게 인연이 닿아서 화두를 탔을지라도 여전히 문제는 해소되지 않는다. 화두는 끊임없이 참구할 때 비로소 화두로서 의미가 있기 때문에 화두를 탄 이후 수행에 대한 지도와 점검이 중요하다. 화두를 받기는 하고, 주기는 했지만 스승과 제자 사이에 지도와 점검이 뒷받침되지 않는다면 화두는 더 이상 화두가 될 수 없다. 그런데 현재 우리의 현실은 화두를 타는 사람의 경우 마치 응급환자가 주사 한 대 맞는 것처럼 생각하는 경향이 있다. 대개의 경우 화두를 준 스승도 수행을 어떻게 하고 있는가에 대한 지도와 점검이 뒷받침되지 않는다. 결국 이상과 같은 상황을 미뤄 보면 수행에 관심을 가진 이들에게조차 실제로 수행으로 다가서는 과정이 너무도 불친절한 것이 지금의 상황이다.

혹자는 불친절함이야말로 바로 조사선(祖師禪)의 전통적인 제접법(提接法)이라고 말할지도 모른다. 그 반증으로 향엄지한(香嚴智閑)에 관한 선화(禪話)를 들 수 있다. 향엄 선사는 여러 경권에 능통했지만 "부모로부터 태어나기 전, 아직 동과 서를 판별할 수 없을 때 그대의 본래면목이 무엇인가?"라는 위산(潙山)의 질문을 받고 말문이 막혔다. 자신이 읽던 책을 모두 뒤져도 해답을 찾지 못하자 향엄은 위산에게 가르침을 청했지만 역시 답을 듣지 못했다. 이에 향엄은 모든 책을 불태우고 운수납자가 되어 남양(南陽) 지방을 여행하게 되었다. 그때 남양혜충(南陽慧忠) 국사의 탑을 참배하고 잡초를 뽑다가 우연히 던진 기왓장이 대나무에 맞는 소리를 듣고 크게 깨쳤다. 향엄은 위산 스님을 향해 절하며 "스님의 큰 자비여! 부모의 은혜보다 더 큽니다. 만일 그때

저에게 설명해주셨더라면 어찌 오늘의 이 깨달음이 있을 수 있겠습니까!"[26]라고 감격해했다.

이 선화는 조사선의 수행은 친절하지 않아야 한다는 것을 은연중에 강조하고 있다. 실제로 선사들은 자상하게 제자들을 지도하는 경우가 드물었다. 수행과 깨달음은 개인적 증득의 문제이므로 친절하게 일러주는 것은 자발적 증득(證得)을 방해하는 것으로 이해되었다. 설사 일러주더라도 위산의 지적처럼 남의 소식일 뿐 자신의 깨달음과는 무관하다.[27] 그러나 수행이 조사들이 만났던 것처럼 특출한 선기(禪機)들을 촉발시켜 깨달음으로 인도하는 것이라면 이와 같이 친절하지 못한 방법은 선종의 수행가풍으로 정당화될 수 있다.

하지만 정신적 고통에 시달리는 사람들을 구제하는 보살의 실천으로 수행의 위상을 설정한다면 상황은 달라진다. 초심자들의 좌선법에 대해 다루고 있는 종색(宗賾)의 『좌선의(坐禪儀)』에서는 "지혜를 배우는 모든 보살은 마땅히 먼저 큰 자비심을 내어 넓은 서원을 일으킨 다음에 정밀하게 삼매를 닦아야 한다"[28]고 했다. 간화선을 대중화하겠다는 것도 결국은 상구보리(上求菩提) 하화중생(下化衆生)하겠다는 보살행에 해당한다. 따라서 간화선 수행을 소수의 특출한 선기를 지도하는 것이 아니라 대중을 위한 수행법으로 삼고자 한다면 수행자들의 수준에 맞게 친절해져야 한다. 왜냐하면 대중화라는 슬로건 자체가 상상근기를 대상으로 하겠다는 것이 아니라 수행의 보편화를 목표로 하는 것

---

26) 『景德傳燈錄』(大正藏51, p.283c), "遠歸沐浴焚香遙禮潙山 贊云 和尙大悲恩逾父母 當時若爲我說却 何有今日事也."
27) 『景德傳燈錄』(大正藏51, p.283c), "祐曰 吾說得是吾之見解 於汝眼目何有益乎."
28) 「坐禪儀」, (卍續藏111, 『禪苑淸規』, p.920a), "盡學般若菩薩 先當起大悲心 發弘誓願 精修三昧."

이기 때문이다.

휴정 선사도 "지금은 말세여서 거의가 낮은 근기들이니 이들은 교외별전(敎外別傳)의 근기가 아니다. 그들은 오직 원돈문(圓頓門)에 나타난 이치의 길〔理路〕·뜻의 길〔義路〕·마음의 길〔心路〕·말의 길〔語路〕로 보고 듣고 믿고 아는 것을 귀하게 여길 뿐이다. 저들은 이치와 뜻과 마음과 말의 길이 끊어져 아무런 맛도 없고 만질 수도 없는 곳에서 칠통 같은 어둠을 쳐부수는 이 경절문(徑截門)을 귀하게 여기지 않는다"[29]고 탄식했다. 이는 하근 중생들이기 때문에 수행을 포기하겠다는 것을 의미하는 것은 아니다. 하근중생은 그에 맞는 수행법이 필요함을 강조하는 대목으로 해석할 수도 있다.

현재의 수행 풍토는 누가 선지식인지도 모르는 상황에서 화두를 타야 하고, 천신만고 끝에 화두를 하나 타 오지만 그것은 수행의 시작이자 끝이 되고 마는 상황이다. 수행에 대한 자상한 점검도 없고, 화두를 어떻게 참구해야 하는지에 대한 친절한 설명도 없다. 물론 대혜(大慧)는 화두 참구에 대해 "이치의 길이 끊어지고 아무 맛도 없어서 마음이 답답하게 느껴질 때가 바로 그 사람의 몸과 목숨을 내던질 곳이다"[30]라고 했다. 맛없는 화두를 묵묵히 참구하는 것이 간화선의 수행의 핵심이라는 것이다. 하지만 육진(六塵) 경계의 강렬한 맛에 길들여진 대중의 입맛에 쉽게 화두가 들릴 수는 없다. 따라서 화두의 몰자미(沒滋味)가 온갖 자극적인 육진의 맛에 더럽혀진 입을 씻어내는 해독제라고 할

---

29) 『禪敎訣』, (韓佛全7冊, p.658上), "今當末世 多是劣機 非別傳之機也 故只貴圓頓門 以理路義路心路語路 生見聞信解者也 不貴徑截門 沒理路沒義路沒心路沒語路沒滋味 無摸索底上 打破漆桶者也."
30) 『大慧普覺禪師語錄』 (大正藏 47, p.933a), "覺得沒理路沒滋味心頭熱悶時 便是當人放身命處也."

지라도 우선 그것을 먹어 보도록 하는 친절한 배려가 필요하다.

이 대목에서 독약에 중독된 아들들에게 해독제를 먹이기 위해 거짓으로 자신의 부고(訃告)를 전했던 『법화경』의 「의자유품(醫子喩品)」이 떠오른다. 명의는 환자의 병을 정확히 진단하고 약을 조제하는 것으로 끝나지 않는다. 환자가 약을 잘 먹고 낫게 하는 것이 담보되어야 비로소 자비로운 명의로 평가받을 수 있다. 따라서 간화선이 대중을 상대한다면 그때는 좀 더 친절하고 자상한 배려가 요구된다. 수행의 대중화를 꾀한다면 아무 맛 없는 화두를 던져주는 것으로 끝나서는 안 되기 때문이다. 지도자의 친절한 상담이 있어야 하고, 자상한 점검이 있어야 하며, 교학적 이해가 뒷받침되어야 비로소 대중적 호응을 받을 수 있다.

2. 간화 중심의 경직된 수행관

간화선 수행을 대중화하기 위해서는 대중의 근기에 맞게 접근해야 하며, 자상하고 친절해져야 한다는 점을 이미 지적했다. 그리고 수행에서 자상함이란 사실 늘 제자들을 점검하고 지도했던 간화선 수행의 본래 모습을 되찾는 것이기도 하다.[31] 수행자의 편에서 친절해지기 위해서는 간화선이라는 수행법에 대해서 보다 유연하고 개방적인 태도가 요구된다. 따라서 현재와 같이 화두 참구가 출발이요 종착점이라는 경직된 수행관의 변화가 필요하다. 본고에서는 구체적으로 다음과 같은 두 가지 점의 개선을 지적하고자 한다.

---

31) 조사들은 해답을 직접 던져주는 친절은 베풀지 않았다. 하지만 해답을 찾아 바른 길로 갈 수 있도록 끊임없이 제자들과 문답하는 친절을 잊지 않았다.

(1) 수행 기초에 대한 배려

첫째, 화두 참구에 앞서 수행에 대한 기초가 제대로 확립되어야 한다. 근대 한국불교의 선풍을 진작시킨 경허(鏡虛)는 "초가삼간을 짓고자 하더라도 먹줄을 치고 자귀로 깎아내고 자로 재는 공력이 없으면 성취하지 못한다. 하물며 원각대가람(圓覺大伽藍)을 조성하는 데 조성의 이치대로 하지 않고 어찌 성공하겠는가!"[32]라고 말한 바 있다. 그런데 현재의 수행풍토는 깨달음의 큰 집에 대해서 논하는 것에는 그침 없는 고담준론(高談峻論)이 오고 간다. 하지만 어떻게 그 집을 지어야 할 것인지에 대한 과정에 대한 설명은 초라하기 그지없다. 구도행각을 모두 마친 선지식이라면 '원각대가람이란 아무것도 짓지 않는 이 자리가 바로 대가람'이라고 말할 수 있다. 하지만 처음 참선을 하고자 하는 사람에게 그렇게 접근하는 것은 곤란하다. 그에게는 어떤 서까래와 들보를 준비하고, 주초(柱礎)는 어떻게 놓을 것인지와 같은 문제에 대해서도 세밀함과 친절함이 요구된다.

지금의 수행 풍토는 수행하겠다는 사람에게 좌법(坐法)은 어떻게 하는지, 수인(手印)은 어떻게 하며 법계정인(法界定印)에 담긴 함의는 무엇인지, 호흡은 어떻게 해야 하며, 졸음이 올 때는 어떻게 해야 할 것인지와 같이 수행어서 가장 기초적인 방법론에 대한 설명이 생략되어 있다. 『백유경』에는 집을 지으면서 1층은 생략한 채 2층부터 짓는 사람에 대한 비유가 나온다. 그런데 오늘날 간화선의 수행풍토가 이와 유사한 측면을 보여주고 있다. 간화선에서는 항상 행주좌와(行住坐臥) 어묵동정(語默動靜)에서 화두만 잘 들면 된다고만 할 뿐 어떻게 화두

---

32) 경허, 『鏡虛集』, 극락선원, 1990, p.14

일념(話頭一念)이 되도록 할 것인지에 대한 설명은 없기 때문이다.

수행에 대한 이 같은 태도는 수행을 관념화시킬 위험이 높다. 수행은 나름의 격식을 통해 몸과 마음을 통제하는 것이다. 신심일여(身心一如)를 인정한다면 수행은 몸을 다스리는 것을 통해 마음을 다스리는 과정이며, 마음의 평화를 통해 육신의 건강을 유지하는 것이기도 하다. 그래서 조신(調身)과 조식(調息)을 이야기한 다음에 조심(調心)을 논한다. 특히 천태지의는 "몸을 다스리는 것, 호흡을 다스리는 것, 마음을 다스리는 것, 이 세 가지는 함께 활용해야 하며 따로 설명할 수 없다"[33]고 했다.

이처럼 수행이 몸과 호흡과 마음이라는 세 가지 주제를 함께 다루는 것이 되면 수행의 과정은 구체적이고 명료해지며, 스스로의 변화를 몸으로 느끼는 수행이 된다. 하지만 현재의 수행은 이런 과정들이 모두 간과된 채 오직 화두만을 강조하기 때문에 수행 자체가 모호해지며 관념적으로 흐르기 쉽다. 앞서 지적했듯이 간화선이 기초적 과정을 모두 거친 특출한 선기(禪機)를 제접하는 경절문(徑截門)이라면 단도직입(單刀直入)하는 것이 타당하다. 실제로 『전등록(傳燈錄)』에 나오는 선사들의 경우는 대개가 이런 사례에 해당한다. 하지만 수행을 처음 접하는 사람들을 대상으로 간화선을 보급하려 한다면 충분한 사전 준비와 절차에 대한 세심한 배려도 뒤따라야 한다.

화두를 논하기에 앞서 앉는 법에 대해서도 잘 가르쳐야 하고, 호흡하는 법에 대해서도 비중 있게 다루어야 하며, 연기와 중도와 같은 교학과 선어록에 대해서도 균형 있게 접근해야 한다. 다시 말해서 일정

---

33) 天台智顗, 『修習止觀坐禪法要』(大正藏46, p.465b), "三調身 四調息 五調心 此三應 合用不得別說."

정도의 단계에 이르기까지 수행의 절차와 과정에 대한 방법이 체계적으로 설정되어야 한다. 기복적 신행이 장엄한 의례를 갖고 있듯이 수행자에게도 수행에 필요한 적절한 의례가 필요하다. 수행자에게 의례는 바로 수행의 절차와 과정이다. 따라서 종교적 의례에 해당하는 수행절차와 과정에 대한 진지한 교육이 진행될 때 수행자들에게 수행이 친절하고 자상해질 수 있다. 현재의 상황은 이런 것들에 대해 지나치게 무관심했음을 지적하지 않을 수 없다. 너무 오랫동안 무관심한 결과 이제 선방에서 수십 년 안거를 보낸 납자들조차도 초학자를 지도하는 것에 서툴 수밖에 없는 현상이 나타나고 있다.

(2) 간화선 이외 수행법에 대한 개방적 태도

둘째, 간화선이 보다 광범위한 대중에게 다가서기 위해서는 간화선 이외의 다른 수행법에 대해서도 관용적이며, 때로는 적극적으로 영향을 주고받을 필요가 있다. 만약 화두 드는 것이 수행의 전부였다면 중국 선종에서 왜 수많은 가풍(家風)이 등장했겠는가? 다시 말해서 역대 조사들이 끝없이 행각(行脚)하고, 선지식을 찾아다녔다는 것은 화두만 들면 모든 것이 저절로 되는 것이 아니라는 사실을 일깨워준다. 다양한 방법으로 제자들을 제접했던 선의 황금기에 나타났던 모습은 한 가지 고착화된 방법에 매몰되는 것이 수행의 전부가 아님을 깨닫게 한다. 이렇게 본다면 무조건 화두만 들면 된다거나, 간화선은 그 자체로 완전무결한 최고의 수행법이라는 경직된 수행관은 재고되어야 할 것이다.

흔히 간화선 하면 송대의 문헌에서 사상적 근거를 찾고 대혜와 『서장(書狀)』을 통해 모든 것을 해결하려는 경향이 있다. 그러나 송대의 수행방식으로 현대인을 묶어 두려 하는 것은 바람직하지 못할 뿐더러 간화선의 창조적인 발전을 위해서도 도움이 되지 못한다. 때로는 의학적 방법론도 활용하고, 정신분석학이나 심리치료의 방법도 필요하다면 과감히 도입할 필요가 있다. 목적은 달을 보게 하는 데 있는 것이지 손가락으로 달을 가리키느냐 지팡이로 달을 가리키느냐에 있지 않다. 어쩌면 우리는 달을 가리키는 방식은 오직 하나뿐이라는 법집(法執)에 사로잡혀 달보다 수단에 집착하지 않았는지 반문해 보아야 할 때가 왔다.

종단에서 펴낸 『간화선』에서는 간화선이 최상인 이유에 대해 '조사선의 전통을 잘 간직하고 있고' '모든 것을 다 갖추고 일체의 행을 이루되 거기에 걸림이 없으며' '조사선의 정신을 충실하게 잇고 있고 조사선의 가장 발달된 형태인 화두 참구법'이기 때문이라고 했다.34) 물론 간화선은 조사선의 전통을 간직하고 있다는 측면에서 최상일지 모른다. 하지만 대중을 지도하는 데서도 최상의 방법인지에 대해서는 반문이 필요하다. 최상의 수행법은 중생에게 평화로운 삶을 주고, 깨달음의 열매를 영글게 해주는 것이다. 따라서 간화선 전통을 내세우며 그것만이 최상의 수행법이라고 고집하는 것은 선의 정신에도 맞지 않는다.

간화선이 최상의 수행법인 이유가 "어디에도 머무는 바 없이 마음을 내는 게 선이고, 응무소주 이생기심(應無所住而生其心)하는 것"35)이라면 간화선 자체를 절대화하는 것 역시 간화선의 정신에 위배된다. 간화선 자체는 자신을 잉태하고 보듬어 온 불교적 전통과 당대의 풍토를 비판적으로 극복하고자 하는 역동성을 보여주었기 때문이다. 만약 간화선이 간화선의 현대적 변화를 허용치 않고, 시대가 변하고 상황이 달라졌음에도 전통적 간화선의 범주 안에만 머물러 있으라고 요구한다면 이것은 무심(無心)도 아니고 평상심(平常心)도 아니며 무주심(無

---

34) 대한불교조계종 교육원, 『간화선』, pp.76-77
35) 위의 책, p.76

住心)도 될 수 없다.

최근에는 종교적 진리에 대한 유일성을 강조하는 기독교에서조차 다원주의를 이야기하고 있다. 자신이 믿고 받드는 것만이 유일한 전통이라는 고집을 버리고 차이와 다양성을 인정하는 것이 다원주의적 관점이다. 이런 관점은 비단 종교 간의 문제에만 국한되는 것은 아니다. 한 종교 내에서도 특정한 교리와 전통을 절대화하는 것 역시 극복되어야 할 태도가 아닐 수 없다. "생각이 없음〔無念〕을 종지로 삼고, 모양이 없음〔無相〕을 체로 삼으며, 머무름이 없음〔無住〕을 근본으로 삼는다"[36]는 『육조단경』의 내용은 '이것만이 옳고 절대적이다'라는 고착화된 인식을 버리라는 것이다. 그래서 혜능은 "모든 법(法) 가운데서 생각생각 머물지 않으면 속박이 없어지므로 머무름이 없음을 근본으로 삼는다"고 했다.[37] 따라서 '이것만이 정통이다'라는 법(法)에 대한 과도한 확신은 오히려 불교의 자유로운 변화와 대중적 확산을 가로막는 속박이 될 수 있음을 간과해서는 안 된다.

수행을 대중화하겠다고 했을 때 중요한 것은 특정한 수행법에 대한 우수성뿐만 아니라 대중의 상황을 정확히 읽고 그에 맞는 유용한 방법론을 고민하는 것이다. 환자를 진단하고 병에 맞는 약을 처방하는 것이 순서이기 때문이다. 어떤 측면에서 보면 수백 년 전에 조제된 약을 모든 환자에게 일률적으로 처방하는 것은 불교적 방법이 될 수 없다. 아무리 뛰어난 가르침일지라도 고정불변의 틀로 고착화되면 그것은 또 하나의 억압적 틀로 돌변하기 때문이다. 따라서 간화선의 전통을

---

36) 『六祖大師法寶壇經』, (大正藏48, p.352c), "無念爲宗 無相爲體 無住爲本."
37) 『六祖大師法寶壇經』, (大正藏48, p.352c), "於諸法上 念念不住 卽無縛也. 此是以無住爲本."

어떻게 이 시대와 대중에게 맞게 적용할 것인가에 대해서도 유연한 태도가 필요하다. 수행의 효과를 높이는 데 필요하다면 위빠사나의 방법도 활용하고, 의학적 지식이나 상담심리학과 같은 방법도 활용되어야 할 것이다. 우리는 간화선의 전통 속에 수행했던 틱낫한 스님이 플럼빌리지에서 택한 수행법을 유심히 관찰할 필요가 있다. 임제종 출신이었던 틱낫한 스님이 대중을 접하면서 체계화한 수행법은 위빠사나의 요소를 과감하게 채용한 것이었다. 그렇다면 그동안 우리가 고집해 왔던 화두 일변도의 수행법도 반성해 볼 필요가 있다. 어떻게 하면 화두수행을 보다 완성도 높은 수행법으로 활용하여 달을 보게 할 것인가를 고민해야 하기 때문이다.

만약 수행법이 하나로 고착화되어 있는 것이라면 화두선이 등장하는 것도 허용될 수 없다. 간화선은 기존의 수행전통을 비판하며 등장한 것이기 때문이다. 나아가 전통을 지킨다는 것이 수행의 외형적 틀을 지키는 것이라면 간화선 자체도 정통성을 인정받을 수 없다. 간화선은 부처님께서 하셨던 수행법이 아니기 때문이다. 따라서 간화선을 인정한다는 것은 수행법의 창조적 변용을 인정한다는 것을 의미한다. 변화된 환경과 시대상황에 따라 수행법은 변용될 수 있어야 한다. 그러므로 간화선이 기존의 수행전통을 극복하며 등장했듯이 오늘날 수행법도 간화선의 정체성을 해치지 않는 범위 내에서 변용을 허용해야 한다.

현사사비(玄沙師備)는 "불도는 탁 트여 있어 정해진 길이 없으니, 아무 방법도 쓰지 않아야 해탈에 이르는 방편이며, 어떠한 마음도 내지 않아야 도인의 마음이다. 또한 불법은 과거 현재 미래라는 시간 속에 있지 않음으로 흥망성쇠가 없다. 그러므로 어떤 것이라도 세웠다 하면 진(眞)에서 어긋나니, 인위조작에 속하는 법이 아니기 때문이다"[38]라고 했다. 간화선도 고착화된 틀이 될 때 간화선은 빈곤해질 것이며, 대중으로부터 소외될 위험이 높다. 불교는 역사와 지역적 맥락 속에서 유연하게 변모해 왔지만 불법의 본지가 훼손되지 않았다. 간화선 역시 시대적 상황에 따라 적절한 변화와 응용이 가해질 때 비로소 풍부해지고 대중과 함께하는 수행법으로 자리 잡을 수 있을 것이다.

3. 선학(禪學)과 실참(實參)의 재결합

흔히 선(禪) 하면 사교입선(捨敎入禪)을 떠올리고, 선의 사상적 배경이 되는 교를 배척하는 것으로 생각하는 경향이 짙다. 하지만 달마는 '교에 의지하여 종지를 깨닫는다〔藉敎悟宗〕'[39]고 했다. 선(禪)과 교(敎)를 대립적 관계로 보지 않고 상호보완적 관계로 이해했음을 보여준다. 태고보우(太古普愚) 역시 선과 교의 깊고 얕음을 묻는 납자에게 "교는 선으로 본성을 알고 선은 교로 심원을 깨닫는다. 부질없는 사람들이 선과 교의 깊고 얕음을 헛되이 말한다"[40]고 꾸짖었다. 올바른 수행을 목적으로 하고 있다면 "교가 선이며 선이 교인 것은 마치 얼음이 곧 물이고 물이 곧 얼음인 것과 같다"[41]고 주장했다.

수좌들에게 경전 보지 말라는 것으로 유명한 성철 스님도 "우리가 앞으로 공부를 하면서 이론과 실천이 병행되어야 합니다. 경전을 배우면서 참선을 하고, 참선을 하면서 경전을 배우고 조사어록을 읽어야 합니다"[42]라며 선과 교의 상보적 관계에 대해 강조했다. 따라서 선과

---

38) 『玄沙師備禪師廣錄』(卍續藏73, p.15a), "上堂云 佛道閑曠 無有程途 無門解脫之門 無意爲人之意 不在三際 故不可特沈 建立乖眞 非屬造化."

39) 『楞伽師資記』(大正藏85, p.1285a)

40) 太古普愚, 『虛應堂集』(韓佛全 7冊, p.539下), "講得默觀知性本 默從喧講悟心眞 吁嗟 逐末虛頭客 敎淺禪深妄指陣."

41) 太古普愚, 『虛應堂集』(韓佛全 7冊, p.539下), "敎卽是禪禪卽敎 氷應元水水元氷."

교는 깨달음이라는 목적을 위해 병행되고 각각 본래의 역할을 담당할 때 오히려 교는 실천이 없는 관념성을 극복하게 되고 선은 이론이 없는 한계를 벗어날 수 있다.[43] 깨달음을 중심으로 선과 교를 바라보면 선과 교는 상호 차별적 관계를 넘어 이론과 실천으로 통일되어야 할 관계로 드러난다. 그래서 청허는 "문자에 집착하지 않는다면 경전 한 권을 다 읽어도 좋다"[44]고 했다. 선에서 교와 이론이 방해되는 것은 문자에 집착하는 병통 때문이지 교와 이론에 문제가 있어서가 아니라는 것이다.

그런데 현재 한국 불교계의 상황은 수행을 강조하면 교학은 고사하고 어록이나 선학(禪學)에 대한 이해마저도 도외시하려는 경향이 존재한다. 만약 불립문자(不立文字)와 교외별전(敎外別傳)이 교학과 선에 대한 단절의 근거로 이해된다면 선은 주관적 환상 속에서 헤매게 될 위험성이 높다. 이 같은 문제를 극복하기 위해 수행과 선학의 유기적 접목이 필요하다. 선학은 수행의 대중화와 살아 있는 선(禪)을 위해 연구되고, 수행은 선학의 연구 결과를 바탕으로 전통성과 사상적 내용을 담보해야 한다. 이렇게 할 때 선학은 실천이 없는 관념성을 극복할 수 있고, 실참은 사상적 내용성을 담아낼 수 있다. 따라서 지도자의 양성, 대중적 수행 프로그램의 개발 등 수행문화의 지속적인 발전을 위해서는 선학과 실참의 유기적인 접목이 요구된다.

아쉽게도 현재 상황은 학계와 수행이 별개처럼 움직인다. 오히려 서로 반목하고 무시하는 풍조까지 엿볼 수 있다. 수행자는 학자들을 향해

---

42) 성철, 『百日法門』上, 장경각, p.43
43) 서재영, 「性徹 스님의 『百日法門』에 나타난 禪教觀」, 『한국불교학결집대회자료집』 1권, 2002, p.349
44) 淸虛, 『禪教釋』, (『韓佛全』7, p.654 中), "大抵百草頭上 有活底祖師意 至於罵燕 常談實相法 況我金剛一句乎. 不著文字則可讀一卷經也"

"앉아 봤냐?"라는 반문으로 학문적 성과에 강한 의구심을 나타낸다. 반면 학자들은 수행의 교학적 객관성에 대해 의문을 표시한다. 이런 배타적 구조로는 수행의 대중화나 선의 현대적 적응을 기대할 수 없다. 이를 극복하기 위해서는 선학과 수행이 상호 보완적 관계로 설정되어야한다. 선학의 연구 방향 자체가 실참실수(實參實修)를 위한 방향으로 바뀌어야 하며, 수행 역시 선학의 연구 성과들을 반영할 수 있는 유연한 자세가 필요하다.

IV. 수행의 대중화를 위한 종단적 과제

1. 재가자 전용 수행관의 건립과 운영

만해는 1913년 발간된 『조선불교유신론』에서 선풍진작을 위해 자신의 의견을 피력한 바 있다. 즉 "전국의 선실의 재산을 합쳐서 큰 규모의 선학관(禪學館)을 세울 것, 선의 이치에 밝은 사람을 초청하여 지도자로 삼을 것, 참가를 희망하는 사람은 승속(僧俗)을 가리지 않고 다 수용하되 모집할 때에 일정한 방법으로 시험을 부과할 것"[45] 등을 주장했다. 만해의 주장은 백 년에 가까운 시차를 두고 있지만 여전히 유효한 내용을 찾아볼 수 있다.

(1) 재가 전용 수행도량의 건립

---

45) 한용운, 『조선불교유신론』, (운주사, 1992), pp.56-57

혜능은 "법은 원래 세간에 있어서 세간에서 세간을 벗어나나니 세간을 떠나지 말며, 밖에서 출세간의 법을 구하지 말라"[46]고 했다. 이는 수행이 어느 특정한 수행공간에서만 진행되는 것이 아님을 의미한다. 그래서 혜능은 "만약 세간에서 도를 닦더라도 일체가 다 방해되지 않나니 항상 자기의 허물을 드러내면 도와 더불어 서로 합하게 된다"[47]고 했다. 하지만 역사적으로 볼 때 수많은 수행자들이 모여 동산법문(東山法門)이라는 선림(禪林)을 이루면서 비로소 본격적인 선종의 발전이 시작되었다. 수행이 장소에 있는 것은 아니지만 수많은 납자들이 운집해 있는 치열한 구도열 속에서 선법은 홍성했다.

재가자의 수행 역시 이와 같은 조건에서 예외적일 수 없다. 비록 재가에서 생활하는 대중을 대상으로 하는 수행이지만 수행대중으로 조직되지 않고, 올바로 지도되지 않는다면 바른 수행이 될 수 없다. 따라서 수행의 대중화를 위해서는 만해가 주장한 것처럼 종단차원에서 재가자를 위한 전용 수행도량의 건립이 필요하다. 물론 현재에도 몇몇 사찰에는 시민선방이 모범적으로 운영되고 있다. 하지만 대개의 경우 사찰에 딸린 시민선방은 사찰의 부가적 시설일 뿐 전문적으로 수행 프로그램을 진행하는 공간으로 보기는 어렵다. 또 스님들이 수행하는 선방의 경우 출가와 재가의 엄격한 신분적 격차 때문에 재가자는 고려의 대상에서 제외되는 경우가 많다. 따라서 재가자들의 수행을 위한 수행도량을 건립하고 재가자들의 상황에 맞는 청규와 프로그램을 제정해야 한다.

물론 수행관은 기존사찰을 활용해도 무방하다. 다만 재가자 참선도

---

46) 『六祖壇經』(大正藏48, p.341a), "法元在世間 於世出世間 勿離世間上 外求出世間."
47) 『六祖壇經』(大正藏48, p.341a), "世間若修道 一切盡不妨 常現在己過 與道卽相當."

량으로 지정된 도량은 수행 프로그램을 운영하고 지도하는 것에 초점이 맞춰져야 하고 종단적 지원이 뒤따라야 한다. 그렇지 않으면 불사와 기타 사중의 상황에 따라 뒷전으로 밀려날 공산이 크기 때문이다. 그리고 참가자들의 편의를 도모하기 위해서는 적어도 각 도별로 한 개정도의 수행도량이 갖춰져야 할 것이다. 이렇게 창건된 수행도량의 위상은 지역적 거점이 되고, 각 단위 사찰별로 조직되는 수행단체들을 지도하는 중심이 되어야 한다.

(2) 도량별로 특화된 수행 프로그램의 운영

수행 도량이 갖춰지면 각 도량에 적합한 수행 프로그램이 마련되어야 한다. 여기에는 종단적 통일성과 개별 수행관의 상황에 걸맞은 독창성이 보장되어야 한다. 즉 건립되는 모든 수행도량의 프로그램을 획일적으로 개발할 것이 아니라 복합적으로 구성할 필요가 있다. 효율적인 진행을 위해 기초반과 정규반과 같이 참여 대중의 수행경력에 따라 반을 구분하는 것도 중요하다. 기초반의 경우 초심자들을 중심으로 운영되는 것인 만큼 이들을 대상으로 한 프로그램은 전체 수행관이 동일한 내용으로 진행되어야 한다. 모두가 일불제자(一佛弟子)라는 연대의식을 고취하고 공통의 목표의식, 공통의 종지(宗旨)를 받드는 종단적 통일성을 확보하는 것이 필요하기 때문이다.

다음으로 정규반의 경우 각각의 수행도량에 맞는 특색 있는 프로그램을 마련하는 것이 필요하다. 예를 들어 오종가풍(五宗家風)이나 구산선문(九山禪門)과 같은 형식을 빌어서 수행관의 명칭을 정하고, 수행 프로그램도 그에 걸맞게 조직될 필요가 있다. 예를 들어 여타 수행법과 접목된 간화선 프로그램을 운영하는 도량이 있는가 하면, 어떤 도량에서는 전통적인 수행법을 엄격하게 진행하는 도량도 필요하다.

수행 도량에 따른 수행 프로그램의 다양화는 가풍(家風)의 독창성을 중시했던 조사선(祖師禪)의 특징을 되살리는 것이기도 하다.

나아가 이것은 수행 참가자들에게 그들의 근기와 기호에 맞는 수행을 선택할 수 있는 기회를 제공할 수 있는 장점이 있다. 모든 수행 프로그램을 동일하게 구성할 경우 어느 한곳에 참석해 보고 적성에 맞지 않으면 수행 자체를 포기할 위험이 높다. 하지만 다양화된 수행 프로그램이 준비되어 있을 경우 수행자들에게 자신에게 맞는 수행법을 찾아 떠날 수 있는 기회를 제공할 수 있다. 어느 한곳에서 기연(機緣)을 만나지 못하더라도 또 다른 선지식을 찾아 행각을 계속했던 옛 수행자들처럼 실패가 또 다른 구도(求道)의 동기로 작동될 수 있도록 프로그램을 구성할 필요가 있다.

기초반과 정규반이 참여 대중의 수행경력에 근거한 구분이었다면 기초반을 수료한 사람들이 비정기적으로 참여할 수 있는 다양한 시간대별 프로그램도 필요하다. 예를 들어 주말반은 1박 2일 짧은 일정 동안 해당 수행도량의 가풍을 압축적으로 체험할 수 있는 프로그램으로 진행한다. 그리고 1주일 내지 1개월짜리 단기반과 전통적 방식과 동일한 안거반(安居班)을 두어 선방과 동일하게 안거하고 해제하는 프로그램도 필요하다. 이처럼 수행도량 마다 특화된 수행 프로그램은 수행관의 입장에서 보면 전문화된 수행법과 특화된 도량을 건설할 수 있는 장점이 있다. 나아가 수행도량 간에 선의의 경쟁과 발전을 유도할 수 있는 이점도 발생한다. 반면 수행자의 입장에서 보면 수행이 하나의 구도행각으로 설정되어 계절별로, 지역별로 구도여행을 떠날 수 있는 기회를 제공할 수 있다.

(3) 눈 밝은 스승의 지도와 점검

만해는 "선을 닦는 데 있어서는 다 일정한 시간적 통제가 있어서 산만에 흐르지 못하게 해야 하며, 다달이 혹은 청강(聽講)을 하기도 하고 혹은 토론을 벌이기도 하여, 한편으로는 참선의 정도를 시험하고, 한편으로는 각자의 지식을 교환케 하는 것"[48]을 제안했다. 마찬가지로 도량과 프로그램이 갖춰지는 것만으로도 수행풍토의 대중화에 큰 효과를 볼 수 있겠지만 수행에서 실질적인 내용성을 담보하기 위해서는 만해의 주장처럼 눈 밝은 지도자의 지도가 필요하다. 현재의 상황은 일부 시민선방을 제외하고 대부분의 경우 선지식이 어디에 있는지, 누가 선지식인지 알 길이 없다. 하지만 재가 수행관에서는 기초과정을 거치고 전문반으로 승격할 때 해당 수행관에 주석하는 스승을 찾아가 직접 화두를 타고 참구할 수 있는 과정이 시스템화 되어야 한다.

그리고 지도자는 화두를 주는 것에 그치지 않고 정기적으로 수행을 점검하고 지도하는 것이 정착되어야 한다. 주말반이나 단기반 참여자는 해제에 앞서 스승을 만나 점검을 받고 일상적 수행에 대한 지도를 받고 퇴실하게 한다. 전문반이나 안거반의 경우 매주 정해진 날 개인별 점검 시간을 두어 지도자와 면담하고 점검하는 수행풍토가 자리 잡아야 한다.

물론 이런 과정이 아직 시행되지 못했기 때문에 당장에는 큰 효과를 거두기 어려울 것으로 예상된다. 수행관에 상주할 스님을 구하는 것도 쉽지 않을 것이고, 선지식을 위촉한다는 것도 쉽지 않을 것이다. 따라서 수행을 통해 보살행을 실천하겠다고 발심한 스님들의 자발적인 듯

---

48) 한용운, 『조선불교유신론』, (운주사, 1992), pp.56-57

참이 무엇보다 필요하다. 비록 제방의 큰스님은 아니라고 할지라도 바른 수행풍토를 조성하겠다는 신심견고한 수행자라면 회를 거듭할수록 현장의 체험을 통해 지도력이 향상될 것이다. 나아가 이 같은 수행과정을 지도하는 봉사활동 자체를 수행이력으로 평가해 나간다면 수행관과 수행 프로그램을 통해서 자연히 수준 높은 간화선 지도사가 양성될 것으로 기대된다.

2. 종단 차원의 표준 프로그램의 개발

한국불교의 일반적 특징은 초하루 보름 법회를 중심으로 불자들의 신행이 짜여 있다는 것이다. 자식이 입시를 치른다든지 집안에 우환이 생겼을 때는 기복적 신행이 효과적일 수 있다. 하지만 그런 문제가 해소되었을 때는 기원중심의 신행은 목표를 상실하기 쉽다. 이런 문제를 극복하기 위해서는 신행 프로그램의 체계화가 필요하다. 기복적 신행은 위기상황에만 간절하게 찾는 경향이 짙다. 하지만 건강한 일상을 유지하고 삶의 바른 의미를 찾도록 하기 위해서는 일상적 수행 프로그램이 제시되어야 한다.

수행관을 중심으로 진행되는 특화된 수행 프로그램 외에 종단적 차원에서 설정한 표준 수행 프로그램의 마련이 요구된다. 현재 재가자를 위한 수행 프로그램은 최근 종단에서 실시하고 있는 조계종 간화선 입문프로그램과 몇몇 사찰을 제외하면 일반 불자를 대상으로 한 보편적인 수행 프로그램이 전무한 실정이다. 따라서 단위 사찰이나 소규모 수행모임에 활용될 수 있는 표준적 수행 프로그램의 마련이 요구된다. 물론 선종은 가풍(家風)의 독창성을 존중하지만 이 부분은 독립된 수행관을 통해 소화될 수 있다. 일반 대중을 위한 프로그램은 어디서나 소통될 수 있는 조계종 공통의 표준화된 내용을 담보해야 한다.

수행 프로그램이 표준화되지 못하면 수행의 순결성 내지는 정통성을 담보하는 데 어려움이 따른다. 수행은 내면적 문제이므로 정도(正道)를 확립하지 못하면 관념적 유희로 빠지거나 자칫 잘못하면 사도(邪道)로 빠질 위험이 높다. 그러므로 수행의 대중화라고 했을 때에는 표준적인 절차와 과정에 따라 지도가 진행되어야 한다. 그렇게 하지 않으면 수행이 지나치게 개별적이고 내밀해 져서 사법(邪法)으로 흐르고, 선의 본지가 왜곡될 소지가 높다.[49] 따라서 수행이 이 같은 흐름으로 빠지지 않고 올바르게 진행되기 위해서는 현재 자신이 서 있는 과정을 스스로가 인지할 수 있는 표준화된 과정과 절차가 명료해 져야 한다. 물론 수준이 높아졌을 때는 틀에 박힌 제도를 벗어나 자유롭게 행각(行脚)하고 참방하게 해도 무방할 것이다. 그러나 그것은 어디까지나 기초가 닦여진 이후의 문제이지 처음부터 생사광야(生死曠野)를 방황케 하는 것은 바람직하지 않다. 이것은 스스로 기연을 찾고, 스스로 선지식을 찾아 행각한다는 명분으로 수행자를 방치하는 것이나 다름없다.

3. 표준화된 수행 지침서의 마련

수행 프로그램과 결부되는 것이 바로 수행 지침서 내지는 수행 매뉴얼이다. 현재는 수행과 관련된 종단의 공식적 입장을 밝히는 책이 전

---

49) 이렇게 될 경우 겉으로는 수행을 내세우지만 안으로는 혹세무민(惑世誣民)하는 경우가 발생해도 이를 통제하고 조정할 방법이 없다. 지금도 인터넷에서는 수행을 내세우면서 정사(正邪)의 경계를 넘나드는 모임들이 적지 않다. 이들은 더러는 신비주의와 결합하기도 하고, 더러는 영생불사(永生不死)나 무병장수(無病長壽) 같은 양생법(養生法)으로 수행을 호도하기도 한다.

무하다시피 했다. 최근 들어 조계종에서 『간화선』과 『간화선 입문』이 잇따라 발간된 것은 그나마 다행한 일이다. 그동안 표준적인 프로그램과 수행 지침서의 부재는 수행을 어렵고 신비적인 것으로 만들어 왔다. 아무도 수행을 어떻게 하는 것인지 말해주지도 않았으며, 지도해주지도 않았기 때문이다. 여기서 신비주의가 개입하고, 사법(邪法)이 수행이란 이름으로 활개를 치게 된다.

수행의 대중화를 도모한다면 일정한 수준을 갖춘 지도자를 양성하는 것은 물론 통일된 수행 지침서를 준비해야 한다. 그리고 그 내용은 사상적 내용에 대한 형이상학적 설명에 그칠 것이 아니라 일정 정도의 교육을 이수한 사람이라면 수행 지침서에 따라 스스로 수행을 할 수 있도록 구성되어야 한다. 물론 처음부터 완성된 매뉴얼이 나올 수는 없다. 종단적 차원에서 마련된 수행 매뉴얼은 실제 수행도량에서 검증받고 보완하는 과정을 그친다면 머지않아 구체적이고 친절한 매뉴얼이 마련될 것이다.

간화선 역시 예전에는 공안집(公案集)이 있었고, 수많은 조사들의 어록(語錄)이 수행 지침서의 역할을 했다. 그래서 화두를 들 때조차 옛 성인의 공안에서 들어야 한다고 강조했다. 하지만 최근 들어서 이들 문헌들이 현대적 감각으로 다시 정리되지 못했다. 설사 출판된 책이 있다 할지라도 그것은 종단적 차원의 감수나 큰스님들의 검증을 거치지 않은 것이 대부분이었다. 이는 그동안 발간된 수행 지침서가 종단 밖에서 생산되고 유통되었다는 것을 의미한다. 따라서 이들 지침서를 통해 정법을 기대하기란 애초에 어려운 측면도 있었다. 더러는 불교적 내용에 철저하지 못한 수행 지침서들로 인해 오히려 수행이 왜곡되는 현상마저 나타났던 것도 사실이다.

수행의 대중화를 위해서는 좌법은 어떻게 하는지, 수행할 때 마음가

짐은 어떠한지, 수행에서 화두(話頭)의 기능은 무엇인지, 망상이 생겼을 때는 어떻게 다스릴 것인지와 같이 구체적인 문제에 대해 조사어록과 선전(禪典)에 근거해서 친절한 지침서를 작성해야 한다. 그러기 위해서는 수행그룹을 운영하면서 터득한 현장의 경험과 노하우가 중요한 기준이 되어야 할 것이다. 무문혜개(無門慧開)는『무문관』을 편찬하면서 문자(文字)에 대해 '문 두드리는 기와조각〔門瓦子〕[50]'이라고 비유했다. 문자가 문을 여는 행위는 아니지만 문자를 통해 깨달음의 문을 두드리는 도구로 삼겠다는 것이다. 그렇다면 문자로 정리된 수행지침서의 역할은 정법의 도량으로 들어갈 수 있도록 하는 '문와자(門瓦子)'의 기능을 하게 만드는 것이다.

4. 지도자 양성 프로그램의 개발과 운영

간화선 수행은 스승의 지도와 점검이 필수적이다. "스승이 법을 설하고, 고함을 치고, 눈썹을 치켜 올리며, 방망이를 휘두르는 행위를 통해 마음을 바로 보고 깨닫는다. …(중략)… 이 같은 모든 행위나 기연은 언어와 사량을 떠나 살아 있는 마음의 당처를 바로 보여주는 법문"[51]이기 때문이다. 그러나 현재 우리의 수행풍토는 스승과 제자 간의 살아 있는 문답이 오고 가거나, 자상한 점검이 없다. 따라서 친절하게 수행대중을 지도 검점하는 수행풍토를 만들기 위해서는 간화선 지도사 양성과정의 운영이 필수적이다.[52] 다행히 조계종 차원에서 간화

---

50)『禪宗無門關』(大正藏48, p.292b), "因衲子請益 遂將古人公案 作敲門瓦子."
51) 대한불교조계종 교육원,『간화선』, 조계종출판사, 2005, p.58
52) 수행을 지도할 수 있는 지도사의 명칭을 둘러싸고 여러 가지 논란이 발생했다고 한다. 그것이 정말 이름에 대한 문제라면 이견의 당사자들이 한자리에 도여 합리적인 대안

선 지도자 양성 프로그램을 이미 착수하였고, 안팎으로 많은 관심을 불러 모으고 있는 것은 고무적인 현상이다.

그러나 지도자 양성과정이 체계적이고 지속성을 갖기 위해서는 제도적 틀을 갖추거나 기존의 전문 교육기관과 연대하는 것도 필요하다. 예를 들어 동국대 선학과와 같이 이 분야에 특화된 교육기관과 공동으로 지도자 양성 프로젝트를 개발하고 운영한다면 보다 효과적이고 지속적인 사업 진척이 기대된다. 간화선 지도자는 전통에만 매몰되어 현대인들의 요구를 무시해서도 안 되며, 대중의 요구에 영합해서 수행의 전통적 정체성을 잃어서도 안 될 문제다. 지도자의 품성은 교학과 수행을 겸비하고 체계적으로 수행법을 체득할 것을 요구한다. 물론 지도자 양성과정은 실제적인 수행 프로그램에 참여하여 현장 경험을 쌓는 것도 중요한 교육과정 가운데 하나가 되어야 한다. 이런 과정을 거쳐 배출된 인력은 종단적 차원에서 각 수행 도량에 파견하고, 본사급 사찰에 배치하여 실질적으로 간화선 대중화에 기여할 수 있는 기회를 주어야 한다.

V. 맺음말

현재 조계종에서 추진하고 있는 바와 같이 간화선이 한국불교의 대중적 수행법으로 정착된다면 이는 한국불교의 신행체계를 혁신하는 결과를 가져올 것이다. 수행이 대중화된다는 것은 타력적 믿음과 현세

을 모색하면 될 것이다.

적 기복을 토대로 행해지고 있는 한국불교의 정체성을 바꿔 놓을 것이기 때문이다. 그러나 이것이 성공하기 위해서는 시대적 상황에 걸맞도록 간화선을 튜닝하는 과정이 요구된다. 물론 5백 년의 줄기찬 억불과 근대 시기의 어려운 종단 여건을 감안할 때 아직도 간화선풍이 전승되고 있다는 사실은 감사할 일이다. 간화선의 본고장인 중국에서마저 종적을 감춘 수행법이라는 점을 생각하면 더욱 그렇다. 이런 맥락에서 보면 여전히 간화선에 대해 토론하고 대중화를 고민하게 해준 역대조사들에 대한 고마움이란 영가현각의 표현처럼 "뼈가 가루가 되고 몸이 부서져도 다 갚을 수 없는 은혜"[53]임이 분명하다.

그러나 그 은혜를 올바로 갚는 것은 간화선의 오랜 전통을 유지하는 것에 안주하는 것이 아니라 살아 있는 전통이 될 수 있도록 생명을 불어넣는 것이다. 조계종에서 발간한 『간화선』에서는 "근기가 낮은 이라도 단박에 깨치는 조사선의 가르침을 듣고 밖으로 치닫던 뜻을 거두고 이 순간 이 자리에서 자기 본성을 살핀다면 이런 사람이 바로 상근기"[54]라고 밝히고 있다. 이는 간화선의 높이는 변함없고 중생이 스스로의 눈높이를 높여야만 간화선과 만날 수 있음을 의미한다. 그러나 수행이 대중화되기 위해서는 대중에게 높은 안목을 요구하기 전에 대중의 눈높이에 맞는 수행법이 제시되어야 한다. 이것이 갖가지 방편(方便)을 시설하신 부처님의 자비에 부합하는 일이며, 병에 따라 약을 처방하는 대의왕(大醫王)의 치료법이기 때문이다. 따라서 간화선을 대중화한다고 했을 때 우리는 간화선이 가지고 있는 전통성, 경절문으로서의 특성에 대해 일정 정도 양보할 각오도 필요하다. 유연한 태도로

---

53) 『永嘉證道歌』 (大正藏48, p.396c), "粉骨碎身未足酬."
54) 대한불교조계종 교육원, 『간화선』, 조계종출판사, 2005, p.79

여타의 수행법도 흡수해야 한다는 주장은 이런 맥락을 반영한 것이다.

경절문이라는 간화선의 분류에서도 알 수 있듯이 간화선은 늘 대중적 관심사를 초월해 있었던 것이 사실이다. 따라서 서로 눈높이가 다른 간화선과 대중이 만나기 위해서는 이 둘을 매개하는 새로운 접점을 형성하는 것이 중요하다. 이는 대중과 수행이 폭넓게 만날 수 있는 인터페이스를 어떻게 설계할 것인가라는 문제와 결부된다. 논점을 명료화하기 위해 전통적 간화선을 도스(DOS)로 비유해 볼 수 있다. 도스라는 운영체제는 낮은 시스템 자원으로도 즉각적이고 신속한 반응을 보인다. 하지만 사용자 인터페이스가 지나치게 전문적이기 때문에 대중성을 확보하기가 쉽지 않다. 반면 윈도우즈(Windows)는 비록 같은 시스템 자원이라고 할지라도 더디고 늦게 작동한다. 그러나 도스와 비교할 수 없는 편리한 인터페이스를 제공했기 때문에 보다 많은 사람들에게 시스템을 운영할 수 있는 기회를 부여했다.

결국 간화선이 대중화되고자 한다면 도스체제를 고집할 것이 아니라 대중적 인터페이스를 갖추는 것이 요구된다. 물론 그렇게 되면 이것저것 부차적인 것들이 필요하고 속도도 느려져서 간명직절(簡明直截)이라는 간화선의 특성이 다소 약화될 수도 있을 것이다. 그러나 수행은 궁극적 깨달음을 여는 길이기도 하지만 대중을 인도하는 방편이기도 하다. 비록 수행법이 온전하다고 할지라도 그것에 대중성이 결여되어 있다면 광도중생(廣度衆生)이라는 불교적 이상을 가로막는 장애가 아닐 수 없다. 그런 점에서 간화선의 역사와 전통을 지켜야 한다는 순혈주의적 태도를 경계하지 않을 수 없다. 불교는 순혈주의를 고집하지 않았기 때문에 중국의 토양에서 건강하게 뿌리내릴 수 있었고, 동아시아의 중심적 종교로 자리 잡을 수 있었다. 만약 불교가 인도적 전통에 연연하고 근본을 고집했더라면 오늘날 동아시아의 불교는 존재하지 않았을지도 모를 일이다.

　현대사회에서 문화적 창조의 원천으로 떠오른 것 중에 하나가 컨버 전스(convergence)이다. 융합과 복합은 전통의 소멸이나 잡탕을 만들어 내는 것이 아니라 새로운 것을 창조해내고 있기 때문이다. 마찬가지로 간화선도 대중화되기 위해서는 현재적 요소들을 흡수하고 재조합해서 대중에게 알맞은 모습으로 변화되어야 한다. 그것도 대중이 원할 때 그 들의 요구와 기호를 놓치지 말아야 한다. 그런 점에서 본고에서 논의한 것은 간화선의 정통성에 대한 논의가 아니라 대중에게 어떻게 다가갈 것인가에 대한 문제를 중점적으로 고찰해 보았다. 과거를 위한 간화선 이 아니라 현재와 미래를 위한 간화선을 고민할 것을 대중이 요구하고 있기 때문이다.

 서재영

　동국대학교 불교대학 선학과를 졸업하고 동대학원에서 「禪의 생태철학 연구」로 박사학위를 받았다. 의상·만해연구원 전문연구위원, 동국대 불교문화견구원의 전 임연구원과 연구교수를 지냈다. 불교텔레비전 제작국 PD로 근무했으며, 불교신문 논설위원, 『불교평론』 편집위원, 한국선학회 운영위원장 등을 지냈다. 98년부터 인 터넷 포교 사이트 '서재영의 불교기초교리 강좌(www.buruna.org)'를 운영해 왔으 며, 2003년 포교대상 특별상을 수상했다. 저서로 『선의 생태철학』이 있으며, 「승려 의 입성금지 해제와 근대불교의 전개」, 「생태위기의 극복을 위한 선적(禪的) 실천의 당위」, 「선(禪)의 불성관과 생명의 내재적 가치」, 「성철 스님의 백일법문에 나타난 선교관」 등 20여 편의 논문이 있다. 현재 조계종 교육원 불학연구소 선임연구원으로 있다.

동아시아 불교의 간화선과 사회인식

조명제 ┃ 조계종 불학연구소 상임연구원

I. 머리말

주지하듯이 모든 종교는 초월적인 세계를 지향한다. 성과 속의 이분법에 따르면 현실 세계가 모순과 질곡으로 가득 찬 고통스런 세계라면, 그와 달리 종교가 지향하는 이상적인 세계는 영원하고 성스러운 세계이다. 그러므로 모든 종교에서는 현실 세계에 대한 관심이나 이해보다 초월적인 세계에 대한 관심이 앞서는 게 일반적인 것처럼 보인다.

그러나 표면적인 구도와 달리 종교가 현실에 대한 무관심으로 일관하는 것은 결코 아니다. 오히려 현실의 고통과 모순이 극대화될수록 종교의 가치가 빛을 내게 되며, 그것은 종교가 제시하는 이상적인 세계란 결국 인간 구원(또는 해방)이라는 방향과 무관한 것이 아니기 때문이다. 그러한 구원이 내세적이고 관념적이라는 비판을 받더라도, 종교가 추구하는 세계가 인간 구원이라는 사실이야말로 종교가 결코 현실 사회와 무관할 수 없다는 방증이 되는 것이다.

불교의 경우도 마찬가지가 아닌가 한다. 얼핏 보면 불교는 다른 종교보다도 세속의 가치를 부정하는 것처럼 보인다. 그러나 불교가 제시하는 연기의 세계관이 허무적인 논리가 아니듯이, 불교에 개인의 구원이나 사회적인 구원이 활발하게 제시된 것은 원시불교 이후 불교의 역사가 웅변하고 있다.

그럼에도 불구하고, 현재의 불교는 출세간적인 이미지, 현실과는 담을 쌓고 지내는 듯한 모습으로 보이는 것도 사실이다. 특히 한국불교를 사상적으로 대표한다는 간화선의 경우 그러한 이미지가 대단히 강하다. 과연 간화선은 초월적인 깨달음의 세계만을 지향하는 것일까? 현실 세계와의 상호 관계나 사회에 대한 인식이 존재하지 않는 것일까? 나아가 간화선의 의미나 유용성은 어떻게 평가할 수 있을까? 현재 간화선을 추구하는 선승이나 관련 저작에는 그러한 문제에 답하거나 의문을 제시하는 것이 거의 보이지 않는다. 현재의 한국 불교계만을 대상으로 보게 되면 얼핏 절망감에 빠질 수도 있을 것이다.

그러나 시각을 좀 더 넓고 다양하게 가져 볼 필요가 있다. 먼저 간화선이 탄생한 남송대의 시대 상황에서 간화선이 지닌 역사적, 사상적 의의가 무엇인가에 대한 문제라든지, 이후 동아시아 불교사에서 간화선이 전개되면서 어떠한 위상을 갖고 있는가에 대한 역사적인 검토가 필요한 것이 아닌가 한다. 그러한 과정에서, 특히 간화선을 정점으로 불교는 더 이상의 이론적, 실천적 발전이 제시되지 못하였다는 객관적, 역사적 사실을 어떻게 받아들여야 하는가도 냉정하게 바라볼 필요가 있다. 나아가 현재의 시점에서 간화선의 문제와 방향성을 검토하기 위해서는 근대사회에서 불교가 어떻게 존재하였는지, 나아가 탈근대와의 방향 모색과 어떻게 연관되는지에 대한 문제제기가 필요한 것이 아닌가 한다.

물론, 이러한 거대 담론의 문제에 대해 필자가 정리하고 해답을 제시할 만큼의 역량을 갖춘 것은 아니다. 다만 그러한 문제의식을 제시하고, 나름의 방향 모색에 대한 고민을 제시함으로써 이 방면에 문제를 공유하는 분들과 함께 고민해 보는 계기가 되지 않을까 생각한다.

II. 전근대 동아시아의 간화선과 현실 대응

1. 南宋代 大慧의 현실 인식과 간화선

주지하듯이 간화선은 남송 임제종의 大慧宗杲(1089~1163)에 의해 완성되었다. 그런데 大慧가 간화선을 제시하고 표방하는 주요 대상이 士大夫라는 사실과 함께 그가 생애를 보냈던 남송의 역사적 상황, 나아가 그의 적극적인 현실 참여는 보통의 선승이 갖는 이미지와 전혀 다르다. 이러한 세 가지 요소가 삼위일체가 되어 드러나는 사실을 감안한다면, 간화선을 좁은 의미의 선 수행 방법론으로 한정하는 것에 일정한 의문을 갖지 않을 수 없다. 먼저 그가 살았던 남송의 사회적 현실이 어떠하였는지, 그와 관련하여 그의 현실 인식이 어떻게 드러나는지, 아울러 그것이 어떠한 사상적 기반에서 연유하는 것인지에 대해서 살펴보기로 한다.

대혜가 주로 활동하던 南宋의 시대적 상황은 1126년 정강의 변 이후 화북 지역을 완전히 상실하고 강남 지역으로 패퇴할 만큼 국가적 위기가 고조되던 시기였다. 남송 왕조는 금과 계속 교전 상태에 있다가 紹興 12년(1142)에 체결된 紹興和議를 통해 일종의 휴전 상태에 들어갔다. 그런데 당시 남송의 지배층은 금과 화의할 것을 주장하는 主和派와 적극적인 대응을 촉구하며 강경책을 주장한 主戰派로 나뉘어 대립하고 있었다. 秦檜 등에 의해 제기된 주화론은 명분보다는 현실적으로 금과의 전쟁 수행능력이 부족하고, 실리가 없으므로 금과 화의정책을 추진해야 한다고 주장하였다. 반면 張浚, 韓世忠, 岳飛 등에 의해 표방된 주전론은 금에 대한 강한 불신감을 전제로 하여 주로 화의의 폐해에 대해 공격하였고, 北伐論을 주장할 정도로 금에 대해 강경

한 입장을 갖고 있었다. 주전론은 이념적인 기반으로서 대체로 華와 夷에 대한 차별적인 구분을 강조하는 華夷論을 표방하였다.[1]

이러한 남송대의 정치 상황에서 대혜는 주전파와 밀접한 관계를 갖고, 적극적으로 주전론을 주장함으로써 주화파의 진회로부터 정치적 탄압을 받게 된다. 즉 신비궁 사건을 계기로,[2] 그는 16년간의 긴 유배 생활을 하게 되었던 것이다. 그는 유배 시기에도 사대부와의 교유를 계속하면서, 그들에게 간화선 수행을 지도하였다. 따라서 구분별의 세계를 지향하는 선승들의 일반적인 입장과 달리 대혜는 현실적인 역사적 상황을 회피하지 않고 당시의 정치적 현실에 깊숙이 관여하였던 것이다. 그러면 일반적인 선승과 달리 대혜가 강한 현실참여적인 성향을 드러내는 것과 그의 사상체계의 근간을 이루는 간화선과는 어떠한 관계를 갖고 있을까?

송대의 선종은 국가불교적인 성격이 강화되어 감으로써 세속에 순응하고, 국가에 협력하는 방향으로 나아갔다.[3] 더욱이 선종의 입장에서는 사대부가 거사이면서도 선승에 뒤지지 않는 깨달음을 얻었던 경우가 적지 않을 만큼 선종의 최대의 후원자이면서 수요자였기 때문에 그들의 입장이나 사상적 동향을 의식하지 않을 수 없었다. 즉 송대의 사대부는 단순히 선종에 대한 최대의 후원자라는 차원이 아니라 그들과의 관계가 각 종파의 성쇠를 좌우할 만큼 사회적, 사상적 영향력을 갖고 있었던 것이다.

따라서 소흥 7년(1137) 대혜가 경산에 처음 주석한 이후 간화선이

---

1) 寺地遵,『南宋初期政治史研究』, 溪水社, 1988
2) 『宋史』권374「張九成傳」(『宋史』33책, 中華書局, 11579쪽) 및 『大慧年譜』紹興 11년(『禪藏』32, 674쪽)
3) 鏡島元隆,「南宋禪林の一考察」『道元禪師とその門流』, 誠信書房, 1961

본격적으로 전개되는 것은[4] 이러한 국가불교적인 성향이나 사대부와의 관계가 크게 작용하였던 것이다. 흔히 선사상사에서 대혜선이 갖는 특징에 대해 간화선의 대성과 함께 선의 가르침을 출가자로부터 재가자에 전하였던 것이라고 지적하지만, 실은 그 이상의 사회적, 사상적 영향을 고려하지 않을 수 없다. 아울러 이러한 대혜의 사상적 특징이 그의 개인적 성향에 그친 것이 아니라는 데 주의할 필요가 있을 것이다. 주지하듯이 임제종 양기파는 북송 말에 이르러 불교계에서 그 교세를 확장시키면서 급격하게 부상하였는데, 그 배경으로는 무엇보다도 현실지향적 성향과 밀접한 관련을 갖고 있었다. 즉 북송말까지 번성하였던 임제종 황룡파가 온건적, 소극적이었던 것에 반해서, 양기파는 당시 금의 침입에 따른 대외적 위기가 고조되는 속에서 주전론을 주장하여 국수주의적, 국가주의적 경향을 표방함으로써 고위 관료를 중심으로 한 당시 사대부의 정치적 후원을 받아 급격히 부상하였다.[5]

따라서 대혜의 현실 인식과 적극적인 실천적 경향은 양기파의 현실지향적 성향과 관련되며, 그러한 경향이 대혜의 간화선을 통해 더욱 확산되어 갔던 것이다. 그러므로 대혜의 간화선은 남송 초기의 역사적 상황과 밀접한 관계를 갖고 형성되었던 것이며, 그러한 현실적 상황과 조건에 따라 사대부를 중심으로 한 사회적 후원층이자 수요층에게 다가가기 위한 사상적인 논리와 방법론을 제시하였던 것이다. 그러면 그러한 논리가 어떻게 드러났는가에 대해 살펴보기로 하자.

대혜가 汪應辰에게 준 편지에서 그는 仁義禮智信이라고 하는 개별 덕행의 수학과 본성에 따르는 것은 한 가지〔一味〕이고, 따라서 수학의

---

4) 石井修道, 「虎丘紹隆と大慧宗杲」, 『仏教史學研究』 第25卷 第1号, 1982.12.
5) 阿部肇一, 『中國禪宗史の研究』(증정판), 研文出版, 1986, 504~568쪽 참조.

방법에는 사람의 賢愚에 따른 차별이 있어도, 수학의 본질은 만인평등이라고 한다. 이어 수학의 목적은 그 차별의 극복에 두어져야만 하고, 性 그것에 작위를 가하는 것이 아니고, 여기에만 수학과 견성을 일체화했던 공부의 성립이 가능하다고 한다. 이 글은 일상적인 생활 속에서 참선 수행하는 것이 가능하며, 그러한 일상성을 강조하는 논리를 제시하고 있다.[6] 이는 그가 "일상의 도를 세우는 것이 모두 그대로 바른 도리를 따르는 것이고, 진실의 모습과 다른 것이 없다"[7]고 설파한 데에서도 잘 드러난다. 특히 마지막 부분에서 그는 '無字' 話頭를 항상 行住坐臥하는 곳, 독서하는 경우, 仁義禮智信을 닦는 경우, 어른을 시봉하는 경우, 학도를 가르치는 경우, 식사하는 경우 등 일상생활의 어떤 곳이든지 참구하라고 강조하고 있다.

대혜는 사대부에게 참선 수행을 지도하면서 늘 선이 추구하는 궁극적인 진리[佛法]란 일상 속에 있다고 강조한다.[8] 이러한 논리는 사대부에게 현실 생활 중에서 부지런히 화두 참구를 통해 수행하면 출가하지 않아도 능히 깨달음을 이룰 수 있다고 제시한 것과 같이 그들의 현실적인 입장과 요구를 잘 대변해주는 것이다. 나아가 이러한 입장은 佛法과 世間法의 일치라고 하는 논리로 이어지고 있다.

즉 대혜는 아들의 죽음을 맞은 汪藻에게 준 편지에서 슬픔의 정을 끝까지 깊게 하여, 그 정을 뚫고 나가는 곳에 저절로 안주의 경지가 열리는 것을 설한다. 즉 그는 아버지와 아들은 하늘이 준 성분이 같기 때

---

6) 「答汪狀元」, 『大慧語錄』 권28(『선장』 32, 571쪽)
7) 이는 본래 『雲門錄』 卷中에 나오는 구절이나, 그것도 본래 『법화경』 「法師功德品」을 근거로 한 것이다. 다만, 여기서는 당시 『능엄경』의 장수자선의 注가 유행함에 따라 그 말을 대혜가 사용했던 것으로 추측된다. 이에 대해서는 石井修道, 『禪語錄』(『大乘佛典』 卷12, 中央公論社, 1992) 487쪽 및 注179을 참조.
8) 「示妙證居士」, 『大慧語錄』 권19(『선장』 32, 401쪽)

문에 부자간에 누가 죽었는데도 번민도 생각도 하지 않는 것은 불가능하다고 반문하고, 통곡해야 할 때에도 울지 않고, 생각해야 할 때에도 하지 않는다면, 그것은 일부러 天理에 거슬러 天性을 절멸시키고자 하는 것이라고 강조하고 있다. 여기서 대혜가 제시하고자 하는 불법과 세간법의 일치관도 주목되지만, 그러한 논리의 증명으로서 유교적 세계관을 제시하고 있는 것도 눈에 띈다.[9]

이러한 불법과 세간법의 일치는 결국 유교와 불교가 일치한다는 논리를 중심으로 三教一致說에 이르게 된다. 즉 대혜는 유교, 불교, 도교는 모두 성인이 세운 가르침으로서 내용의 차이는 있지만, 그 도가 일치한다고 역설한다. 또한 사대부가 불교를 비판하지만, 실은 불교의 가르침도 현실 정치에 도움이 되는 것도 많다고 주장한다.[10] 이러한 논리가 모두 총체적으로 제시되는 것이 충의심과 보리심의 일치라는 주장이다.

대혜는 먼저 유불도 삼교의 성인의 가르침이 하나하나 사람에게 묻지 않아도 사사물물에 확실히 도가 드러나 있고, 선을 권하고 악을 경계하며, 사람의 마음의 씀씀이를 바로 하는 것이라고 제시한다. 계속해서 마음의 사용법이 바르지 않으면 사악한 마음이 되고, 단지 자기 이익만으로 치달리고, 마음의 사용법이 바르면 忠義心이 되고, 단지 理에만 따른다. 따라서 忠義의 마음이 청정한 본성으로부터 나온 것이고, 간사한 사람의 마음은 濁穢한 본성으로부터 나온다고 한다. 이어 보리심이 곧 충의심이고, 그 이름이 다르지만, 그 본체는 같다고 하고, 더욱이 그 자신이 승려임에도 불구하고, 愛君憂國의 마음은 忠義士大

9) 「答汪內翰又」『大慧語錄』권27(『선장』32, 556쪽)
10) 「示張太尉益之」『大慧普覺禪師法語』(『선장』32, 453쪽)

夫와 마찬가지라고 강조하였다. 그런데 여기서 보리심이란 불도를 구하고, 열반의 깨달음으로 향해 가는 마음이고, 道心이라고 할 수 있다. 즉 이는 불교의 궁극적인 깨달음이고, 특히 대혜에게는 간화선의 수행을 통한 궁극적인 깨달음이다. 따라서 불교의 궁극적인 깨달음의 세계와 그 본질이 현실적, 정치적 생활에 구현하고자 하는 세속적인 가치와 동질적인 것이라고 하는 논리에 이르는 것이다.[11]

나아가 마지막 단락에서 擴充說이 제시되는 것은 대단히 주목된다. 원래 이것은 『孟子』「公孫丑篇」에서 인용한 것으로, 孟子의 유명한 四端說 가운데 나오는 내용이다.[12] 맹자에 의하면 인간이라면 누구라도 갖고 있는 연민하는 마음이 仁의 싹이고, 악한 것을 싫어하는 마음이 義의 싹이고, 서로 양보하는 마음이 禮의 싹이고, 선악을 분별하는 마음이 智의 싹이다. 인간에게 이 네 가지 싹이 있는 것은 곧 네 손발과 같이 태어나면서 갖추고 있는 것이고, 이 네 싹을 확충해 가면 마침내 세계를 평온하게 다스릴 수 있는 훌륭한 덕이 될 것이라고 한다. 대혜가 이러한 맹자의 확충설을 인용한 것은 유교와 불교가 지향하는 마음의 구조와 수행이 같다고 하는 의미를 강조하고 싶었기 때문이다.

그러므로 이 법어는 유불일치설을 강조하면서도 결국 사대부에게 대혜 스스로 충군애국하는 마음을 역설하고, 나아가 그러한 충의심과 간화선을 통한 궁극적인 깨달음인 보리심이 같다고 주장할 만큼 대혜의 선사상은 적극적인 현실 실천의 방향으로 일관한 논리체계를 제시하고 있다. 이러한 면은 대혜가 주위로부터 다양한 비방을 받고 있던 榮侍郎에 대해 준 글에서 다시 한 번 비약된다.

---

11) 「示成機宜季恭」, 『大慧普覺禪師法語』(『선장』 권32, 480~484쪽)
12) 石井修道, 앞의 책, 488쪽 참조.

즉 그는 역순경계에서 힘을 쏟을 때에 그것이 경전에 "이 深心으로 무수한 국토에 봉사한다. 이것이 國恩에 보답하는 것이다"라고 설하고 있다.[13] 그런데 이는 『능엄경』 권3에서 인용한 것이지만, 원문에서 "佛恩"이라고 한 것을 대혜가 "國恩"이라고 표현한 것이 주목된다. 즉 대혜는 화두 참구에 집중할 때처럼 국은을 잊지 말고 늘 주상이 기용한 뜻, 바로 신하가 가져야 될 忠君愛國의 자세를 잠시라도 잊지 말 것을 강조하였다. 이는 사대부에게 화두 참구의 궁극적인 목적이나 방향이 출가수행자와 같이 깨달음에만 있는 것이 아니라, 사대부의 현실적인 입장이자 궁극적인 지향인 충군애국과 통한다는 것을 강조하는 것이라 하겠다. 이와 같이 대혜는 철두철미하게 간화선 수행을 강조하면서도 그 궁극적인 방향을 사대부가 놓인 역사적, 사회적 현실에 돌아갈 것을 역설하고 있다.

이러한 경향은 결국 당시 金의 침공과 북송의 멸망, 그리고 남송지배층의 和戰兩論의 대립이라고 하는 시대적 상황과 밀접히 관련되는 것이며, 대혜가 완성하고 전개했던 간화선은 깨달음의 즉시대성 또는 역사적 충족성이라고 하는 성격을 충실히 반영하였음을 보여주고 있다. 즉 세간법과 佛法과의 일체화를 통해 불법이란 스스로 사회적 본분을 다하는 당처에서 깨달음을 실현하는 것이 가능하다고 생각하였기 때문이며, 그러한 사상적 측면을 갖고 있으므로 사대부에게 크게 환영받았던 것이다.[14]

대혜의 간화선은 그 성립과정이나 전개과정에서 북송대 이후 전개되어 왔던 선사상의 흐름을 계승하여 완성되었던 것이라는 사실은 두

---

13) 「答榮侍郞又」, 『大慧語錄』 권30(『선장』 32, 601~602쪽)
14) 荒木見悟, 『大慧書』, 筑摩書房, 1969, 257~258쪽

말할 나위 없다. 그러나 종래 강조되었던 이러한 측면만이 아니라 당시 시대적 상황과 관련하여, 또한 선종의 후원자이자 수요자인 사대부의 요구에 적합한 선사상으로서 제시된 측면도 무시할 수 없을 만큼 큰 비중을 갖고 있다는 것이다. 다른 예를 찾기 어려울 만큼 그의 어록 곳곳에서 역설되고 있는 유불일치설, 세간법과 불법의 일치, 충의심과 보리심의 일치설 등 적극적이고 실천적인 경향과 깨달음의 즉시대성을 강조하는 논리는 대혜 선사상의 특징이라고 할 수 있다.[15]

따라서 대혜가 스스로 적극적으로 현실에 참여하고 실천적 경향을 강조하였던 것은 단순히 그의 개인적인 성향에 의한 것이라기보다는 그가 북송 말 남송 초기의 시대상황을 직시하고 고민하면서 간화선을 완성하는 과정과 함께 형성되었던 사상체계와 깊이 관련된다고 하겠다. 그러한 사상체계가 반영되어 있기 때문에 대혜의 간화선은 단순히 선종계만이 아니라 사대부 계층에까지 폭넓게 수용되었던 것이며, 나아가 그 사상적 영향력이 이후의 중국선종사만이 아니라 동아시아 일반으로까지 확산되어 갔던 것이다.

2. 高麗 修禪社의 현실 대응과 간화선

주지하듯이 수선사는 지눌이 주도하던 단계에서는 그 후원세력이 지방사회의 鄕吏層과 一般民이었다. 이는 또한 수선사를 주도한 승려들의 출신 성분과도 맥락을 같이하는 것이었다. 그런데 수선사가 2세인 혜심 단계 이후 차츰 그 규모를 확장하면서 최씨정권과의 관계가

---

15) 조명제, 「남송대 대혜의 현실 인식과 간화선」, 『불교학의 해석과 실천』, 불일출판사 2000

본격화되는 모습을 보게 된다. 즉 혜심이 승계의 최고직인 大禪師를 제수받으면서 수선사와 정치권력과의 관계가 이루어지기 시작하였다. 당시의 집정자였던 崔瑀는 자신의 아들인 萬宗과 萬全을 혜심 문하에 출가시켰으며, 寶라는 명목으로 田畓, 山田 및 염전을 수선사에 시납하였다.

따라서 수선사는 최씨정권의 적극적인 지원에 힘입어 대규모의 경제력을 가진 대사원으로 변모하게 되었다. 이러한 경향은 혜심 이후에 더욱 확대되어 4세 混元, 5세 天英 대에 이르러 절정에 달하였다. 그러면 초기 수선사가 지방사회에서 향리층, 일반민의 절대적인 지지를 받고 결사운동이라는 개혁노선을 표방하다가 중앙권력과 결탁되면서 수선사의 성향이 변화된 원인은 무엇일까?

종래 수선사가 최우와 밀착하게 된 계기에 대해서는 최우의 정치적 기반의 안정을 뒷받침할 수 있는 사상적 기반이라든가, 수선사를 지원하던 지방사회의 향리층, 독서층 등의 사회계층을 그들의 지지세력으로 포섭하려는 의도, 그리고 최씨정권의 경제적 기반이 주로 식읍의 명목으로 장악한 서부경남 일대의 田莊과 전라도 해안 지역이었기 때문에 이 지역의 경제적 관리를 원활하게 하기 위한 의도가 동시에 작용한 것으로 파악하였다.

그러나 무엇보다도 수선사의 입장에 서서 최씨정권과 연결하게 된 의도가 밝혀져야 할 것이다. 이러한 문제에 대한 해명은 다각적으로 이루어져야 하겠지만 기본적으로 수선사가 표방한 사상적 경향에서 파악해야 하며, 아울러 수선사의 사회, 경제적 기반과 관련하여 살펴보아야 할 것이다.[16] 그러면 수선사의 사상적 경향을 통해 이러한 문제

---

16) 趙明濟, 「韓國中世禪宗史硏究の動向と課題」(上下), 『普門學報』 第23期, 第24期.

에 접근해 보기로 한다.

지눌이 기존의 보수적이고 귀족적인 불교교단의 모순을 인식하고 불교개혁의 기치를 내건 제1차 정혜결사는 그의 세 번째 깨달음을 전기로 하여 결사의 방향과 틀이 크게 변화하게 된다. 즉 지눌은 1198년 지리산 上無住庵에서 정진하던 중 『大慧語錄』을 보다가 "선은 고요한 곳에도 있지 않고, 시끄러운 곳에도 있지 않으며, 일상 인연에 응하는 곳에도 있지 않고, 생각하고 분별하는 곳에도 있지 않다. 그러나 먼저 고요한 곳이나 시끄러운 곳이나 일상 인연에 응하는 곳이나 생각하고 분별하는 곳을 버리지 않고 참구해야 한다. 그리하여 만일 홀연히 눈이 열리면 비로소 그것이 집안의 일임을 알 수 있느니라"라는 구절에 이르러 크게 깨닫게 되었다.[17]

이와 같이 세 번째 깨달음이라는 전기에 의해 지눌은 이타방편의 새로운 지도 원리를 발견하게 되었으며, 출가자 중심의 정혜결사에서 세속인까지 망라하는 결사를 통해 새로운 불교운동의 대상과 폭을 크게 확대하게 되었던 것이다. 곧 지눌의 현실 사회에 대한 의식이 더욱 적극적이며 확대되는 방향으로 변하였다고 할 수 있다. 그런데 지눌이 현실 사회와의 새로운 관계를 정립하는 데 계기가 되고 나름의 사상체계와 실천 방향을 수립하는 데는 무엇보다도 대혜의 사상적인 영향을 받았던 것이 주목된다. 지눌이 위에서 인용한 『대혜어록』의 구절은 바로 대혜 간화선의 특징인 실천적이고 적극적인 현실 참여로부터 많은 영향을 받았다는 사실을 반영하고 있다. 이러한 경향은 지눌을 계승하여

2004

17) 金君綏 撰, 「昇平府曹溪山松廣寺佛日普照國師碑銘」, 『조선금석총람』 (이하 『금석』으로 줄임)下, 949~953쪽

수선사 2세로서 간화선을 본격적으로 표방하였던 혜심의 경우에도 잘 드러난다.

> 누구나 처음 菩提心을 낼 때는
> 일신의 해탈만을 구하기 위해서가 아니다.
> 바야흐로 전쟁이 날마다 다투어 일어나
> 온 세상 사람들이 괴로이 서로를 죽이고 있건만
> 머리를 숨기어 온전하게 앉아서 스스로 편안함만 즐긴다면
> 지혜는 있으나 자비심이 없으니 어찌 보살이라 하겠는가.
> 감히 바라나니 정성을 모아 鎭兵에 힘쓰시어
> 愛君憂國의 마음을 목마른 듯하라![18]

이 게송은 국가적 위기에 궐기할 것을 공고한 격시의 성격을 띠고 있다. 혜심의 『眞覺國師語錄』에는 진병을 위한 법어가 3번 수록되어 있다.[19] 상당이 연대순으로 수록되어 있는 점으로 볼 때, 3번의 진병법회의 시기는 1227년에서 1230년 사이, 1231년에서 1232년 사이, 1233년 7월로 추정할 수 있다. 위 게송은 제1차 몽고군의 침입이 개시된 시기에 조정에서 사신을 파견하여 행해진 진병법회와 관련된 상황에서 읊은 것으로 추정된다.

그런데 여기서 혜심이 보리심이나 자비로운 마음과 鎭兵, 愛君憂國을 동일한 가치체계로 보고 있다는 사실은 대단히 주목된다. 이는 『대

---

18) 「爲鎭兵作偈告衆」, 『無衣子詩集』 上卷(『한국불교전서』 (이하 『한불전』으로 줄임) 6, 50쪽)
19) 「鎭兵上堂」, (『한불전』 6, 7쪽), 「中使孫元裔請鎭兵上堂」, (『한불전』 6, 12쪽) 「七月自河東還本社慧修棟樑設鎭兵法會」, (『한불전』 6, 14쪽)

혜어록』에서 보리심이 忠義心과 같다고 한다든지, 애군우국 정신을 강조한 것과 동일한 면을 보여준다. 따라서 혜심은 대혜가 표방한 국가의식, 민족의식이라는 현실 인식으로부터 영향을 받았던 것으로 생각된다. 아울러 혜심이 수선사주로서 주로 활동하였던 시기에는 거란의 침략을 자주 받았으며, 그의 말년에는 몽고가 대대적인 공세를 폈기 때문에 고려의 대외적 위기 상황이 고조되던 시기였기 때문에 국가의식, 민족의식이 강조되었던 것으로 생각된다.

이러한 인식은 1227년에 혜심이 『禪門拈頌』을 간행하면서 작성한 서문에서도 드러난다. 『禪門拈頌』은 고려 불교계에서 처음으로 1115則이라는 방대한 공안을 집성한 공안집이다. 그런데 혜심은 간화선에 대한 내용보다는 오히려 고려에서 선종이 국가의 운수를 늘리고 지혜로운 논리로 이웃 군사를 물리쳤으며, 그러한 전통을 토대로 『선문염송』을 간행하는 것이 먼저 국가에 복을 빌기 위한 것이라고 명시하였다.[20] 물론 이러한 방대한 공안집을 편찬하고 간행하기 위한 경제적 후원이 최씨정권과의 밀착에서 기인한 것이기 때문에 정치적 수사를 하지 않을 수 없었겠지만, 어쨌든 그가 구사하는 논리나 사고가 국가의식을 먼저 강조하였던 사실은 주목하지 않을 수 없다.

그런데 이러한 현실 인식에 입각한 진병법회가 단순히 정권의 요구에 의해 일시적으로 설행된 것이 아니라 수선사에서 상시적으로 진행될 수 있는 체계가 갖추어져 있었다. 가령 「常住寶記」에는 국립유향보와 기일보 등을 포함한 잡보에 새로 판부된 6000석을 합쳐 모두 만 석을 밑천으로 삼아 상주보를 구성하였다.[21] 그런데 보 운영을 통한 수입

---

20) 「禪門拈頌集序」(『한불전』 5, 1쪽)
21) 韓基汶, 「寺院의 寶運營」 『高麗寺院의 構造와 機能』, 民族社, 1998 참조.

을 통해 사용하는 용도로서 통상적으로 활용되는 '부처를 공양하고 승려를 기르는' 비용과 함께 '鎭兵과 祝聖' 용도의 자금으로 사용되고 있었다.[22]

또한 혜심의 유교적 소양도 그의 현실 인식과 관련이 있을 것으로 생각된다. 그의 비문에 의하면 혜심은 유학에 대한 이해가 깊었는데,[23] 이러한 면은 그의 시문을 통해서도 잘 드러나고 있다. 가령 관리인 김낭중에게 준 시에서 관리로서의 도는 산속에 와서 편안히 피서나 하며 구할 것이 아니라 공리청평한 직무의 수행 가운데 있는 것이라는 경계를 담은 가르침을 내린 것에서 잘 드러난다.[24] 이 시는 도의 현실성과 현재성을 말한 것이며 우국, 현신, 왕사, 공리청평 등 비불교적 개념을 가진 용어를 통해서 불교적 도를 말하고 있는 점이 특징적이다. 아울러 錦城任太守에게 준 송별시에서 혜심은 『詩經』의 '甘棠'을 들어서 선정을 치하하였다.[25] 이러한 지방관에 대한 청렴결백성의 추구는 지방사회의 모순을 인식한 것에서도 기인하지만 수선사의 주된 단월이었던 지방사회의 향리층, 독서층이나 일반 민들을 의식하였던 것이 아닌가 한다.

또한 혜심은 그의 사형인 유점사의 형선사에게 준 送別詩에서 만물이 같은 종류를 따른다는 하늘의 이치를 말하기 위해 『周易』 '乾卦' 「文言傳」의 구절을 예로 들었다. 이러한 표현은 『주역』의 구절을 차용하여 선가적인 정신경계의 의미를 이면에 담음으로써 심화시킨 것이다.[26]

---

22) 「常住寶記」, 『無衣子詩集』(『한불전』 6, 66쪽)
23) 李奎報 撰, 「高麗國曹溪山第二世故斷俗寺住持修禪社主贈諡眞覺國師碑銘幷序」, 『금석』 上, 464쪽.
24) 「贈金郎中」, 『無衣子詩集』 下卷(『한불전』 6, 57쪽)
　　「憂國憂家正是時 賢臣王事不須辭 避暑未必眞求道 公理淸平道在玆」
25) 「送錦城任太守」, 『無衣子詩集』 下卷(『한불전』 6, 57쪽)

아울러 혜심은 覲親, 즉 출가한 승려가 속가의 부모를 뵈러 가는 것을 적극적으로 권유하였다.[27] 이는 출가 승려에게 적용되는 효의 관념이 유교의 영향을 받았던 것을 잘 드러내고 있다.

이상에서 살펴본 바와 같이 혜심은 당시 대외적 위기와 관련하여 적극적인 현실 인식을 국가의식으로 표방하면서 최씨정권에 협력하는 모습을 드러내고 있다. 이는 확실히 지눌 단계의 수선사 결사운동의 방향과는 모순되는 것이라 할 수 있다. 그러나 적극적인 현실지향성이라는 측면에서는 동일한 인식을 공유한다고 할 수 있으며, 다만 적극적인 실천운동의 대상이 대내적인 모순인가 대외적인 모순인가에 대한 차이가 있을 뿐이었다. 따라서 수선사의 입장으로서는 지눌 말년부터 권력의 입장으로부터 서서히 접근해 오던 최씨정권을 거부하기도 어려운 데다가 대외적인 위기가 가중되는 상황에 이르자 현실적인 타협에 이를 수 있는 명분이 주어졌던 것이 아닌가 한다.[28]

이와 같이 대몽항쟁과정에서 혜심이 적극적으로 표방한 국가의식·민족의식은 수선사에서 하나의 현실 인식이자 현실적인 대응방식으로 자리 잡게 되었으며, 이를 통해 수선사는 최씨정권과 밀착되어 불교계의 중심적인 교단으로 부각되었던 것이다. 나아가 수선사가 대몽항쟁 과정에서 항몽의식을 적극적으로 고취하기 위해 표방한 국가의식은 혜심 이후에도 지속적으로 계승되고 있었다. 즉 수선사 4세인 혼원은 최우에 의해 定慧社 주지와 禪源社 법주가 되었으며, 大禪師에 제수

---

26) 「楡岾逈公見訪書野語送別」 『無衣子詩集』 上卷(『한불전』 6, 50쪽)
27) 「送玉上人覲親」 『無衣子詩集』 下卷(『한불전』 6, 55쪽)
   「大舜慕於知命歲 老萊戲至縱心年 況今親病以書召 何忍留連望昊天」
28) 趙明濟, 「12·13世紀における南宋·高麗禪宗界の現實對應とその思想的基盤」(上,下), 『普門學報』 第18·19期, 臺灣佛光山, 2003.11, 2004.1

되었다. 이어 崔沆의 영향력으로 고종 39년(1252)에 수선사 사주가 되었다. 혼원은 江都에 세워진 최우의 원찰이자 대몽항쟁의 구심점 역할을 수행한 禪源社에 주석하면서 항몽의식을 적극적으로 고취하였다. 이어 5세인 天英은 고종 35년(1248)에 최우에 의해 禪師에 제수되고, 斷俗寺 주지가 되면서 본격적으로 최씨정권과 관계를 맺게 되었다. 이어 그는 최우가 창건한 昌福寺에서 낙성법회를 주맹하고, 선원사 2대 법주로 임명되었다.

아울러 혼원, 천영 등이 최씨정권과 결탁하면서 항몽의식을 고취하는 것은 당시 談禪法會를 통해 조직적이고, 국가적인 차원에서 전개되었다. 담선법회란 고려 초부터 3년에 한 번씩 개최된 국가적인 차원의 정기적인 법회이다.[29] 그런데 이 법회에 대한 국가적인 관심은 대내적으로 선종 사원을 통제하고 왕권을 강화하고자 하는 의도와 함께 대외적으로는 북방의 이민족에 대응하기 위한 의도도 내포되어 있었다.[30] 이러한 성격을 가진 담선법회는 특히 高宗 3년(1216) 거란의 침입 이후 무신정권에 의해 크게 확대되어 普濟寺, 廣明寺, 西普通寺 등에서 매년 개최되기에 이르렀다.[31] 이러한 담선법회를 통해 무신정권은 거란, 몽골 등 대외적인 침략을 격퇴하고 민의 안녕을 기원하였던 것이다.[32]

이와 같이 선원사, 창복사 등 최씨가의 원찰이자 대몽항쟁의 구심점 역할을 한 사원에 수선사 출신 승려들이 주석하고, 당시 국가적 차원에서 거행된 담선법회를 통해 항몽의식을 고취하는 데에 수선사가 앞장서고 있었다. 이는 당시 대외적인 위기에서 수선사가 차지하는 비중

---

29) 『高麗史』 권104, 金方慶傳
30) 李奎報, 「龍潭寺叢林會榜」 『東國李相國集』 권25
31) 李奎報, 「西普通寺行前榜」 『東國李相國集』 권25
32) 李奎報, 「廣明寺禪會設齋請禪文」 『東國李相國集』 권41

과 함께 수선사의 현실적인 지향이 어떠한가를 단적으로 잘 보여준다고 하겠다. 그러나 다른 한편으로 정권과 일정한 거리를 둔 혜심 단계와 달리 혼원, 천영 단계에 이르면 수선사가 완전히 정권과 유착되면서 체제지향적인 성향을 드러냄으로써 결사정신과 완전히 멀어지게되었다.

이상에서 거란, 몽골의 침략에 따른 대외적 위기 상황에서 수선사가 대응하는 양상을 역대 주법들의 사상적 경향이나 수선사의 조직적 대응과 관련하여 살펴보았다. 그 결과 수선사는 몽골의 침략이라는 대외적 위기 상황에서 강한 국가의식, 민족의식을 표방하면서 적극적으로 대응하였던 면모를 살펴볼 수 있었다. 이처럼 수선사가 적극적으로 대외적 위기 상황에 대응하는 경향은 당시 불교계에 일정한 영향을 미쳤으며, 일정한 공감대를 형성했던 것으로 짐작된다.[33]

3. 日本 鎌倉幕府의 대몽항쟁과 간화선

13세기 유라시아 대륙을 석권한 몽골은 대원 우르스를 창건한 쿠빌라이에 의해 대륙만이 아니라 해상로를 통한 세계제국 건설에의 길로 나아가게 된다. 그러한 도정에서 원의 관심은 자연스럽게 일본에까지 미치게 된다. 이른바 文永·弘安의 役이라 불리는 두 차례에 걸친 원의 공격은 역사상 처음으로 일본열도에까지 외국군이 밀려온 사태였다. 일본인의 역사적 기억에는 태평양전쟁과 함께 일본열도까지 침공당한 유례없는 전쟁이었다.

그러면 이러한 시대적 상황에서 일본불교계의 대응, 특히 선종의 경

---

33) 조명제, 「13세기 수선사의 현실 참여와 간화선」『한국선학』 창간호, 2000

우는 어떠하였을까? 가마쿠라시대의 일본불교계에서는 이미 榮西(1141~1215), 道元(1200~1253) 등 선승들이 송에 유학하는 경향이 나타나기 시작하고, 아울러 남송의 말기부터 원초에 걸쳐서는 蘭溪道隆, 兀庵普寧, 無學祖元 등 우수한 선승이 잇달아 일본에 건너갔다. 이들 유학승의 귀국과 도래선승의 활약에 의해 임제종, 조동종이 개창되고 선종이 서서히 부각되고 있었다.

그 가운데 임제종은 막부의 후원에 의해 建長寺, 圓覺寺 등 이른바 鎌倉五山을 개창하고, 도래선승을 적극적으로 초치하였다. 당시 집권자인 北條 가문의 선종 우대정책은 선사상에 대한 그들의 관심이 적지 않은 데에서도 연유하겠지만, 거꾸로 당시 수용된 임제종의 사상이나 선승들의 현실 인식이 막부 권력자에게 커다란 흥미를 끌 만한 요소를 지녔기에 가능한 것이 아닌가 한다.

먼저 도래선승들은 당시 송이 놓인 국내외 상황으로 인해 국가주의적인 경향을 갖고 있었다. 이미 서술한 바와 같이 남송대 이후 선종은 간화선이 주도하는 상황이었으며, 도래선승의 대부분도 임제종 계열이었다. 따라서 현실지향적인 경향을 가진 도래선승들에게 北條정권은 그들의 국가주의적 경향이 구현되는 대상이기도 하였다. 가령 무학조원의 경우 유학과 선의 일치를 설하고 유교 용어를 사용하여 학인을 교도하는 일이 많았다.[34] 그는 주자학에도 깊은 이해를 갖고 있어, 君臣의 명분을 명확하게 하는 사고라든지 국가관념을 확립하여 時宗에게 깊은 영향을 주었다.

그는 時宗에게 참선 수행을 통하여 국가의 집권자로서 국가와 불교를 지키고, 국가의 초석이 될 것을 강조하였다. 더욱이 원의 공격이 본

---

34) 『佛光國師語錄』 권7

격화되자, 時宗이 여러 경전을 血書하면서 무학에게 설법을 요청하자 밀교 기도를 행하였다. 아울러 시종에게 불교의 수호신인 帝釋天이 아수라와 싸우는 것처럼 血書의 經文 一字一句가 神兵으로 변하여 적을 물리친다고 하였다.[35] 이러한 논리는 時宗의 몽골 침략에 대한 대처에 호응하여 일정한 이데올로기를 제공한 것이라 할 수 있다. 이와 같은 현실 인식은 大休에게도 볼 수 있으며, 도래선승들이 남송 말 이후 대륙에서 가진 경험과 정보에 의해 형성된 것으로 보인다.[36]

그런데 이러한 인식은 일본 임제종의 선승들에게도 영향을 미치게 되는데, 당시 대두하였던 神國思想과 결합되어 적극적인 대응의 양상으로 이어진다. 가령 교토의 王傳禪寺의 주지인 東巖慧安은 文永 8년 (1271)에 원의 國書가 도착하여 긴장이 높아지자 石淸水八幡宮에 願文을 바치고 항전의식을 고취시킨다. 특히 그 내용 가운데 일본은 一切神祇가 國界에 가득하기 때문에 신성불가침하다고 하는 국토의 신성시 내지 신비적인 자국우월의식이 담겨 있어 주목된다.[37]

아울러 그는 이러한 신국의식과 함께 또 하나의 자국의식으로서 '弓箭', '兵仗'이 타국보다 우수하다는 표현을 구사하고 있다. 그러면서 그는 武家 즉 막부는 자국과 타국의 사람들이 모두 두려워하는 대상이고, 일본의 武威의 실체라고 한다.[38] 즉 그에게 '일본=강국' 인식이란 가마쿠라막부라는 무사정권의 존재에 그 현실적 근거가 있었다.[39]

---

35) 『佛光國師語錄』 권3
36) 趙明濟, 「12-13世紀韓國·日本における臨濟宗の現實對應と看話禪」 『訪日學術研究者論文集-歷史-』 9, 2006
37) 「東巖慧安願文」 『鎌倉遺文』 제14권 10880호
38) 「東巖慧安意見狀」 『鎌倉遺文』 제14권 10559호
39) 남기학, 「무위를 통해서 본 겸창막부의 성립과 발전」 『동양사연구』 90, 2005
_____, 「일본중세사회의 무사에 대한 인식」 『일본사학연구』 20. 2004

이러한 경향은 당시 일본의 사상적 동향과 밀접히 관련되는 것이지만, 특히 임제종의 현실 대응의 이데올로기로서 제시되었다고 하는 측면에서 주목된다. 혜안과 같이 일본 임제종 선승들이 신국사상 등 강한 국수주의적인 관념을 갖고, 더욱이 武威를 통하여 막부권력을 지지하였던 것이 도래선승과 다른 부분도 있지만 대외적인 위기에 대한 적극적인 대응의 논리와 자세는 임제종의 현실 인식에서 연유한 것이라 할 수 있다.[40]

또한 일본 임제종이 비록 막부권력에 접근하는 형태라는 한계도 갖고 있지만, 적극적인 현실 대응을 통하여 사회적, 문화적 실천을 함으로써 이후 일본사회에 자리 잡고, 더 나아가 일본문화를 주도하는 위치에까지 나아갈 수 있었다. 즉 13세기 후반에서 14세기에 이르는 시기의 일본은 송으로부터 귀화한 선승들과 거꾸로 수백 명에 이르는 入元禪僧들에 의해 새로운 문화가 형성되었다. 이른바 五山文學이라 불리는 것보다 훨씬 범위가 넓은 형태로 전개되었는데, 그 주된 특징은 선승이 중심이 되어 주자학, 역사관, 시문, 서화 등 중원문화의 정수를 도입한 것이다. 이러한 사회문화적 변화에 맞물려 일본의 신불교가 탄생하고, 山水庭園, 喫茶 등 일본 전통문화의 원형이 형성되어 武士와 중간계층에 확산되고 있었던 것이다.

이와 같이 중세일본사상사에서 임제종이 갖는 위상은 베트남의 불교사에서도 확인된다. 베트남의 陳왕조(1225~1400)는 1257년, 1284~1285년, 1287~1288년 등 세 차례에 걸쳐 원의 공격을 경험하였다. 그런데 진왕조의 역대 황제들은 불교를 보호하고 특히 선의 경지를 추구하여 자신들을 大師라 하였다. 특히 仁宗(1258~1308)은 원

---

40) 趙明濟,「中世東アジア禪宗史の課題と展望」『宗教與當代世界學術研討會』, 臺灣, 2003

의 침략을 물리치고 출가하였으며, 임제선을 받아들여 竹林派를 창건할 정도였다. 죽림파의 선은 천봉에 의해 전해진 임제선과 전통적인 無言通派의 선을 결합시켜 월남화한 것으로 간화선의 실천을 지향한 대혜종고를 그 전형으로 하는 것이었다.

즉 남송의 임제종 선승들이 북방민족의 침략에 대응하면서 표방한 국가의식, 민족의식은 고려, 일본, 베트남 역사에서 13세기에 공통적으로 드러나고 있다. 그런데 12, 13세기 동아시아 역사에서 시기적, 지역적 차이에도 불구하고 공통적인 대응방식이나 경향을 드러내게 된 것은 모두 임제종 계열이라는 측면과 함께 간화선이라는 사상적 배경을 공유하고 있음을 쉽게 확인할 수 있다.

Ⅲ. 간화선의 역사적·사상적 한계

앞에서 전근대 동아시아 불교계에서 간화선의 사상적·사회적 역할에 대해서 살펴보았다. 그런데, 간화선이 지닌 적극적인 실천과 현실 대응이라는 사상적 특징은 결코 초시대적, 절대적인 성격을 지닌 것은 아니라는 사실을 염두에 둘 필요가 있다. 오히려 간화선을 표방한 임제종은 그러한 긍정적인 요소만이 아니라 현실적으로 역기능 내지는 부정적인 측면도 내포하고 있었다. 먼저 대혜 이후 중국 사상계의 동향을 통하여 그러한 흐름에 대해 살펴보기로 한다.

본래 선종은 唐末의 변동기에 크게 세력을 확장하였는데, 그것은 선종이 갖는 독립적이고 자립적, 능동적인 성격이 사회에 부합하였기 때문이다. 그러나 송 왕조의 등장과 함께 국가정책의 방향은 불교계를 강력하게 통제하는 것으로 나아갔다. 가령 勅額下賜 제도와 度牒 발행 제도에 의해 사원의 僧尼는 모두 중앙, 지방의 관청에 등록되고, 등록되지 않는 자는 私庵, 私度僧으로서 철폐, 환속되었다. 그러므로 이전 시대와 달리 송대는 국가가 불교교단에 대해 절대적 우위에 서 있었다.[41] 그러면 이러한 국가 정책의 변화에 따라 송대 불교의 사회적 위상은 어떻게 규정되고, 특히 선종의 경우 어떻게 대응하고 있었을까?

불교는 이전과는 달리 황제와 국왕, 귀족들이 귀의하는 대상이 아니라 그 압도적인 권위에 의해 존재를 인정받게 되고, 국가와 황제에 봉사하지 않으면 안 되었다. 수도인 開封의 대표적인 사원인 相國寺에서는 신하들이 황제의 탄생일을 경축하고, 황제의 병의 회복과 戰勝을 기원하였으며, 황제 자신도 자주 祈雨와 祖先에의 報恩佛事를 행하기도 하였다. 이러한 상황은 선종도 마찬가지였다. 선종은 지배층인 사대부 계층에 널리 수용되었지만, 사회적인 지위는 상대적으로 저하되어 갔다. 또한 선종 사원에 황제의 장수와 국가의 평화를 기원하는 祝聖上堂 의식이 성행되었던 것도 국가불교적인 성격을 잘 드러내고 있다.[42] 이러한 국가에의 영합적 태도는 새로운 사회적 변화에 선종이 교단을 유지하기 위해 취하지 않을 수 없었던 고육책이자 자구책이었다.

더욱이 남송시대가 되면 새롭게 官寺의 제도가 도입되어 선종의 사원이 국가체제의 일익을 담당하는 방향으로 더욱 강화되었다. 五山十刹 제도의 실시는 그 전형적인 사례이다.[43] 중국의 관사제도는 六朝時

---

41) 竺沙雅章, 『中國佛敎社會史硏究』, 同朋舍, 1982
   諸戶立雄, 『中國佛敎制度史の硏究』, 平河出版社, 1990
42) 石井修道, 앞의 책(1992), 564쪽
43) 石井修道, 「中國の五山十刹制度について―大乘寺所藏寺傳五山十刹圖を中心として―」『印度學佛 敎學硏究』 제32권 제1호, 1982 ; 「史彌遠と禪宗―如淨の五山入院の背景を中心として―」『宗學硏究』 26, 1984 ; 「中國の五山十刹制度の基礎的硏究」『駒

代부터 비롯되었으며, 수당에 이르러 더욱 성행되었다. 그러나 수도인 임안(杭州)을 중심으로 하는 인근의 사원에 등급을 붙이고, 山號나 寺號를 더하여 국가의 기도도량으로 삼은 5산10찰 제도는 역시 남송 독자의 것이다.[44] 대표적인 禪寺에 대해 국가가 서열화하고, 전국의 고승 가운데 주지를 뽑아 칙임하였다. 이에 선정된 사원은 국가에 의해 그 권위를 인정받았던 반면, 官寺로서의 祝聖 등을 통해 국가에 봉사하는 의무를 지고, 때로는 관에 의한 감찰이 행해졌다. 다만 국가를 위한 기도에 종사하는 것으로 관사는 과세가 감면되었다.

이러한 선종 사원의 관사화[45]는 결국 선승들의 교화 내용이 국가 목적과 결부되어 가는 방향으로 나아가게 되었다. 이는 금의 압박에 시달리던 송 왕조가 민족과 국가의 의식을 고취시키기 위하여 불교를 이용하려고 한 것이다. 따라서 5산10찰 제도는 송대의 선종이 국가에 의해 통제되고 보호되는 국가불교적 성격을 잘 드러내면서 동시에 선종이 불교계의 중심적인 교단으로 자리잡게 되었음을 잘 반영하는 것이다. 나아가 杭州를 중심으로 한 절강 지역에 집중된 5산10찰 제도의 시행은 이 지역을 기반으로 새롭게 성장하던 임제종 양기파가 발전하게 된 배경으로서 작용하였던 것이다.[46]

물론 선종이 국가에 의존하는 체질은 이미 五代十國의 시대에 吳越

澤大學佛教學部論集』 13-16, 1982-1985

44) 五山은 남송 시대에 이미 시행되었으나, 十刹 제도는 원대에 이르러 시행된 것으로 보인다. 이에 대해서는 石井修道, 우의 논문 및 古松崇志, 「元代江南の禪宗と日本五山」 『古典學の現在』 V, 2003 참조.

45) 북송시대에 확립된 양반에 의한 사원운영 그것이 관제에 모방한 것이었지만, 관사의 제가 도입되는 것에 의해 疏, 榜, 啓箚 등으로 공문서를 모방하여 四六騈儷文이 사용되는 것처럼 총림의 官僚化가 더욱 추진되었다.

46) 柳田聖山, 「中國禪宗史」 『禪の歷史-中國-』(講座禪 제3권), 筑摩書房, 1967, 88~104쪽

등에서 형성되었던 것이고, 그것이 송의 통일에 의해 보편화되었다고 간주할 수 있다. 그러나 본래 독립적, 자립적인 정신을 본질로 하는 선에서 그것은 사상적인 자살과도 같은 행위였다. 그런데 보다 본질적인 문제는 왕권의 우위가 통념이 되면, 우수한 인재가 서서히 관료로 흘러가게 되고, 선종계에는 서서히 인재가 몰리지 않는 현상이 확산된다는 것이었다. 가령 晦機元熙(1238~1319), 圭堂居士와 같이 몇 번씩 과거에 낙방하여 출가하였던 경우처럼 과거에 급제할 수 없었던 자가 어쩔 수 없이 선승이 되는 풍조를 낳았던 것이다. 뿐만 아니라 神宗 대에 이르러 재정난으로 인해 空名度牒이 판매되고, 더욱이 紫衣와 賜號를 판매하기에 이르면서 결과적으로 승려에 대한 사회의 평가는 더욱 저하되지 않을 수 없었다.

한편 이러한 선종의 세속화는 총림이나 사원의 운영, 경영에도 변화를 낳게 되었다. 즉 총림의 운영은 주지를 중심으로 하면서 東班, 西班과 같이 직역이 구분되고, 주로 사원의 경영면을 담당하는 동반은 四知事라 불리는 監院, 維那, 典座, 直歲로 구성되었다. 그 외에 장원의 관리와 수세를 담당하는 莊主와 단월을 담당하는 化主의 존재가 중시되어 가는 것은 자급자족적이었던 선종 사원의 경제가 장원경영 및 단월에의 의존이 강화되어 가는 모습을 반영하는 점에서 주목된다.[47]

이러한 선종에서의 직역의 고정화와 함께 上堂, 晚參(小參), 祝聖, 三佛忌 등 年中行事도 서서히 고정적으로 행해져 갔다. 이러한 총림에서 형식화의 진전은 승려의 수행에도 영향을 주게 되어, 본래 수시로 행해지던 주지와의 문답도 상당, 소참, 보설 등 주지가 행하는 설법에 부수적인 형태로 바뀌었다. 이에 따라 제자가 개인적으로 주지를 방문

---

47) 左藤達玄, 「北宋叢林の經濟生活」 『駒澤大學佛敎學部硏究紀要』 25, 1967

하여 의문점을 묻는 入室參請이 중시되었는데, 간화선이 성립하는 배경에는 총림에서의 이러한 수행 방법의 변화도 관련된다그 하겠다.

한편, 사대부 내에서의 선사상의 유행과 영향은 일방적으로 이루어지지 않았고, 거꾸로 선종에도 사회적, 사상적 영향을 미치고 있었다. 무엇보다도 사대부와 선승들과의 교류가 성행되면서 시문과 서예, 회화 등의 소양은 선승에게도 불가피한 것이라고 간주되었다. 물론 선승들은 스스로 깨달음이라는 체험의 표현을 위해서도 문학적인 소양이 필요하였고, 그 결과 선에는 문학적인 요소가 많이 포함되었지만, 사대부와의 교류가 더욱 긴밀하게 이루어지면서 교제의 수단으로서도 시문, 예술 등이 요구되었던 것이다. 이와 같이 사대부사회에 선이 유행하고, 선승과 사대부의 교류가 성행되면서 송대 선종은 총림의 세속화라는 경향이 점차 강화되는 창향으로 나아갔다.

또한 송대에는 신유학이 형성되어 가는 과정에서 불교에 대한 비판논리가 서서히 확산되어 갔다. 당시 과거 관료 가운데 歐陽脩, 李覯와 같이 불교에 비판적인 입장을 취하는 경우가 많았기 때문에 당시 불교를 대표하는 선종은 그들의 비판에 대응하지 않을 수 없었던 것이다. 이러한 대응논리로서 선승들은 불교가 국가에 대해 유익하다고 강조하고, 그 이론적 근거로서는 주로 儒禪一致, 三敎一致의 논리를 제시하였다. 이러한 논리는 佛日契嵩이 구양수 등의 비판에 대등하기 위해 썼던『輔敎編』에 잘 드러난다.

나아가 선승들의 경우 사대부와 교류할 때 유교의 가치는 부정할 수 없고, 유교 그 자체에 대한 지식도 어느 정도 요구되었다. 또 송대는 북방이민족의 외압이 강하고, 특히 남송대에는 華夷思想에 입각한 大義名分論과 양이론이 자주 주창되어, 夷狄의 가르침인 불교에 대한 비난도 강해져 갔기 때문에 그에 대한 대응도 필요하였다. 그러한 측면에서도 儒禪一致와 삼교일치는 대혜종고를 비롯한 많은 선승들이 받아들이고 자주 구사하지 않을 수 없었던 것이다.[48]

이와 같이 송대는 강력한 황제권력을 배경으로 국가주의라는 그림자가 불교계에 강하게 드리우고 있었다. 그러한 경향이 선종의 교단, 의례, 사상 등에 강하게 반영되었던 것이다.[49] 따라서 남송대에 이르러 완성된 간화선도 단순히 대혜라는 개인에 초점을 맞추기보다 송대 선종사의 흐름이 반영된 것이라는 사실을 잊지 말아야 할 것이다. 아울러 간화선이 갖는 적극적인 현실 인식이라는 긍정적인 측면은 다른 한편으로 강한 국가주의라는 측면도 내포되어 있다고 할 수 있다. 현실 대응과 국가주의라는 저울의 두 추가 균형을 유지할 때에는 그런대로 교단의 건강성을 유지할 수 있었지만, 중국불교는 태생적으로 왕권, 국가의 보호라는 틀에 쉽게 안주한데다가, 선종교단의 세속화, 사회 풍조의 변화는 결국 불교가 국가주의, 세속화에 경도되는 방향으로 나아갔다. 그것은 결국 불교가 이후 사상계의 주도권을 상실하고 서서히 몰락의 방향으로 나아간 것을 의미한다.

한편, 고려에서는 간화선이 어떻게 전개되며, 사상사적 위상과 의의를 어떻게 평가할 수 있을까? 고려불교에서 14세기에 이르면 선종이

---

48) 가령 『嘉泰普燈錄』의 편자 雷庵正受(1146~1208)는 황제에게 올린 「進聖宋嘉泰普燈錄上皇帝書」에서 천태종 山外派의 孤山智圓이 주장한 삼교일치설에 강한 공감을 표시하고, 『嘉泰普燈錄』 권22, 23에 聖君 6인, 賢臣 49인 등을 立傳하고 있을 정도이다. 이에 대해서는 「進聖宋嘉泰普燈錄上皇帝書」, 『續藏』 권137, 1~2쪽(石井修道, 「宋代禪宗史の特色—宋代の燈史の系譜をてがかりとして—」 『東洋文化』 83, 2003, 176~179쪽)을 참조하기 바란다.

49) 단적으로 송대에 편찬, 간행된 전등록은 그것이 성립했던 시기의 年號를 붙이고, 入藏을 공인받았다. 이는 한편으로 송 초기에 선종의 권위가 확립되었던 것을 반영하면서도 다른 한편으로 그것이 국가권력(권위)을 통하여 확립되었다는 것은 송대 선종이 국가불교로서의 존재방식이 어떠한가를 잘 보여주고 있다.

명실상부하게 사상계의 주도권을 장악하게 된다. 그러한 경향이 일반화되면서 14세기 후반에 이르러 간화선은 사회 전반적으로 성행된다. 그러나 이 시기의 간화선은 그 발전의 정점에 이르렀고, 서서히 몰락하여 가는 양상을 보이게 된다.[50] 즉 수선사 단계에서 수용된 간화선은 13세기 말에서 14세기 전반기에『몽산법어』,『선요』등 새로운 선적이 수용되고 정착되면서 간화선이 대중화, 정형화되는 방향으로 나아갔다.[51]

그런데 14세기 후반에 이르러 고려 선종계뿐만 아니라 사대부 계층까지 간화선이 성행됨으로써 불교계의 주도권을 장악하지만, 역으로 그 폐단과 한계도 드러나게 되었다. 당시 간화선은 '無字' 화두를 기본적으로 참구하면서 시종일관 의심을 강조한다든지 깨달은 후에는 반드시 선지식의 인가를 받아야 하는 경향이 정형화, 고정화되었다. 이러한 경향은 결국, 고려불교가 간화선 일변도로 흐르게 되었고, 臨濟禪 法統說을 강조하고, 唯心淨土說이 확산되는 방향, 다시 달해 선종 절대화의 방향으로 나아갔다.[52]

이러한 경향은 고려 말 불교사의 흐름과 관련하여 불교의 사회적, 사상적 기능이 축소되고, 불교가 사상적인 한계를 드러내는 현상을 단적으로 드러낸 것이다. 원 간섭기 이후 기존의 불교계는 이미 원 간섭기라는 정치적 현실 속에 타협하고 안주하려는 경향으로 나아갔으며, 그러한 상황에서 선종 절대화의 경향은 간화선 일변도로 나아감으로써 결국 수행 방법론의 다양성을 상실하는 폐단을 가져왔다. 나아가 이러한 경향은 불교의 새로운 단계로의 발전을 기대하기 어렵게 만들

---

50) 조명제,『고려후기 간화선 연구』, 혜안, 2004, 제3장 참조.
51) 조명제,「高麗後期『蒙山法語』의 受容과 看話禪의 展開」『普照思想』12, 1999
        ,「高麗後期『禪要』의 受容과 看話禪의 展開」『한국중세사연구』7, 1999
52)「示樂庵居士念佛略要」『太古和尙語錄』(『한불전』6, 679쪽)

고, 당시 주자학이 수용되면서 척불론이 제기되는 상황에서 불교계가 현실적인 대응을 제대로 할 수 없는 한계를 노출했던 것이다.[53] 이러한 불교계 내부의 사상적 한계나 현실적 기반의 약화는 결국 불교가 사회를 주도할 수 있는 사상체계로서의 위치를 스스로 잃어버리고 주자학으로 전환되어 가는 시대적 조류에 대응할 수 없게 되었던 것이라고 할 수 있다.

이러한 불교의 한계는 사상 그 자체만이 아니라 당시 불교를 주도하였던 선승들의 현실 인식에서도 드러나고 있었다. 가령 당시 대표적인 선승이었던 보우의 행적과 현실 인식에 관련된 문제가 특히 주목된다. 보우의 단월인 채홍철이나 그의 아들인 蔡河中, 金文貴 등은 이른바 권문세족이라는 기득권 세력이었다.[54] 이들은 부원세력이었으며, 대원황제를 위해 축원하는 등 그 역시 부원세력과 마찬가지 입장을 갖고 있었다. 그런데 보우의 이러한 정치지향적인 성향은 공민왕과의 만남을 통해 더욱 표면화되는 모습을 보여주고 있다.[55] 예를 들어 보우가 공민왕에게 한양으로 천도할 것과 구산선문을 통합하자는 건의는 그의 현실 인식이 얼마나 많은 문제를 갖고 있는지가 잘 드러낸다.

즉 보우가 풍수적인 참설로 한양천도론을 제기한 것은 당시 尹澤이 비판한 바와 같이 고려 중기 묘청의 西京遷都論과 같이 다분히 비불교적이고 비합리적인 방향 제시에 그친 것이었다.[56] 아울러 그가 구산선문 통합의 논리적 근거로서 음양설에 입각하여 제시하는 것은 선사라

---

53) 趙明濟, 「高麗末禪宗獨尊傾向的台頭及其在韓國思想史上的意義」(上, 下) 『妙林』 第 15기 6月호, 8月호, 臺灣, 2003
54) 『高麗史』 권108, 蔡洪哲傳
55) 『高麗史』 권38, 恭愍王 元年 5월 丁丑, 『高麗史節要』 권26, 恭愍王 元年 5월
56) 『高麗史』 권106, 尹澤傳

는 그의 입장을 고려한다면 비불교적인 논리인 데다가 전체 불교교단의 문제로 확대하여 개혁적인 방향을 갖지도 못한 것이었다.[57] 따라서 보우의 불교계 개혁은 근본적인 한계를 갖고 있었다.[58]

따라서 고려 말 불교가 몰락한 이유는 교단의 부패, 모순이라는 기본적인 요소도 고려되어야 하겠지만, 근본적으로는 불교가 간화선을 정점으로 그 이상의 발전이 없고, 간화선 일변도의 선종 절대화 경향이 심화되면서 불교의 이론적, 실천적 발전이 이루어지지 못한 데에 기인한다고 하겠다. 이러한 역사적 사실과 결과는 남송, 고려만이 아니라 동아시아 불교문화권의 전체적인 흐름이라는 사실도 간과할 수 없다. 가령 우리의 역사와 비슷한 흐름을 갖고 있는 베트남의 경우 15세기에 黎朝가 성립하면서 본격적으로 朱子學을 수용하면서 유교 중심사회로 전환되어 가면서 불교는 사상계의 주도권을 점차 상실하게 되었다.[59]

또한 일본의 경우에도 17세기 이후 주자학을 중심으로 국학, 고학 등이 대두하고 불교는 실질적으로 사상계의 주도권을 상실하게 된다. 각국의 다양한 역사적, 사회적 구조의 차이를 감안하더라도 당시 동아시아 전체는 근세사회로 전환되는 단계에서 주자학 중심의 유교사회로 진행된다는 사실이다. 아울러 그러한 거대한 역사적 흐름 속에서 불교는 사상계의 중심에서 사라지고, 단순히 종교적, 신앙적 의미만을

---

57) 조명제, 「麗末鮮初 禪僧들의 현실 인식과 성리학에 대한 대응」, 『한국중세사연구』 9 2000
58) 『高麗史』 권39 恭愍王 5年 5月 乙酉.
   보우가 구산선문을 통합할 것을 건의하자 공민왕은 廣明寺에 圓融府를 설치하였다. 원융부는 왕사인 보우를 보좌하는 기구로서 이를 통해 그는 선종은 물론이고 교종의 사원을 망라하는 불교계의 주지 임명권을 장악하였다. 그리하여 현실적인 이해관계에 따라 승려들이 몰려다니던 부조리한 양상이 나타나게 되었다.
59) 유인선, 「베트남 黎朝의 성립과 유교이념의 확립 : 불교이념으로부터 유교이념으로」 『동아연구』 48, 2005

가진 채 몰락하였다는 사실을 인정하지 않을 수 없다는 것이다.

그렇다면 이러한 역사적 흐름을 어떻게 해석하여야 할 것인가? 깊은 분석을 하기가 어렵지만, 선학의 지적과 같이 무엇보다도 주자학의 사상적 선진성을 지적하지 않을 수 없다. 즉 주자학은 선사상을 중심으로 한 불교와의 대결을 통해 일정하게 사상적 영향을 받기도 하고, 나아가 그러한 과정을 통해 새로운 인간관, 세계관을 형성하면서, 결국 선이 가진 현실적, 사상적 한계를 극복하고 새로운 사상체계를 완성하였던 것이다.[60]

본래 선은 불교의 경전, 교학의 전통을 초월하여 인간 그 자체의 근본적 존재 방식을 지금 이 자리의 문제로 삼는다. 선이 불교 이외의 학파나 학자들에게 지대한 영향을 끼칠 수 있었던 이유도 선이 교학 이전에 인간의 본분에 곧바로 참예하고자 하기 때문이다. 따라서 유가의 관점에서 볼 때는 너무 거칠고 아무 내용이 없다고 비판받지만, 분명히 보통 사람에게는 볼 수 없는 준열한 기봉이 발양되고 있고, 본래의 면목을 전인격에 체현하는 선의 강점은 다른 사상에서는 보기 어렵다.

즉 선의 체험에는 부귀영달이나 사장훈고에 급급한 문인들에게서는 찾아볼 수 없는 준엄한 기봉, 생명의 유동, 심신의 방하, 활달한 풍격 등이 있다. 선의 입장에 동조하든 않든 실천적, 행동적으로 일상의 천파만파를 타 넘어가려는 자라면 선의 핵심을 이루는 이 본래적 입장에 깊이 주목하지 않을 수 없다. 어떠한 형태, 어떠한 공부를 통해 일용적 다양성이 본래성으로 근거 지어지지 못한다면 진정한 주체의 자유는 생겨날 수 없기 때문이다.

그러나 근본적으로 선은 개별 사물의 특수한 색상·양식·의미·내

---

60) 이에 대해서는 荒木見悟, 『新版佛教と儒教』, 硏文出版, 1993을 참조하기 바란다.

실을 사회적·역사적 무게로 구명하지 않고, 오로지 본근의 획득만을 중시한다. 아무리 깨달음을 추구하고, 설사 깨달았다고 하더라도 복잡하고 다층적인 현실의 사태에 적절히 응할 수 있는 태세는 쉽게 갖추어질 수 없다. 깨달음을 얻기 전이나 얻은 후나 마찬가지로 객관적 타당성을 파악할 수 없는 것이다. 다시 말해서 선에서 말하는 마음이란 일체를 나게 하는 절대주체로서 인간을 본래적 원점에서 파악하는 것이라고 할 수 있다. 그렇지만 인간은 사회적 존재로서 공동생활의 장을 갖고, 그것이 유지되어 가기 위해서는 자연계의 질서와 같은 가족·촌락·국가·사회 등에서도 각각 일정의 이법이 있게 마련이고, 이 이법의 인식과 실천에서만 공동체의 존속이 가능하고, 그 성원으로서의 존재목적을 달성하는 것도 가능한 것이다.

그런데 선에서 말하는 깨달음은 역시 한 덩어리 바위와 같은 튼튼함, 때리면 울리는 명쾌성은 인정되는 것으로 해도, 그것으로부터 직접 역사적 현실에 참여해야 하는 방법은 찾아내기 어렵다. 왜냐 하면 선의 깨달음은 시방무애, 일출자재라고 말하고 있으면서도, 거기에는 역사적 형성 작용을 영위할 수 있는 문화적 소재와 사회적 이법의 검토가 행해지는 것이 아니라, 그것들은 오히려 세속적 얽매임으로서 소외되는 경향이 강하기 때문이다.[61] 따라서 선의 폐해를 발생시키는 근본 원인은 본래계로부터 현실계로 떨어져 있는 인간 실상의 궁극을 살피지 못하고, 깨달음 지상주의에 의해 망령된 무리를 낳을 위험성을 잉태하고 있으며, 윤리적 규범을 갖고 있지 않은 것이다.

따라서 선에서 주자학으로 흘러가고 있던 송대 사상사의 추이나 사회구조의 발전에 따라 한 단계 진전된 사상구조를 요구하고 있던 시대

---

61) 荒木見悟, 「宋代の儒教と佛教」『歷史教育』 제17권 제3호, 歷史教育研究會, 1969

적 요청을 고려해 본다면 근세 사회에 접어들면서 불교 중심에서 주자학 중심으로 옮겨 갔던 사상적 구조의 변화도 역시 역사 발전의 한 단면을 보여주는 것이라 하겠다. 아울러 불교의 입장에서 본다면, 결국 선을 중심으로 한 불교의 이론적, 실천적 변화나 대응이 근본적인 한계를 갖고 있다는 사실을 직시하지 않을 수 없다.

IV. 근대불교의 모색과 과제

근세 이후의 불교가 사상계의 주도권을 상실하고 몰락하였더라도 본래 그것이 갖고 있는 종교적 생명력은 여전히 살아남아 있고, 그 문화적, 사상적 콘텐츠는 근대 이후 새로운 방향으로 나아갈 수 있는 역사적 자산으로 남아 있었다. 그렇다면 전통이라는 형태로 긴 잠에 빠진 것과 같던 불교가 근대 이후에 어떠한 흐름을 보이는 것인가에 대해 살펴보기에 앞서, 간단하게 '근대와 불교'를 어떻게 이해하는가에 대해 살펴보기로 한다.

최근 포스트모더니즘이나 탈근대에 대한 논의가 대두되면서 새로운 대안의 논리로서 불교가 조금씩 주목되고 있다. 불교라고 하면 전근대적이고 낡은 문화유산으로 보는 편견이나 선입견이 강한 현실에서 그러한 가치가 서구사회에서 재발견되고, 그러한 발상이 역수입되면서 논의가 조금 진전되고 있다. 달리 말하자면 근대와 관련된 논의에서 불교는 철저하게 소외 내지 무시되었다고 해도 과언이 아니다. 그러한 결과는 불교계 내부의 문제에서 기인하는 바도 적지 않지만, 근대학문이 성립된 이후 지식인의 편견 내지 선입견도 적지 않게 작용하였다.

즉 근대화를 논의할 때에 제3세계를 대상으로 하는 전통사회는 미개, 야만이고, 서구사회를 모델로 하는 근대사회는 문명으로 바라보는 이분법적인 시각이나 구도가 여전히 영향력을 발휘하고 있기 때문이다. 그러나 논의 구조를 좀 더 구체적으로 진행시켜 볼 때에 종교, 또는 불교에 대한 학문적 편견도 적지 않게 작용하고 있다.

다시 말해 종교는 비합리이고 미신적인 것이고, 전근대의 유물이며 근대화의 장해라고 하는 편견이 유포되었고, 사회과학에 지대한 영향을 끼친 마르크시즘이 무신론의 입장에서 종교를 아편으로 공격했던 것이 그러한 편견이나 선입견의 확산에 커다란 영향력을 행사하였다. 설령 근대에 종교의 역할을 중시하는 연구자도 그것을 염두에 둔 것은 기독교, 특히 프로테스탄티즘이었다. 한편, 이러한 종교(또는 불교)에 대한 편견과 함께 구체적으로 근대사, 내지 근대사상사를 규명한다고 할 때에 관심의 초점이 되는 것은 정치사상이나 철학이라는 영역에 한정되었다.

그러한 편견이나 선입관과 달리 근대세계에 편입되면서 불교도 근대화의 길로 나아가고 있었다. 다만 그것이 유럽의 근대화와 동일한 길로 나아간 것도 아니고, 유럽의 근대시스템이 일본을 중심으로 한 동아시아사회에 수용되는 과정에서 각국의 사정에 따라 변용되는 것과 마찬가지로 다양한 양상을 보이게 된다. 또한 근대라는 용어 그 자체가 내포하는 개념과 마찬가지로 근대불교도 몇 가지 스펙트럼을 동시에 보이고 있다. 즉 근대란 'modern'의 번역인데, 그 본래적 어의는 근세, 근대, 현대라는 세 가지를 모두 내포하고 있다. 따라서 근대의 불교는 이 세 가지 시대적 단계와 연관되는 전근대, 근대, 탈근대적인 사상체계를 모두 내포하고 있다. 다시 말해 우리가 흔히 거론하는 근대의 불교는 전통 그대로의 낡은 불교만이 아니라 근대의 불교(학)자에 의해 근대적으로 해석되어진 불교가 존재한다는 사실을 기본적으로 전제하여야 한다. 그러면 근대불교가 어떻게 형성되고 그것이 어떠한 위상으로 존재하였는지에 대해 살펴보고자 한다.

대항해시대 이후 제3세계에 진출하면서 유럽은 선교사나 정부가 중심이 되어 식민지의 언어, 문화, 종교 등에 대한 연구를 진행하였다. 인도에 대한 연구는 그 대표적인 성과로서 18세기 후반 영국, 독일, 프랑스를 중심으로 본격화되고 19세기에 비약적인 발전을 보게 된다.[62] 그런데 당시 인도에는 현실적으로 불교가 사라진지 오래인 데다 현지조사를 통하여 유럽의 연구자들이 관심을 쏟은 것은 불교의 방대한 문헌이었다.

따라서 근대 유럽의 불교 연구는 문헌학에서 출발하였고, 그 학문적 방법론과 경향은 당시 유럽 사상계의 철학 또는 기독교 신학의 연구 풍토와 깊은 관계를 갖고 있다.[63] 당시 신학은 성서 문헌들이 '역사적으로' 접근될 수 있다는 판단에 기초한 성경비평학이 등장하여 혁명적인 변화를 불러왔다.[64] 그리하여 유럽의 근대불교는 문헌학 중심이라는 특징과 함께 당시 근대철학의 영향으로 불교를 철학적, 과학적 체계로 파악하는 방식에서 드러나듯이 서구의 근대적 시각으로 재단하는 방향으로 나아갔다.[65]

---

62) J.W.드 용 지음, 강종원 편역, 『현대불교학 연구사』, 동국대학교 출판부, 2004
   심재관, 『탈식민지시대 우리의 불교학』, 책세상, 2001
63) 下田正弘, 김재성 역, 「탈근대 불교학의 새 방향」 『불교평론』 22, 2005년 봄호 참조.
64) 제프리 호퍼 지음, 신재식 옮김, 『근대신학의 이해』, 한국장로교출판사, 2000
65) 에드워드 사이드가 오리엔탈리즘을 제시한 이후 1980년대 후반에 이르러 불교학 분야에서도 유럽의 불교 연구사를 사상사 연구의 일환으로서 비판적으로 따라가며 고치는 일련의 연구가 나타나기 시작하였다. 1988년 필립 아몬드의 『영국의 불교 발견』을 효시로서, 토마스 투이드의 『불교의 아메리카적 만남』, 도날드 로페스의 『박물관의 불교』, 로저폴 드로이(Roger-Pol Droi)의 『허무의 컬트』가 이어졌다. 이에 대해서는

이러한 경향을 지닌 유럽의 근대불교학은 일본불교의 근대화과정에서 유학생을 통하여 적극적으로 수용되었고, 그것은 다시 동아시아 불교문화에 커다란 영향을 끼치게 된다. 일본의 불교계는 메이지 유신 이후 神佛分離와 廢佛毁釋이라는 국가적인 탄압을 받게 되자 한편으로 정부와 타협하면서 교단을 유지하고, 다른 한편으로 근대 불교학의 형성을 통하여 새로운 시대에 대응하고자 하였다. 그러한 시도는 메이지 정부의 관비 유학생 파견과 불교 종파의 파견 유학승을 중심으로 한 유럽 유학을 통해 당시 새롭게 정립된 문헌학적 불교학의 수용이 추구되었다. 1876년 南條文雄, 笠原硏壽 등이 옥스퍼드대학에 유학하면서 시작된 유럽 유학은, 1884년에 난죠가 귀국한 이후 일본의 전통 각 종파가 중심이 되어 영국, 독일, 프랑스에 계속해서 유학생을 파견하고, 유럽의 불교 연구 성과를 단기간에 흡수하는 노력을 경주하였다.

이들 유학생들은 근대 학문적인 방법론에 입각한 새로운 근대불교학을 수용하였고, 그들이 귀국하면서 각각 제국대학과 종립대학에서 산스크리트어, 빨리어 등 언어학, 문헌학적 지식과 근대과학적인 종교학, 역사학, 철학, 사회과학 등의 새로운 지식체계를 도입하여 근대불교학을 형성하였던 것이다.[66] 그리하여 메이지유신으로부터 약 20년 정도 지나 1890년대 후반에 이르면 일본의 불교 연구는 곧 유럽의 연구를 비판하는 수준에까지 이르렀다.[67]

下田正弘,「近代佛敎學の展開とアジア認識」,『帝國日本の學知』(岩波講座 제3권), 岩波書店, 2006를 참조.

66) 柏原祐泉,『日本佛敎史 近代』, 吉川弘文館, 1991, 71~95쪽 참조.

67) 근대불교학에 의한 일본불교학계의 성과는 한국유학생 인도학 불교학 연구회 편,『일본의 인도철학·불교학 연구』, 아세아문화사, 1996가 참고된다.

이러한 동향은 당시 일본의 전반적인 사회 상황과 흐름을 같이하는 것이었다. 메이지 초기의 일방적인 서구 근대문물의 수용기를 지나면서 제국헌법 등 근대국가의 기본적인 원리, 제도가 정비되면서 1890년대 중반 이후 10여 년간 일본의 지식, 사상계는 새로운 분위기가 나타나고 있었다. 즉 일방적인 서구화의 길이 아닌 전통과의 대응을 통하여 서구 근대에 대항하는 원리에 대한 모색이 나타났고, 이른바 근대적 자아의 형성기에 돌입하게 되었다.[68] 이러한 새로운 시대사조의 변화와 함께 당시 불교인이나 지식인의 사이에 새롭게 의식되고 부각되었던 것이 불교였다. 그것은 당시 일본의 자아, 個의 추구라는 시대적 흐름이 서구적인 사상의 도입을 통해서만이 아니라 전통적인 지식, 사상의 토대를 통하여 새롭게 의식되었고, 그 핵심에는 불교가 놓여 있었기 때문이다.[69]

가령 淸澤滿之와 같이, 유럽이 가져온 근대불교학으로부터 자립한, 불교 독자의 사색을 깊게 모색하는 노력을 낳은 사상가가 탄생하였다. 그렇지만 그것은 맹아의 형태로 사라져버리고, 제국대학으로 대표되는 대학시스템에 편입된 엘리트들 대부분의 노력은 근대불교학의 완성으로 나아가고, 현실의 불교를 세계사의 가운데 어떻게 위치 지을 것인가? 라고 하는 근대 일본이 안은 문제의 해명은 외면하고 만다. 아울러 현실적으로는 근대국가로서의 이념과 상징을 형성해 가는 작업으로부터 원칙적으로 불교가 배제되었다. 이후 일본의 불교계가 모색한 길은, 유럽 근대로부터 돌연히 건너온 '근대불교학'이라고 하는 지적 불교세

---

68) 松本三之介, 『明治思想史』, 新曜社, 1996
69) 최근 이러한 문제의식을 갖고 새로운 시각에서 일본의 근대불교 문제가 다루어지고 있다. 이에 대해서는 末木文美士, 『近代日本と佛敎 – 近代日本の思想・再考Ⅰ』, 『明治思想家論 – 近代日本の思想・再考Ⅱ』, トランスビュ, 2004, 참조.

계에 빠지게 된다.[70] 그 결과 불교학과 불교계의 분리라고 하는 결과를 초래하게 된다. 아카데미즘불교학은 연구대상을 텍스트에만 두고, 역사적 현실에 대해 극도로 무력하게 된다. 반면, 현실의 불교계는 종파의 개조와 전통적 교의에만 관심을 갖게 되어, 양자는 서르에 대해 무관심하고 자신만의 영역을 지키게 된다. 2차 대전 이후의 상황은 상호 성역화의 경향이 더욱 강화되는 방향으로 나아가 오늘에 이르게 된다.

또한 일본의 근대불교는 국가와 타협하고, 권력과 결탁하면서 결국 식민지 지배를 지원하는 방향이나 전쟁에 찬성하는 등 국가불교로의 길로 나아가기도 하였다. 그러한 방향은 이미 메이지 유신 이후부터 나타나기 시작하였다. 불교 억압정책이 행해진 메이지 초기에 일본불교는 또 다른 비판에 직면하고 있었다. 즉 정부의 이데올로그는 불교를 부도덕하고, 퇴폐적·반사회적·기생적·미신적인 신앙으로 규정하고, 일본의 과학적·기술적 발전에 유해하다고 비난했다.

이에 대한 대응으로서 당시 불교지도자는 정부의 프로파간다와 국수주의운동의 이데올로기를 적극적으로 수용하고, 國體思想의 선전과 함께 대외적인 군국주의의 흐름에 편승하여 불교가 전 아시아의 문화를 계승하고 있는 것은 일본인의 정신적, 도덕적 우월성의 근거가 되는 한편 동시에 아시아 대륙의 사람들과 일본인이 문화적, 정신적으로 일체라고 하는 주장을 제시하였다. 일본은 동양의 정신적, 윤리적 유산의 유일의 계승자라고 간주한 것이다.

이러한 논리는 선종에도 유입되었다. 재구축된 선의 새로운 언설은 19세기 말부터 20세기 초에 걸쳐 국수주의적, 제국주의적 이데올로기

---

70) 下田正弘,「仏とは何か」『駒澤短期大學佛教論集』5, 1999
　　下田正弘,「近代佛教學と佛教」『佛教學セミナー』73, 大谷大學佛教學會, 2001

로 규정된다. 이러한 동향을 단적으로 드러내는 인물이 釋宗演
(1859~1919), 鈴木大拙(1870~1966) 등이다.[71] 소엔은 12세에 妙心寺에
출가하고, 임제종의 여러 사찰과 선승의 문하에서 수행하였고, 1887년
慶応義塾을 졸업한 후에는 후쿠자와 유키치의 권유로 인도, 스리랑카
에 유학하기도 하였다. 1892년 34세로 圓覺寺派의 관장이 되고, 다음해
미국 시카고에서 열린 만국종교대회에 참가하고, 각국을 주유한 후에
인도를 거쳐 귀국하였다. 그는 당시 일본을 석권하고 있던 국수주의적,
배외적 풍조에 공감하였는데, 이는 1912년 조선, 만주에서 강연한 「大
和民族の精神」에서 잘 드러난다.

이러한 경향은 忽滑谷快天(1867~1934)의 『侍の宗敎 - 中國・日
本における禪の哲學と原理についての硏究』에서도 잘 드러난다.
이는 누카리야가 하버드에서 가르치던 1913년에 저술한 것으로, 불교
나 순수한 선도 일본에만 살아남아 있고, 그 사상은 신불교의 이념과
잘 합치한다고 한다. 또한 러일전쟁 이후 군사적 대두가 현저한 일본에
게 이상적인 가르침이고, 그 정신과 윤리는 무사도에도 통한다고 묘사
한다.

한편, 만주사변 이후 군국주의화의 길로 나아가면서 선종은 더욱 노
골적인 전쟁 협력의 방향으로 나아갔다. 이러한 상황에서 이른바 戰時

---

71) 이들의 활동에 의해 구미 세계에서 선을 대하는 선입견이나 고정적인 시각도 초래하
였다. 즉 '선은 순수경험 그것이고 - 완전히 개념적 사고를 초월하는 순수한 주관성
- 비역사적, 초문화적 경험이다'라는 인식은 그 단적인 표현이다. 다시 말하면 선은
서양의 지식인층에, 서양인 동양학자의 전문적, 실증적 연구를 통해서 알려진 것이 아
니라 국제사회에 눈을 돌린 일본 지식인 및 선승들의 활동에 의해 소개되었다. 한편,
서구문명에 깊은 조예를 갖는 사람들도 그 한계를 넘는 것으로서 선을 주목하였는데,
夏目漱石(1867~1916)의 『門』(1910), 西田幾多郞(1870~1945)의 『善の硏究』
(1911) 등이 그 대표적인 성과이다.

敎學이 전개되었는데, 그 전형이 山崎益州 등에 의해 제창된 皇道禪
(天皇宗)이다. 이러한 시대적 상황에서 선사상에 일본인의 아이덴티티
를 구하고자 하는 경향이 강화되어 久松眞一의『東洋的無』(1939),
鈴木大拙의『禪と日本文化』(1940),『日本的靈性』(1944) 등이 간행
되었다. 스즈끼가 제시한 선은 일종의 전도된 오리엔탈리즘으로서, 그
가 역사를 초월한 절대적이고 순수한 선이라는 식의 과도한 이상화가
갖는 위험성이나, 스즈키, 니시다의 선에 보이는 배외주의적인 성격이
나 국가주의적 경향은 그 단적인 사례이다.[72]

그러면 한국불교의 경우는 근대 이후 어떠한 행보를 보였을까? 먼저
근대불교의 흐름과 관련된 문제를 생각하여 보기로 한다. 구한말 이후
한국불교는 대외적으로 일본불교의 진출이라는 문제와 함께 대내적으
로 봉건적인 권력의 억압과 수탈로 인해 운신의 폭이 넓지도 않았고,
그 방향성도 제대로 찾지 못하고 있었다. 물론 그러한 상황에서도 새
로운 방향이 모색되고 있었지만, 여전히 전근대적인 성향이 강한 그림
자를 드리우고 있었다. 따라서 구한말 이후 일제 시기까지의 한국불교
는 전근대적인 경향, 전근대에서 근대로 이행하는 경향, 일본불교의
영향을 통해 근대불교로 지향한 경향, 크게 세 가지 흐름이 존재하고

---

72) 이러한 선의 신비주의, 국가주의와의 결합에 대한 비판은 최근 구미학계에서 대두하
기 시작하였다. 물론 이러한 성과도 20세기 돈황에서 발견된 새로운 선 전적의 출현과
그에 대한 일본, 중국학계의 연구 성과에 의해 선의 역사와 전설에 대한 비판에 이어
진 성과였다. 다만 근래의 연구는 단지 역사적인 관점만이 아니라 보다 넓게 종교, 문
화, 사회적 현상으로서의 선을 비판하고 있다.
  Robert H. Sharf, The Zen of Japanese Nationalism, History of Religions
    33/1, 1993
  Brian Andre Victoria, Zen and Japanese Militarism, Ph.D. dissertion,
    University of Michigan. 1998
  Brian Daizen Victoria, Zen at War, New York : Weatherhill, 1977

있었다.[73]

첫 번째 흐름은 구한말 선불교를 중흥한 경허와 그의 사상적 영향으로 대변된다. 경허는 그 자신이 화두 참구를 통하여 확철대오한 선지식이었던 만큼, 기본적으로 간화선을 강조한다. 그가 표방하는 간화선은 '부처가 되려면 내 마음을 찾아보아야 하고, 내 마음을 깨닫기 위해서는 공안을 참구하되 항상 마음을 집중하여 간절하게 의심하여 가면 반드시 내 마음을 깨달을 것이며'[74] '화두를 참구할 때에는 지극히 간절한 마음으로 참구하여야 하니'[75], 그것은 '고양이가 쥐를 잡듯, 목마른 이 물 찾듯이'[76]하는 것이라고 강조하는 데에서 알 수 있듯이 大慧가 완성하였던 간화선의 본령을 충실하게 따르고 있다. 아울러 그의 문집에서 대혜 이외에도『蒙山法語』, 지눌의 저술 등으로부터 인용된 표현이 적지 않은 것은 고려 말 정착된 간화선의 전통이 조선시대를 거치면서 계승된 것이 그대로 반영되어 있다고 할 수 있다.

두 번째 흐름은 백용성으로 대표되는 바와 같이 역경을 통한 불교의 대중화 모색이나 대각교 개창과 같이 불교계 개혁운동으로 잘 드러난다. 전근대적인 불교와 달리 불교의 사상체계를 담고 있는 경전의 한글화 작업을 통하여 불교의 대중화 작업을 모색하는 것은 새로운 시대적 상황에 대한 적응뿐만 아니라 근대불교로 나아가는 토대로서 적지 않은 의미가 있다고 하겠다. 다만 그의 저서를 통하여 드러나는 불교사상은 대부분 전근대적인 불교의 사유구조를 넘어서지 못하고 있다든지, 번역 대상이 된 텍스트의 대부분도 근대학문적인 방법론에 의해

---

73) 조명제, 「근대불교의 지향과 굴절」,『불교학연구』13, 2006
74) 「중 노릇하는 법」,『鏡虛集』
75) 「泥牛吼」,『鏡虛集』
76) 「참선곡」, 「법문곡」,『鏡虛集』

재생산한 것도 아니고, 근대적인 재해석을 거치지 않은 한계를 갖고 있다.

한편, 이러한 두 가지 길과 달리 일본을 통하여 외부로부터 주어진 근대화의 길을 걸어간 식민지 조선에서 근대불교로의 지향은 일본불교의 경험과 자산을 배우면서 나아간 길이 있었다. 일본을 통한 근대문화의 수용이라는 문제를 특히 학술, 제도, 지식정보라는 차원에서 생각할 때에 가장 중요한 루트는 유학이었다.[77] 1920년대에 본격적으로 전개된 유학승의 일본 유학은 이미 근대불교로의 전환을 이룩한 일본불교에 새롭게 눈을 뜨게 되고 커다란 자극을 받게 도었다.

그들은 유럽의 근대철학에 대해 논의한다든지,[78] 유럽철학과 불교의 사상체계를 비교하면서 불교의 근대성이나 근대적인 방향을 어떻게 모색할 것인가를 고민하고 모색하였다.[79]

이러한 근대 불교학의 추구는 자연스럽게 그들이 출가한 이후 받았던 염세관 위주의 불교교육에서 적극적인 구세주의, 즉 실천적인 방향으로 전환되는 등 종래의 소극적, 보수적인 불교에서 진보적, 적극적

---

77) 山室信一, 『思想課題としてのアジア』(東京 : 岩波書店, 2001) 제2부 6장 참조.
78) 鐵啞, 「근대철학의 비조 르네 데카르트」, 『불교』46·47 합호, 48, 1928.5-6
　　鐵啞, 「뉡헴의 종교론」, 『불교』52, 1928.10
　　金素荷, 「희랍철학의 비조 소크라테스」, 『불교』57, 1929.3
　　朴東一, 「칸트로부터 흄까지 因果問題의 발전」, 『불교』61-70, 1929.7
79) 金素荷, 「쇼펜하웰의 염세철학과 그의 불교사상」, 『불교』56, 1929.2
　　金泰洽, 「불교실천도덕의 원리」, 『불교』53, 1928.11
　　후자의 경우 칸트의 자율적인 도덕율과 불교의 실천도덕을 비교하던서, 涅槃經에 설한 바 '諸惡莫作 중선봉행 자정기의 시제불교' 사구는 止惡作善하라는 말이지만, 그것이 결코 어떤 神意를 준봉하거나 타율이 아닌, 自由意志에서 나온 도덕적 행위를 가르친 것이라고 강조한다. 이어 칸트의 자율이 추상적이며 개념적인데 반해 불교는 행으철학이니 만큼 실천을 중요시하므로 서양철학상의 도덕원리와 불교의 도덕원리가 이론상으로는 동일하나 실천적 방면에서는 천양지차의 차이가 있다고 주장한다.

인 사회 실천을 모색하는 방향으로 나아갔다. 그러한 인식은 종교와 사회와의 관계나, 과학과 종교의 문제 등 다양한 방면에 걸쳐 논의가 이루어지는 등 근대 사회에서 제기되는 다양한 문제에 대한 관심과 그 대응으로 이어졌다.

그러나 일본불교를 경유한 근대불교의 흐름은 유학승을 중심으로 진행되었고, 이들이 결코 식민지 조선불교의 주류를 형성하였던 것이 아니었다. 봉건적 구태를 탈각하지 못한 식민지조선의 전통적인 불교의 모순과 함께 제국주의 일본의 식민지 침략과 지배라는 구도는 결코 그들에게 우호적인 상황도 아니었다. 민족모순의 주요한 규정적인 요소, 더욱이 30년대 이후 파시즘이 발호하고 세계대전으로 나아가는 시대 상황에서 근대불교를 어떻게 형성할 것인가의 문제는 이들이 짊어지고 가기에는 너무나 큰 짐이었는지도 모르겠다.

결국 이들 대부분은 친일의 길로 나아가고, 해방 이후의 혼란과 정치적 이용으로 인해 파벌 분쟁으로 비화되어버린 비구대처 분쟁이 이어지면서 이러한 흐름은 교단에서 사라져버렸다. 이들의 흐름은 대학에 남겨져 계승되었지만, 아직까지 제대로 학문적 평가의 대상이 되지도 못한 실정이다. 나아가 전근대적인 불교만이 살아남아 지금까지 전통불교의 명맥을 유지하고 있다. 그것은 명백하게 근대 이후 다양한 모색을 보였던 불교의 사상적·문화적 자산을 파기하고, 오히려 새로운 방향을 잃어버리는 결과로 전락하였다.

현재 한국불교의 자화상은 그러한 모순과 질곡을 반영하고 있다. 따라서 60년대 이후 한국사회가 본격적인 근대화의 길로 나아갈 때에 불교는 제대로 대응할 수도 없었고, 단지 전통문화의 하나로서 사라져야 할 대상으로 전락하였던 것이다. 국가의 전통문화유산의 보존, 계승이라는 차원에서 사원은 불교문화유산의 관리라는 틀에 가두어져 그 생명력을 잃고 박물관의 박제화된 유물처럼 존재하였다.

그러므로 현재 한국불교가 정확한 자기 진단과 함께 미래지향적인 전망을 내놓기 위해서는 결국 과거의 유산에서 결코 자유롭지 못하다는 사실을 직시하고, 근대 이후 불교의 역사가 가진 한계와 모순이 무엇인가를 제대로 성찰하는 데서 출발하여야 할 것이다. 따라서 최근 간화선을 둘러싼 논의는 그러한 문제에 대한 철저한 자기 진단이나 성찰 없이 단순히 교단적인 입장의 옹호라든지 전통적인 맥락에 그치는 문제점을 안고 있다고 할 수 있다. 전통적이고 형해화된 불교, 특히 신비적, 초월적 불교로만 제시된 선불교나 그 연장에 있는 사회인식의 부재로서는 현실 세계를 리드할 수도 없고, 미래지향적인 대안도 기대하기 어렵기 때문이다.

그것은 탈근대에 대한 전망에 대해서도 마찬가지가 아닌가 한다. 90년대 이후 포스트모더니즘이나 탈근대론이 대두되면서 불교가 하나의 대안으로 거론되고 있다. 생태이론, 생명윤리, 페미니즘 등 다양한 방면에서 탈근대론의 주요한 범주에서 불교의 세계관이 어떻게 연관되는지를 다양하게 제시하고 있다. 그러한 움직임에 대하여 필자 역시 긍정하는 바가 없지 않지만, 기본적인 출발이나 시각에서 드러나는 문제점도 적지 않게 있다고 생각한다. 몇 가지를 간단하게 지적하면 다음과 같다.

첫째, 탈근대이론에 대한 기본적이고 종합적인 검토 없이 불교를 두 분별하게 대입하는 게 아닌가 한다. 특히 생태·생명·여성주의와 관련하여 전통불교의 이론에서는 기본적으로 제시된 것이 없는데도, 원론적인 차원이나 총론적인 담론을 확대해서 마치 불교의 세계관에는 본래부터 그러한 이론이 내재되어 있는 것처럼 다루고 있다. 총론이나 원론적인 입장도 중요하겠지만, 국가에 대한 의존이나 봉건적인 요소를 단 한 번도 제대로 탈피하지 못한 불교가 어떻게 탈근대의 길을 제시할 수 있는지에 대한 문제의식조차 부재하는 게 아닌가 한다.

둘째, 그와 관련된 문제이자, 전통적인 불교가 가진 한계나 모순에 대한 탈각, 비판, 그리고 대안의 제시는 결국 근대불교의 성격을 둘러싼 문제에 대한 진지하고 구체적인 성찰이 요구된다. 그러한 문제에 대한 구체적인 검토나 평가 없이 전근대에서 탈근대로 건너뛰는 것은 지나친 비약에 불과한 것이 아닌가 한다. 또한 그러한 문제와 관련하여 근래 한국학계에서는 무조건 근대(내지 근대성)를 비판하는 것이 유행처럼 일어나고 있지만, 그러한 경향에 추수하는 것도 경계해야 할 것이 아닌가 한다.

주지하듯이 근대사회는 인간을 억압하는 전근대적인 모순과 질곡으로부터 인간을 해방하였다. 불합리한 전통과 관습, 신분제와 같이 억압적인 사회제도나 시스템으로부터 해방되어 개인의 자유와 민주주의를 구가하고 합리적이고 이성적 사고로 인간 해방을 추구한 것은 근대사회의 결과물이다. 물론 자본주의의 모순이 고도화되고, 근대가 낳은 과학과 기술, 무한한 욕망의 추구로 인해 인간의 소외와 생태 문제 등 세계적인 차원의 모순을 낳은 것도 근대이다.

그렇다고 해서 근대가 구축한 성과를 부정하는 것은 불가능할 것이다. 특히 불교의 경우는 전근대적인 모순과 유산을 제대로 극복하지 못한 한계를 제대로 직시하지 않는다면, 탈근대에의 방향 제시도 불가능하다고 할 것이다. 그렇다면 결국 근대 이후의 불교가 가진 한계나 모순이 무엇인지, 그러한 문제인식의 근간이 어디에 놓여 있는지에 대한 성찰은 필수불가피하다고 하겠다. 단지 사회인식, 현실 인식의 차원이 아니라 불교가 새로운 시대상황에 대한 이론과 방향의 제시가 없다면, 그것은 스스로 몰락의 길로 나아가는 지름길인 것이다. 사회, 현실에 대한 인식과 불교의 이론적 모색, 발전이 별개의 것이 아니기 때문이다. 근대 이후 불교가 낡은 틀만을 갖고, 새로운 모색이 불가능하였던 데에는 그러한 시대적 유산과 함께 이론적 발전의 결여, 기본적인 인식의 한계 등을 지적하지 않을 수 없다. 다른 한편으로 아직까지도 사회와 관련되는 문제와 관련하여 불교인은 다음과 같은 한계에서 자유롭지 못하다.

즉 불교적 진리는 역사와 사회의 규정으로부터 일단 자유로운, 즉 모든 시대의 인간에 공통하여 적용되는 내면적 진리라고 보는 경우가 있다. 이 경우의 초월성은 불교적 진리가 역사법칙의 바깥에 존재하고 있어서 그 규정을 받지 않는다고 주장하는 것에 특징이 있다. 이는 불교가 사회문제나 사회적 대책을 취급할 때 종종 빠지기 쉬운 오류이다. 즉 불교신앙은 한 사람 한 사람의 내면적 자각의 문제이며, 모든 개인이 그와 같은 신앙을 자기 자신의 내면에 확립만 한다면, 그 총체인 사회에는 저절로 평화와 조화가 찾아와 증오나 분쟁이 전부 해소되어버린다는 생각이다. 이러한 사고는 특히 선불교에서 자주 볼 수 있는 논리이다. 그러나 이러한 사고에는 다음과 같은 문제가 있다.

첫째, 우선 인간적인 삶의 내면적 사실에 대한 논증을 차원을 달리하는 대상적 세계(자연과 사회)에까지 부당하게 확대 적용하는 오류이다. 사회문제와 그 대책에는 사회과학의 학문체계가 따라야 한다. 그럼에도 불구하고 종교인은 사회문제를 종교로 해결하려 하고, 그럴 수 있다고 믿는다. 그러나 개인의 주체적·내면적 자각이 있어도, 그 결과로 단순히 사회나 세계가 쉽게 변화하지는 않는다.

둘째, 사회는 개인의 집합으로 생각하지만, 동시에 그들 개인 개인으로부터 상대적으로 독립하여 존재하는 하나의 객관적인 실재이며, 또한 역으로 개개인을 규정하고 있다. 따라서 불교적 세계관의 확립만으로 복잡하고 다양한 사회를 해석하거나 규정하는 것은 더욱 위험할 수 있다. 종종 불교인이 사회인식의 오류나 문제점을 드러내는 근본적인 이유가 여기에 있다. 개인의 내면적 자각의 성취나 완성을 위한 무한한 노력만큼 올바른 역사적·사회적 인식과 실천도 요구되는 것이다.

따라서 역사와 사회에 대한 불교의 대응방식에 커다란 전환이 요구된다. 그것은 사회의 현실적인 고와 그 근원에 새로이 눈을 돌리는 가운데 설정되는 구체적인 것이어야 하지 않을까? 종래 주체의 내면에서의 심리적 전환을 가지고 객관적인 세계의 변혁과 결부시키는 것에 의해서 객관적 세계의 변혁을 망각·포기하여 기꺼이 현실의 고정화와 그것에로의 개인의 순응을 호소한 현실순응적인 이데올로기로서 존재한 것이 불교의 자화상이었다.

그러한 한계나 모순을 탈각하고 탈근대라는 현재의 요구에 불교가 대응하기 위해서는 새로운 모색과 접근이 요구되는 게 아닐까? 그저 전근대적인 불교, 그것도 이미 주자학에 의해 비판받고 몰락한 선불교만을 유일 절대의 사상으로 부각시키고자 하는 것은 사상누각에 불과할 것이다. 나아가 탈근대의 전망까지 불교가 담당할 수 있으려면, 단순히 기존 이론과의 유사성을 강조하거나 원론적인 세계관의 제시가 아닌 구체적이고 현실적인 대응논리까지 제시되어야 할 것이다. 만약 간화선을 한국불교의 정통으로서, 현재만이 아니라 미래사회까지 담보할 수 있는 사상체계라고 주장하려면 이러한 의문에 대한 해답이 제시되어야 하지 않을까?

V. 맺음말

불교라고 하면 과거에 이미 창조적인 활동은 완결하고, 그 사상적 요소는 전부 나와서, 오늘날에는 그 가운데 하나를 선택하거나 사용할 수 있는 것을 사용하면 좋다고 하는 발상을 자주 볼 수 있다. 나아가 전통의 묵수가 지나쳐 오로지 지금 전해져 오는 것만을 정통으로 간주하는 자세도 바꾸기 힘든 지경이다. 과연 불교는 오랜 역사의 무게에 짓눌린 하나의 전통이나 문화유산단으로 간주되어도 좋을 것인가?

긴 역사 속에서 존재한 불교는 오히려 끊임없는 자기 부정을 통하여 이론과 실천의 발전을 이룩한 사상체계이다. 그럼에도 불구하고, 불교의 그러한 장점과 긍정적인 요소는 잊어버리고 마지막 전통의 자산만을 유일무이한 진리인 것처럼 고집하는 오류를 범하고 있는 게 지금의 자화상이 아닐까? 무엇보다도 전체 불교의 역사에서 신앙과 종교라는 형태라는 온존되고 있더라도, 역사와 사회의 중심에서 사라졌다는 근본적인 사실에서 문제인식이 시작되어야 하지 않을까?

불교만큼 풍부한 콘텐츠와 지적 자산을 가진 종교가 많지 않지만, 그러한 전통만을 자부하기에는 현실의 사회는 유사 이래 모든 것이 거대한 변화를 맞이하고 있고, 그것에 대응하고 감당하기에는 너무나 낡은 형태로 남아 있는 것이 불교의 현실이다. 그러한 현실을 있는 그대로 수용하면서 냉정한 자기 진단과 새로운 방향 모색이 필요하지 않을까? 막연하게 들릴지 모르겠지만, 실은 그러한 방향과 방법은 이미 불교의 역사에서 다양하게 제시된 바가 있다. 가령 불교를 전통적인 어법으로 표현한다면 학도(學道)와 행도(行道)로 나누어 볼 수 있는데, 행도라는 실천과 수행은 반드시 학도라는 이론의 정립과 발전을 전제로 하였다.

간화선이라는 실천방법도 마찬가지가 아닐까? 좁은 틀의 수행 방법론에 대한 논의만이 아닌 현실의 불교가 요구받고 있는 문제에 대한 대안과 해답을 제시하기 위한 길은 그러한 문제인식에서 출발한다면 의외로 쉬울 수 있다고 생각한다. 불교든 간화선이든 본래 하나의 고정된 틀을 고집하지 않는 열린 사상이자 종교라는 기본적인 전제를 생각한다면, 그것만을 고집할 이유도 없고, 그것도 낡은 틀로 이해하는 방식에서도 탈피하는 게 좋지 않을까 생각한다. 만약 그럴 필요가 없다고 고집한다면 앞서 논의한 바와 같은 문제인식과 담론에 간화선이 모두 대답할 수 있는 길을 제시할 수 있어야 하지 않을까?

 조명제

부산대학교 사학과에서 박사학위를 받고, 일본 駒澤大學 불교학부에서 2년간 박사 후 과정을 마쳤으며, 京都大學에서 2년간 연구하였다. 전공분야는 한국사상사이며, 근대불교, 동아시아 불교사에도 관심을 갖고 있다. 논저에『고려후기 간화선 연구』 등이 있다. 현재 송광사 성보박물관 선임연구원 및 불학연구소 연구원이다.

■ 간화선 수행의 성찰과 과제 ■

간화선 국제화의 전망과 과제

— 간화선 국제화 위해 무엇을 어떻게 할 것인가?

미산 스님 | 중앙승가대학교 교수

Ⅰ. 머리말

조계종의 수행체계 정립을 위한 노력과 최근 동향

전 세계적으로 수행에 대한 관심이 고조되면서 대한불교조계종은 10여 년 전부터 종단 일각에서 한국불교 중심수행체계인 간화선이 흔들리고 있다는 문제제기에 따라 수행 방법을 재정립하는 작업에 나섰다. 특히 1998년 고불총림 백양사에서 현대의 선지식 서옹 대종사가 무차선회[1]를 열어 세계의 선학자와 실참납자들에게 간화선 수행의 정립을 천명한 이래로, 2000년부터 총무원·교육원·포교원을 중심으로 불교수행체계 전반에 대한 연구와 실질적인 대책을 강구하기 시작했다. 그 결과 지난해부터 간화선 수행 지침서[2]와 함께 염불, 주력, 위빠사나 등을 정리한 수행법 연구서 등을 발간하였다. 종단의 이와 같은 노력에 발맞추어 교구본사와 교계언론사들의 참신한 기획으로 조계사나 봉은사와 같은 수도권 지역 사찰에 선원장급 스님들을 초청해 대중선회를 열거나 범어사, 동화사 등 교구본사급 사찰에서 담선법회를 열어 선원의 중진 수행자들과 선학 전공자들이 공개담론을 함으로써 불교수행에 대한 관심과 열의를 진작시키고 있다. 이와 함께 포교

---

1) 『제1회 무차선회 한국선 국제학술대회 논문집』 고불총림 백양사, 1999
2) 『간화선』 조계종 교육원 불학연구소, 2005 : 『간화선 입문』 조계종 교육원 불학연구소, 2006 : 『수행법 연구』 조계종 교육원 불학연구소 편저 2005 : 『절 수행 입문』 조계종 교육원 불학연구소, 2006.

원에서는 재가불자들을 위한 간화선 프로그램을 개발해 시범 운영하고 있으며, 교육원 공동으로 이 프로그램을 진행할 수 있는 지도인력을 개발하기 위한 수련과 교육도 진행하고 있다. 또한, 금년 여름의 본말사 주지연수교육에서 재가자들을 위한 간화선 수행 프로그램을 모범적으로 시행하고 있는 사찰의 사례발표를 교과과목으로 채택하여 많은 스님들이 동참하여 뜨거운 관심을 보여주었다.

이러한 분위기를 반영하여 보조사상연구원에서는 지난해 간화선과 현대사회[3]라는 주제로 국제세미나를 개최하였으며 지난달에는 간화선 수행의 실태를 조사한 연구 결과가 발표[4]되었다. 교육원 불학연구소와 불교신문이 공동으로 마련한 9월과 11월의 세미나[5]에 이어 오늘 진행되고 있는 제3차 간화선 대중화 세미나도 비슷한 맥락에서 기획되었다고 생각한다. 제1차 세미나에서는 간화선의 제창자인 대혜종고의 생애와 사상, 간화선의 불교사상적 배경을 정리했으며, 제2차 세미나에서는 간화선 수행의 현실 진단과 개선방향, 간화선 대중화의 문제와 과제를 제시하였다. 오늘은 간화선의 사회적 역할과 국제화의 전망과 과제에 대한 논의를 진행할 것이다. 각각의 세미나의 주제는 서로 긴밀한 연관성이 있음을 알 수 있다. 첫 번째 세미나에서는 대혜종고가 주창한 간화선이 불교의 핵심사상인 연기·중도·공의 가르침을 얼마나 잘 드러냄과 동시에 언어와 개념에 떨어지는 폐단을 극복하며

---

3) 『간화선 수행전통과 현대사회』 제4회 국제학술대회, 보조사상연구원, 승보종찰 송광사, 법련사, 2005.
4) 『한국간화선의 현대적 조명』 제18차 보조사상연구원 정기학술대회, 승보종찰 송광사, 법련사, 2006.
5) 제1차 조계종 간화선 세미나 『간화선의 제창자 대혜종고, 그는 누구인가?』; 제2차 조계종 간화선 세미나 『간화선 수행의 성찰과 과제』 대한불교조계종 불학연구소, 불교신문, 2006

생동감 있는 활구적(活句的) 견지를 보여주는가에 대한 논의가 진행되었다. 두 번째 세미나에서는 현재 한국의 선원에서 정진하는 수행자들이 얼마나 간화선 본연의 수행 정신을 잘 드러내어 실천하고 있으며 대중화를 위한 걸림돌이 되는 것이 무엇인지에 대한 진단과 반성, 그리고 개선 방향에 대한 논의가 있었다. 오늘은 이것을 바탕으로 간화선의 국제화를 위해서 무엇을 어떻게 해야 하는지에 대한 제안을 하려고 한다.

필자는 2004년 대한불교조계종총무원 사회부 산하 국제교류위원회에서 마련한 한국불교세계화 방안이라는 세미나에서 「한국불교, 어떻게 세계화할 것인가?」라는 글[6]을 발표한 적이 있다. 교학과 수행, 문화 등 한국불교 전반에 대한 국제화 논의를 했는데 이 글도 큰 틀에서 위의 글의 범주를 벗어나지 않는다. 필요한 부분은 재활용하였으며 간화선의 국제화에 초점을 맞추어 재구성했음을 밝힌다.

간화선이 국제화되기 위해서 가장 먼저 해결해야 할 문제가 무엇인가? 무엇보다도 먼저 국내에 간화선 정체성과 수행풍토가 바르게 정립되어야 한다. 본격적인 논의에 앞서 두 번째 세미나에서 월암 스님이 제시한 간화선의 정체성 확립을 위한 개선 방안을 요약 정리하여 국제화를 위한 선결과제로 삼으려 한다.

---

6) 『제1차 한국불교 세계화를 위한 국제세미나 자료집 』, 대한불교조계종 총무원 사회부, 국제교류위원회. 2004.

Ⅱ. 간화선 국제화를 위한 선결과제

세계의 어떤 불교전통을 따라 수행하든 불교수행의 본질과 목적이 같아야 하고 방법에서도 구체적인 행법은 다르다 할지라도 행법에 내재되어 있는 수행원리는 보편적이며 합리적이어야 한다.

불교수행의 본질은 『신심명(信心銘)』에서 노래하고 있듯이 미워하고 좋아하는 마음을 떠나면 확연히 드러나는 것, 이것이 바로 불교수행의 본질이다. 성철대종사는 증애심을 떠나는 것이 바로 중도정각(中道正覺)이라 하였다.[7] 따라서 불교수행의 목적은 중도정관(中道正觀)의 안목으로 자비를 실천하여 자타가 행복한 삶을 영위하는 것이라 할 수 있다. 불교수행의 방법론적 관점에서 볼 때 수행자는 계정혜 삼학을 고르게 닦아야 하며 이론과 실참을 하나로 아우르는 방법으로 선교겸수(禪敎兼修)의 간화선 수행을 실천해야 한다. 월암 스님은 간화의 사상적 정체성을 확립하기 위해서 1) 중도정관의 확립, 2) 계정혜 삼학 등지(三學等持), 3) 인과와 자비관의 정립, 4) 선교겸수의 종지를 선양해야 한다[8]고 보고 있다. 간화선의 국제화를 위해서 정립되어야 할 선결과제임이 분명하다.

간화수행의 실천적 문제와 개선 방향에서도 월암 스님이 열거했듯이 1) 철저한 발심과 이를 바탕으로 2) 명리를 떠난 안빈낙도(安貧樂道)의 삶의 태도, 3) 수행과 인격이 조화를 이루는 해행상응(解行相應)이 되어야 한다. 또한 4) '일일부작(一日不作) 일일불식(一日不食)'의 노동정신

---

7) 퇴옹성철, 『신심명·증도가 강설』, 장경각, 1986, p.25.
8) 『간화선 수행의 성찰과 과제』 대한불교조계종 불학연구소, 불교신문, 2006, pp.9-25.

과 5) 고요함을 탐닉하지 않는 동중수행(動中修行)의 강화, 그리고 6)선지식의 고구정녕한 가르침[9]이 전제되어야 간화선풍이 한국뿐만 아니라 지구촌 곳곳에 전해져 간화선의 국제화를 이룩할 수 있다고 본다.

III. 간화선 수행의 국제화 방안

한국불교를 대표하는 대한불교조계종은 선종을 표방하고, 그 구체적인 수행 방법으로 간화선을 채택하고 있다. 한국불교 수행의 국제화 방안을 논함에 크게 두 가지의 입장이 있다. 첫째는 간화선만이 최상승 수행법이고 한국불교는 이 수행법을 제대로 전승해 왔으므로 이를 국제화할 책무가 있다고 보는 것이다. 두 번째는 간화선 수행 방법을 중심으로 하되 다른 수행법들도 수용하여 각자의 근기에 따라 수행하도록 장려해야 한다는 입장이다. 위의 두 가지 입장에 대하여 논의해 보자. 조계종단의 종지종통이나 역사적 당위성을 거론치 않더라도 한국불교는 선종의 가풍을 전승해 온 것이 주지의 사실이다. 종주국인 중국은 이미 사라져 한국에서 간화선 전통을 다시 받아들이는 상태이고 일본불교에는 임제종에서 겨우 명맥만 이어가고 있을 뿐이다. 이런 시점에서 한국불교의 간화선 수행 전통을 더 선명하게 드러낼 필요가 있다. 그러나 간화선만이 최상승 수행법이라는 태도는 지양되어야 한다고 생각한다. 어떤 수행법이 최상승이라고 주장해서 최상승이 되는 것이 아니라 그 수행법을 통해서 수행자의 삶에 질적인 변화가 일어나고 차

---

9) 앞의 책, pp.23-38.

원을 달리하는 깊은 안목이 생길 때 굳이 최상승이라고 하지 않더라도 최고로서 역할을 하고 훌륭한 수행법으로 인정을 받는 것이다. 최고라고 주장하기 전에 이 극도로 변화된 지구촌 환경 속에서 인류를 근원적으로 구원할 수 있는 사상과 살아 있는 수행법이 무엇인가를 진지하게 생각해 보아야 한다. 이것이 간화선이라면 현대인들이 쉽게 이해하고 실천할 수 있는 프로그램을 만들어 지구촌 시민들이 공감대를 갖도록 해야 한다. 이것이 바로 간화선 국제화의 지름길이 될 것이다.

지난번 간화선 세미나에서 월암 스님이 지적했듯이 '간화선만이 최상승의 수행법'이라는 일방적 주장은 현대사회의 다양한 가치관의 혼돈 속에서 다원주의에 길들여진 이 시대 대중에게 설득력이 약하다.[10] 이런 우월적인 태도를 견지하는 한, 각기 다른 종교를 믿거나 아예 종교를 믿지 않는 무신론자들은 물론이거니와 불교를 믿는 사람들에게조차도 호응을 얻을 수 없다. 서양인들이 불교에 호감을 갖게 된 동기를 보면 불교는 다른 것과의 공존과 융화를 가르치며 포괄성과 유연성이 있다는 점을 꼽고 있다. 간화선이 이런 불교의 특징을 전승한 최상승의 가르침이라면 명확한 이유와 이치에 맞는 설명이 있어야 서구 과학문명의 사유방식에 길들여진 사람들을 일단 간화의 종문(宗門) 안으로 끌어들일 수 있다. 이런 연후에 비로소 서양인들의 정형화된 언어와 고착된 논리적 사유의 틀을 깨뜨려서 살아 있는 언어[活句]와 자유로운 사유를 통해 진리의 세계로 인도해주어야 한다.

지리적으로나 문화적으로 밀접한 관계가 있는 한국, 중국, 일본이 간화선 수행 교류를 적극적으로 하는 것도 간화선 국제화에 큰 몫을 하리라 생각한다.

---

10) 앞의 책, p.9.

한·중·일 삼국은 문화적으로 비슷한 성향을 가지고 있으며, 비슷한 정서적 삶의 양식과 가치를 공유하고 있으므로 이것을 잘 이용하면 간화선 전통을 중국에 복원시켜줄 수 있다.[11] 한국불교 단독으로 간화선을 세계화하는 것보다 선 수행의 종주국인 중국에 이식시켜 중국에서 간화선법이 새롭게 태어나도록 하는 것이 더 효율적인 방안이라고 생각한다. 한국과 중국불교 사이에 간화선 수행체험 교류 행사가 올해로 약 10년 가까이 진행되고 있다. 처음에는 간화선을 중점적으로 전승한다는 취지로 이 프로그램을 만들었다. 그러나 이미 선맥이 단절된 상태에서 순수한 간화선 전통을 다시 복원한다는 것이 그리 쉬운 일은 아닐 것이다. 이 행사를 주관했던 실무자들에 의하면 한국측 스님들이 중국을 방문할 경우 성지순례의 수준에 머물고 있으며, 중국측 스님들이 한국의 사찰에 오더라도 간화선만을 중점적으로 가르치기에는 여러 가지 한계가 있다고 한다. 이제는 이런 형식적인 교류가 아니라 좀 더 실제적인 방안을 마련해야 할 시기가 되었다. 한 가지 방안으로 양국의 선원 간에 직접적인 교류를 고려해 볼 수 있다. 예를 들면 육조 혜능 대사가 주석했던 사찰에 선원을 개설하도록 도와주고 한국의 선

---

11) 동서양의 문화가 적절히 배합되어 독특한 현대문화 공감대의 기류를 형성하고 있다. 비근한 예를 들면, 요즈음 한류 열풍이 중국대륙과 일본열도, 그리고 동남아 전역에 확산되어 가고 있는 여러 가지 복합적인 이유가 있지만 정서적 공감대가 쉽게 이루어질 수 있다는 것이 가장 주요한 이유 중의 하나라고 한다. 특히 일본에서 '겨울연가'라는 TV 드라마가 상영된 이후 욘사마(배용준) 붐이 불고 있다. 어린 시절 문학소녀의 꿈을 갖고 있던 30대, 40대 일본 주부들이 욘사마 붐의 주역이라고 한다. 겨울연가는 이들의 문학소녀 시절의 회상을 강하게 자극함으로써 전폭적인 호응을 받게 되었다고 한다. 대중문화의 전파와 종교적 수행문화의 확산에 대한 문제를 비교하는 것 자체가 격에 맞지 않지만 문화현상이라는 측면에서 본다면, 욘사마 붐이 시사해주는 바가 있다고 생각한다. 특히 문화의 동질성과 공감대가 있을 때 훨씬 쉽게 단절된 문화의 끈을 이어주고 잃어버린 전통을 일깨워줄 수 있다는 사실을 알 수 있다.

원과 자매 결연을 맺도록 한다. 결제 때마다 모범적으로 수행하는 한국 수좌스님들을 선발하여 중국의 선원에서 안거를 하며 간화선을 지도하도록 지원하고, 반대로 중국에서는 간화선을 배우고자 하는 스님들을 종립선원인 봉암사, 혹은 통도사, 해인사, 송광사 등의 선원에 받아들여 결제 동안에 집중적인 간화선 수행을 하도록 한다. 이런 실질적인 교류 프로그램이 몇 년간만 지속적으로 진행되면 한국의 선원에도 긍정적인 효과를 가져올 수도 있다. 중국에 가서 간화선을 지도하기 위해서는 자기 스스로 실력을 갖추어야 함으로 더욱 열심히 정진할 것이며, 중국의 수좌들이 한국의 선원에서 함께 생활함으로써 선원의 분위기를 쇄신할 수 있는 계기를 만들 수도 있다. 마찬가지로 중국불교도 이와 같이 내용 있는 교류를 통해 자신들의 간화선 전통을 계승 발전시킬 수 있는 터전을 마련할 수 있을 것이다.[12] 이처럼 간화선의 중주국인 중국을 한국불교의 수행을 국제화하는 교두보로 삼아 간화선을 서양과 그 밖에 나라에 전하는 것이 더 효율적인 국제화 방안이라 생각한다.

한국불교 수행의 국제화에 대한 다른 의견은 간화선 수행법을 중심으로 하는 것을 인정하지만 간화선만이 훌륭한 수행법이라는 편견을 버리고 다른 수행법들도 적극 수용하여 각자의 근기에 따라 수행하도록 장려해야 한다는 입장이다. 앞에서 언급한 대로 포교원에서 간화선뿐 아니라 위빠사나 등 현저 행해지고 있는 각 수행법에 대한 현황을

---

12) 지난 20년 동안 중국불교는 외형적으로 눈부신 발전을 해오고 있다. 문화혁명으로 파괴된 사찰들이 거의 복원되고 정확한 통계는 아니지만 약 20만 이상의 승려들과 2억 명 정도의 불교신자를 확보하고 있다고 한다. 그러나 이런 외적인 성장에 치중하다 보니 필자가 만나 본 중국불교의 지도자에 의하면 이런 외적인 성장을 뒷받침해줄 수 있는 내적 수행과 교육 체제의 정비가 시급한 실정이라고 한다.

조사, 분석해 자료집을 발간했고 교육원에서 간화선 지침서와 함께 한국에서 행지고 있는 위빠사나, 염불, 주력, 간경, 사경, 참회 수행 등 다양한 수행법들의 연구물이 간행되었다. 이 계획의 목표는 간화선 전통을 바로 세우고 불교 수행법과 아봐타나 마음수련 등과 같은 불교유사 수행법과의 차이점을 분명히 하여 종단차원에서 수행체계를 확립하는 것이다.

종단에서는 간화선을 주창하고 있지만 실제 스님들과 불자들은 여러 가지 수행법을 복합적으로 행하고 있다. 이것이 바로 일본 등의 종파불교에서는 허용될 수 없는 한국불교 수행법의 통불교적 성격이라고 한다. 만약 종단의 지침에 어긋난다 하여 강력히 규제하여 간화선 이외의 모든 수행법을 단속한다면 큰 혼란을 야기할 것이며, 이것은 한국불교 수행문화의 흐름에 역행하는 행위일 것이다. 이런 부정적인 방법보다는 현실의 수행문화를 긍정적으로 받아들이고 이런 수평적 문화구조 속에서 간화선의 경쟁력을 키워 가는 것이 더 현실적인 방안이다. 이렇게 하면 간화선은 한국 수행문화의 주류로서 확실한 자리매김을 할 것이고 다른 다양한 수행법들도 나름대로의 정체성을 잃지 않고 발전하도록 자연스럽게 수용하면 좀 더 풍부한 한국불교의 수행문화가 형성될 것이다. 이런 포용적이고 열린 자세로 다양성을 인정하면서 장점은 받아들이고 단점은 보안하여 상호 발전적인 대화를 모색해야 한다. 이런 상생의 수행문화 속에서 지구촌 시대에 걸맞은 창조적 현대불교 수행법의 개발도 가능한 것이다. 다음은 선문화의 세계화 방안에 대해서 알아보자.

Ⅳ. 선문화의 국제화 방안

서명원 신부에 의하면, 일본의 참선 수행 전통을 유럽에 받아들여 3만여 명의 회원을 확보하고 있는 삼보교단(三寶敎團)이 번창할 수 있었던 원인은 현지 문화와 종교에 대해 개방적이었을 뿐 아니라 참선법을 전한 일본의 언어와 문화를 적극 수용하고 활용했기 때문이라고 한다.[13] 이에 반하여 서양에서는 자료와 홍보 부족으로 인해 전문가와 동북아시아 문화에 관심을 가진 사람을 제외하고 한·중·일의 문화를 비교할 때 한국 문화가 중국 또는 일본 문화의 절대적인 영향을 받아 독창적이고 독자적인 문화가 존재하지 않는다고 인식하고 있다. 이러한 인식의 근거는 우리 문화를 제대로 알리지 못한 결과이다. 이것이 엄연한 현실임을 부인할 수 없다. 한국문화 전체가 이런 현실에 처해 있으니 한국 전통문화의 근간을 이루고 있는 불교문화의 세계적 인지도는 얼마나 되겠는가를 가히 짐작할 만하다. 간화선 종주국인 중국에서도 전통이 사라졌고 일본에서는 극소수의 특수층 수행승들에 의해서 계승되고 있거나 거의 간화선의 정신이 훼손된 채 전래되고 있다. 오직 한국에서만 간화선의 정통적인 방법과 전통을 전승되고 있다고 자위하고 있지만 몇 사람이나 이런 사실을 알고 간화선을 배우려고 할까? 하지만 그렇다고 좌절할 필요는 없다. 이런 열악한 현실 속에서도 희망을 잃지 않고 더 적극적인 자세로 국제화할 만한 불교수행문화 콘텐츠를 개발하고 육성해야 한다. 순수 간화선만 세계인들에게 전하는

---

13) 『간화선 수행전통과 현대사회』 제4회 국제학술대회, 보조사상연구원, 승보종찰 송광사, 법련사, 2005, p.142.

것은 매우 비효과적이기 때문이다. 특히 세계인들이 주목하고 있는 템플스테이와 같은 수행공동체 문화와 국제연등축제처럼 전통과 현대를 잘 조화시킨 불교축제문화를 특화하여 발전시켜야 한다.

한국불교 수행공동체문화의 세계화

2002년 월드컵 대회 때 붉은악마의 역동적인 응원공동체와 템플스테이의 정적인 수행공동체가 세계인들로부터 각광을 받았다. 개인주의가 팽배한 서양의 선진국 사람들은 동(動)과 정(靜)이 조화된 공동체문화를 보면서 강한 향수와 매력을 느끼게 된다고 한다. 정적인 한국공동체문화를 대표하는 것은 매년 정기적으로 실시하는 하안거와 동안거 문화이다. 전국 90여 개의 선원에서 2300여 명의 수선납자들이 모여 3개월간의 치열한 자기개발 수행에 몰입한다. 이런 안거문화가 남방불교 국가에도 있지만 하안거만 있고 모든 수행센터가 이 안거일에 맞추어 수행 프로그램을 진행하지는 않는 것으로 알고 있다. 보광 스님 지적대로 모든 본사에서 안거일을 철저히 지키는 것은 한국불교의 독특한 안거 수행문화임[14]에 틀림없다. 1970년대 조계총림 송광사 구산 큰스님께서 서양인 제자를 선원에 입방시켜 외국인들을 지도하셨고 2004년에 입적하신 숭산 큰스님께서도 한국과 세계 각처에 국제선원을 설립하여 외국인 제자 육성에 온몸을 바치셨다. 이런 큰스님들의 법력으로 그나마 외국인 재자와 출가자들이 각자의 조국에서 혹은 한국에서 한국불교를 홍포하고 있다. 미국 UCLA 대학교에서 한국불교학을 강의 하고 있는 로버트 버스웰 교수, 영국에서 활동하고 있는 마틴-스티

---

14) 『제1차 한국불교 세계화를 위한 국제세미나 자료집』, 대한불교조계종 총무원 사회부, 국제교류위원회, 2004, p.28.

븐 베췔러 부부 등은 구산 큰스님의 지도로 승려생활을 했던 분들이다. 맹목적으로 서양문화를 추종하는 한국의 젊은이들에게 21세기 정보화시대에 적합한 사상과 문화가 불교 안에 있다는 것을 일깨워준『만행』의 저자 현각 스님을 비롯한 대봉 스님, 무상 스님 등 걸출한 외국인 제자들이 숭산 큰스님의 유업을 이어갈 스님들이다. 각계각층에서 활약하고 있는 외국인 스님들은 한국의 수행공동체에 대한 신선한 추억을 가지고 있으며, 환속해서도 한국의 선원에서 수행한 것을 자랑스럽게 여겨 떳떳이 소개하기도 한다. 그러나 요즈음은 선방의 분위기가 많이 바뀌어 외국인들이 한국의 선원에 방부들이는 것이 쉽지 않다고 한다. 각 주요 선원에 외국인 스님의 자리를 만들어 한 철에 몇 명은 의무적으로 방부를 받도록 하는 것을 종단적으로 검토해 보는 것도 좋을 것이다. 그렇지 않으면 종립 국제선원을 몇 개 설립하여 외국인 스님들이 와서 마음껏 정진할 수 있도록 해야 한다. 제대로 수행한 외국인 스님 한 사람 배출해 놓으면 그 파급효과가 매우 크다는 것을 알 수 있다. 교육원은 몇 년 전부터 국내에 거주하고 있는 외국인 승려들을 대상으로 '교과안거(安居)' 프로그램을 실시해 오고 있다. 한국인 승려들이 사미계를 받고 강원이나 대학에 가지 않고 바로 선원에 가기를 원할 경우 해제철을 이용하여 참선의 이론을 이해하기 위해『서장(書狀)』『선요(禪要)』와 같은 어록을 공부하도록 한다. 외국인 승려들에도 이런 제도를 적용하여 교과안거에서 끝날 것이 아니라 하안거와 동안거 기간 동안에는 기본선원에 받아들여 이들이 선 수행을 집중적으로 하도록 하여 이것이 수계로 이어질 수 있도록 체계화하는 방안도 마련해야 한다. 사실상 간화선의 국제화는 외국 승려들 중에서 눈 푸른 납자가 배출되어 본국으로 돌아가 사찰이나 선센터를 건립하여 간화선 수행 포교를 했을 때 가장 효과적이라 생각한다. 혹은 현지 언어와 문화 풍토에 익숙한 한국교포 2세를 출가시켜 한국승려로서 기본교육과 수행을 한 후 귀국하여 현지어로 포교하도록 장려해야 한다.

월정사에서 성황리에 실시되고 있는 단기 출가 프로그램을 외국인들의 실정에 맞게 잘 정리하여 시도해 보는 것도 좋을 것이다. 필자가 외국에서 유학할 때 같이 공부했던 친구들 중에는 한국의 수행공동체 생활을 동경하여 출가를 원했던 사람이 몇 있었다. 그러나 유학을 마치고 돌아와 지금도 출가할 의사가 있냐고 연락해 보았더니 단기 체험해 보는 것은 몰라도 평생 출가자의 삶을 사는 것은 솔직히 자신이 없다고 했다. 한 달 정도라면 마음을 내어 출가자의 삶을 경험해 보고 싶은 외국인들이 상당히 많을 것이다. 외국인 단기 출가 프로그램은 국제선원 스님들의 해제 기간 동안에 실시하면 한국어를 잘하는 외국인 스님들과 한국인 습의사 스님들이 참여하여 지도하면 좋을 것이다.

한국의 강원 교육도 철저한 수행공동체 생활 속에서 진행되고 있다. 출가 사미승들은 강원에서 수행자의 생활 규범을 익히고 교학을 연찬한다. 외국인 승려들은 언어장벽 때문에 뜻은 있어도 강원에 들어갈 수 없는 경우가 많다. 외국인 승려 유학생들을 적극 유치하여 먼저 한국어 교육을 시키고 어학능력이 되는 사람들을 강원에서 공부할 수 있도록 해야 한다. 그래서 이들이 한국에 머물고 있는 동안 한국불교의 특성과 역사 그리고 간화선 수행법을 체계적으로 배울 수 있도록 해야 한다. 송광사 강원에서 수학한 영국계 비구스님과 청암사 강원에 입방해 이번에 졸업하는 캐나다 출신의 비구니스님은 타고난 어학능력이 있어 무난히 마칠 수 있었지만 외국인들에게 전통 강원의 한문 원전 중심의 교과과정은 쉽지 않은 코스임에 틀림없다. 다음의 선학의 국제화 방안에서 제안하겠지만 강원에 입학한 외국인들을 위해서 사집에서 대교까지의 교과서를 모두 영역하여 참고서로 사용하도록 해야 한다.

템플스테이는 정부의 적극적인 관심과 지원으로 매년 참여자들의 숫자가 늘어나고 있다고 한다.[15] 승려생활을 하며 수행체험을 하는 것이 부담스러운 외국인들에게 좋은 반응이 있으리라 생각한다. 그러나 지속적인 연구와 프로그램 개선 등의 노력이 없이는 좋은 성과를 얻기 힘들다. 무엇보다도 먼저 불교에 대한 소양과 어학능력이 겸비되어 있는 인적 자원을 확보해야 한다. 아무리 사찰 환경이 아름답고 쾌적하더라도 교육내용이 부실하고 프로그램이 알차지 못하면 그 실효성이 반감될 것이므로, 내용을 알차게 채울 수 있도록 해야 한다. 그러므로 내용을 채울 사람을 체계적으로 교육시키는 시스템을 개발해야 한다. 포교원에서 국제포교사를 양성하고 있지만 국제포교사의 활용도가 그다지 높지 않다고 한다. 아마도 대부분 국제포교사 업무가 봉사 수준에 머물고 있는 실정이어서 전문성도 떨어지고 꼭 필요한 시기에 실력 있는 국제포교사를 쓸 수 없기 때문에 교육의 질이 떨어지는 경우가 허다할 것이다. 이런 한계를 극복하는 방안으로 승려 국제포교사들을 많이 양성해야 한다. 중앙승가대학교 포교사회학과에서 포교영어를 4강좌 이수한 학인스님들에게 국제포교사 시험에 응시할 자격을 주어 국제포교사를 양성하고 있다. 이런 제도를 동국대 선학과나 강원에도 확대시켜야 하며, 어학실력 관리를 좀 더 철저히 하여야 한다. 스님들의 어학실력을 증진시키기 위해서 서울 근교 수도권 지역에 불교 전문어학당을 설립하는 것도 하나의 방안이 될 수 있다. 불교학둔어인 범어, 팔리어, 한문, 티베트어와 실용어인 영어, 스페인어, 중국어, 일어 등 어학

---

15) 템플스테이 참여자의 수가 2004년도 3만 7천 명에서 2005년도에는 4만 8천여 명에 달했음. 주간불교 876호, 2005년 12월판, 유응오 기자.

능력을 갖추어 국제화 시대에 걸맞은 인재들을 배출하여야 한다. 다양한 장단기 어학프로그램을 마련하여 종단의 기본교육을 받은 스님들 중에 특히 어학에 소질이 있는 학인들을 발탁해 특별교육을 이수토록 하여 자격시험을 보아 국제포교사로 활동하도록 해야 한다.

세계 불교축제문화의 활성화

21세기 정보화 시대의 가장 큰 화두는 어떻게 문화적인 경쟁력을 갖추느냐이다. 매년 부처님 오신 날을 즈음해서 진행되는 국제연등축제는 이제 명실 공히 한국을 대표하는 종교문화축제로 자리매김 되었다. 이와 함께 세계인들이 즐겨 찾는 불교유적지가 산재되어 있는 경주에 세계불교문화 페스티발을 개최할 것을 제안한다. 현대선미술, 선도예, 명상음악, 선무용, 그리고 선무도 등 다양한 한국불교 선문화를 보여주고 다른 나라의 불교문화 예술인들이 참여하도록 하여 문화적 교류를 확대해 나가야 할 것이다. 또한 외국 관광객들의 필수 관람 코스로 여겨지는 연극 난타, 야단법석 등과 같은 불교와 연관된 극단을 적극 지원 육성해야 하며 러시아에서 최우수 외국어 영화상을 받은 김기덕 감독의 〈봄, 여름, 가을 겨울 그리고 봄〉과 같은 양질의 불교 영화를 많이 제작할 수 있도록 적극 장려해야 한다. 또한 채식문화가 전 세계에 점점 확산되고 있으므로 웰빙 명상음식 페스티발을 기획해 보는 것도 좋을 것이다. 특히 인도나 유럽 등지의 유명한 명상센터에 가 보면 정신과 육체를 조화롭게 해주는 독특한 맛과 향을 지닌 웰빙음식을 준비해준다. 이 음식은 마음을 고요하게 하고 몸에 신선한 에너지를 공급해주는 공통적인 특징을 가지고 있다. 깔끔한 한국 사찰음식의 맛도 세계의 명상인들이 체험할 수 있는 기회를 만들어야 한다. 이런 세계 명상음식 축제와 함께 음식물 쓰레기 없애기 환경보호 캠페인의 일환으로 발우공양의 시범을 보이고 종교적 의식이 담긴 육법공양과 선적인 문화를 바탕으로 하는 다도 명상[16] 등을 선보임으로써 문화교류를 통한 한국 선불교의 국제화 방안을 모색해야 할 것이다. 미래의 세계를 이끌어 갈 세계불교청소년들을 위한 문화축제도 활성화해야 한다. 아름다운 경관과 레저시설을 갖춘 백담사 만해마을을 잘 활용하여 만해 세계불교청소년 명상캠프를 기획해 보면 어떨까? 포교원 산하 불교청소년단체인 파라미타가 결성되어 활동하고 있으므로 이런 국제적인 행사를 함으로써 단체의 위상도 높이고 불교청소년들에게 불교적 미래세계에 대한 꿈과 희망을 심어줄 수도 있을 것이다.

Ⅴ. 선학의 국제화 방안

영국 유학 시절에 필자는 부탄 출신 티베트불교 전공자와 원전강독 시간에 교리해석의 문제로 논쟁을 벌인 적이 있다. 어떤 교리에 대한 해석이었는지는 정확히 기억할 수 없다. 그러나 장시간 동안의 격론을 마무리할 수 있었던 것은 그 어떤 특수한 교리해석도 불교의 보편적 핵심사상인 연기-공-중도의 범위를 벗어나 있지 않음에 동의하면서 토론을 마무리했기 때문이다. 불교 교학 이해의 보편성과 특수성에 대한 논의는 서로 다른 불교 교학 전통과 문화를 가진 불교학자들이 만나면 늘 대두되는 문제이다. 불교학자라면 누구나 공감하고 공유할 수

---

16) 지장, 「茶명상을 통해 기본 집중력 기르기」, 『Clear Mind』 Vol.7 7.8월호 2005, pp. 28-29.

있는 불교핵심사상에 대한 보편적인 이해를 토대로 각 불교 전통의 특수한 해석과 창조적 적용이 전제되었을 때 생산적인 만남이 될 수 있을 것이다.

한국불교 선학의 세계화 방안을 논할 때도 불교이해의 보편적 토대 위에서 어떻게 한국 간화선 불교의 특수한 성격을 부각시킬 것인가를 생각해야 함은 재론의 여지가 없다.

한국불교 선학 관련 영문서적의 발간이 시급

국제화 시대를 맞이하여 그동안 한국불교학의 세계화에 대한 논의는 많았지만 막상 이를 위한 한국불교 관련 영문서적의 발간은 큰 전진이 없는 상태이다. 시대별 대표적 고승들에 대한 주요 저서조차도 일부 고승들의 저서를 제외하고는 영문으로 번역되어 있지 않다. 『보조전서 영역본』은 이미 로버트 버스웰 교수에 의해서 영문으로 번역 발간되었을 뿐 성철 큰스님이나 그 밖의 스님들의 전적은 단편적인 번역에 그친다. 서산, 경허, 만공, 용성, 서옹 큰스님 등의 전적들도 우선적으로 영문화해야 한다. 나아가 한국불교 1600년 동안 한국불교도들에 의해 찬술된 불교전적을 집대성한 『한국불교전서 영역본』의 출간을 장기적인 계획을 갖고 추진해야 한다. 이 전서는 한국불교학의 정수로서 국내는 물론 세계불교학계에서 귀중한 문헌으로 평가받고 있으므로 한국불교 연구의 영역본 기본 텍스트가 될 것이다. 우선 선학 관련 서적들을 우선적으로 택하여 번역하는 것이 효과적일 것이다. 이런 고전의 번역과 아울러 현대한국불교의 선학적 수준을 대표하는 전적들을 선별하여 영역하는 것도 필요하다. 강원에서 배우는 『사집(四集)』을 영역하여 보급하여야 한다. 현재 교육원에서 마련하고 있는 『서장(書狀)』의 영역은 감수 중에 있으며, 로버트 버스웰 교수를 중심으로 미국의 선학 전공자들이 『서장』을 비롯해 『도서(都書)』 『선요(禪要)』 『절요(節要)』를 영역하고 있다. 또한, 간화선 지침서가 될 만한 책을 영역하는 것이 시급할 것이다.

종립 간화선 국제센터와 연구소를 설립

간화선 지침서 발간에 그칠 것이 아니라 간화선 이론과 실제행법에 대한 지속적인 연구를 진행해야 하며 종립 간화선 국제센터와 연구소를 설립하여 종단적 차원의 지원을 해야 한다. 종단에서 마곡사 근처에 부지를 마련하여 선 수행과 연수교육 기능을 갖춘 한국불교산업지원센터를 건립 중에 있다. 이와 함께 아직 구체적인 계획이 수립된 것은 아니지만 한국전통문화를 국제화하기 위한 기금을 조성하여 간화선 국제센터를 건립하게 될 가능성도 있다고 한다. 이를 잘 활용하면 간화선 국제화가 한층 탄력을 받게 될 것이다. 건립부지 선정에서부터 국제센터의 설계 및 건축에 이르기까지 충분한 검토와 논의를 통해서 결정해야 할 것이다. 실제로 외국인들이 많이 드나드는 이태원, 용산 등 외국인 지역과 현재 국제자유무역 도시로 개발되고 인천지역은 도심 속의 국제선원을 건립하는 우선 고려지역으로 선정해야 한다. 물론 풍광 좋고 조용한 산사에 국제선원을 건립하는 것도 필요하다. 하지만 도심 한복판에 외국인들이 수시로 방문하여 참선 프로그램에 참여할 수 있는 도시형 국제선원을 병립하는 것이 이상적이라 생각한다. 요즈음 장기체류나 상주하는 외국인들이 늘어나고 있는 추세라고 한다. 바쁘고 생소한 외국생활을 하는 이들이 부담 없이 와서 참선할 수 있는 국제선원은 외국인 거주밀집 지역의 근처에 만들고 주말이나 휴가기간을 통해서 본격적인 수행체험을 할 수 있는 산중의 센터와 유기적 연계를 갖고 장·단기 간화선 수행 프로그램을 운영하면 바람직하리라 생각한다.

산중의 국제선 센터는 연구소 기능을 갖춘다면 좋을 것이다. 선원과 1~2km 떨어진 곳에 선학 연구자들이 와서 활용할 수 있는 도서관 시설과 정진할 수 있는 아담한 선방과 연구실을 건립하면 어떨까 생각해 본다. 미국 동부 보스턴에서 북쪽으로 승용차로 약 2시간쯤 가면 미국인들이 운영하는 Insight Meditation Society라는 명상센터가 있다. 약 1km쯤 떨어진 곳에 불교학 연구센터(Barre Center for Buddhist Studies)를 마련해 놓았는데 도서관과 작은 선방, 그리고 숲 속에 1~2명이 사용할 수 있는 집을 여러 동 마련하여 1~2주 동안 체류하며 연구와 정진을 병행할 수 있도록 하고 있다.

해외 선불교학자들과 지속적인 교류와 연구 발표도 정례화하여야 한다. 이와 함께 세계적인 위상을 인정받는 한국선 국제학술지를 만들어야 한다. 현재 동국대의 BK21 불교문화사상사 교육연구단 사업의 일환으로 발간되기 시작한 『International Journal of Buddhist Thought & Culture』는 한국 불교계에서 발행되는 최초의 영문 학술지라는 측면에서 매우 중요한 의미를 지닌다. 국내에서 선학을 주도하는 학술지는 『보조사상』, 『한국선학』, 『한국선문화』이다. 한국 간화선의 연구 성과물을 세계에 알릴 수 있는 선학 관련 국제전문학술지가 발간될 때 한국 선불교 연구가 더욱 활성화될 수 있을 것이다.

VI. 인터넷을 통한 간화선 국제화 방안

지금까지 한국불교의 간화선 수행, 선문화, 그리고 선학을 어떻게 국제화할 것인가에 대한 논의를 했다. 이 장에서는 위에서 논의한 콘텐츠를 어떤 방법으로 인터넷 매체를 통해 국제화할 것인가에 대해서 알아본다. 물론 인터넷 국제포교의 구체적인 방안과 기술적인 면은 좀 더 전문성 있는 논문에서 다루어져야 할 것이므로 여기서는 인터넷 포교의 중요성과 대략적인 방향에 대해서만 언급하려고 한다.

우리는 현재 21세기 정보사회 속에서 살아가고 있다. 정보사회란 한마디로 정보혁명, 컴퓨터 혁명 또는 커뮤니케이션 혁명으로부터 파생된 사회라고 할 수 있다. 즉 정치, 경제, 문화, 종교 등 사회구조 전반에 걸친 정보와 지식의 가치가 높아지는 사회가 정보사회인 것이다. 이 정보화 시대의 매우 효율적인 통신매체가 인터넷이다. 그러나 오늘날 인터넷은 단순한 통신매체로서뿐만 아니라, 인터넷 신문, 인터넷 방송, 인터넷 영화 서비스를 가능하게 만들고 있으며, 다양한 전자상거래와 각종 민원서비스, 여론조사, 게임과 오락매체로까지 발전하고 있다. 그 밖에도 휴대전화, DMB, PDA, MP3, ebook 등 새로운 미디어가 개발, 보급되면서 일상생활에 크고 작은 변화들이 생겨나고 있다. 종교의 영역에도 이미 이런 매체들이 깊게 침투되어 종교 전파에 획기적인 변화가 일어나고 있다. 사이버 법당, 사이버 선원 등을 통해 온라인상에서 매일 아침 아침예불을 올리고 참선을 하는 그룹도 있다. 한국불교의 네티즌의 신행활동으로 국한되는 것이 아니라 언어만 바꾸면 세계 불교인들이 같이 동참할 수 있는 사이버 공간이 되는 것이다. 이처럼 인터넷에서는 시공간을 초월한 동시적·비동시적 활동과 대화를 경험할 수 있다. 필요할 때 접속하여 저장된 정보를 활용하기 때문에 이용자 중심의 시간개념이 만들어져 비동시적이고 인터넷은 전자매체이기에 국경 등의 지리적 제약을 받지 않는다. 그러므로 인터넷을 잘 이용하면 매우 효율적인 국제포교를 해낼 수 있다. 금년 2월부터 대한불교

조계종 포교원에서는 인터넷 국제포교를 위한 홈페이지 (www.korea nbuddhism.net)를 3개 국어(영어, 중국어, 일본어)로 개설하여 운영하고 있다. 약 8개월 동안 운영하여 방문자 수가 꾸준히 늘고 있으며 (한 달에 약 3000명 정도) 전 세계에 흩어져 있는 숭산 큰스님의 제자들이 적극적으로 참여하고 있다고 한다. 특히 중국어 사이트에 접속하는 중국인들이 많아지고 있어 고무적이라고 한다. 한 가지 아쉬운 점은 아직 프랑스어나 독일어 사이트가 개설되지 않아 유럽의 접속자들의 수가 적은 편이라는 것이다. 하지만 예산이 확보되는 대로 유럽언어의 사이트도 개설할 예정이라고 한다.

한국불교 인터넷 국제포교는 아직 시작 단계에 있으므로 방향 설정을 위한 몇 가지 제언을 하려고 한다.

첫째, 한국의 선불교를 연구할 수 있는 기본 텍스트의 번역이 시급하다. 인터넷을 이용하고 있는 사람들의 공통적인 경향은 알찬 내용이 있는 정보와 유용한 정보가 있을 때 '즐겨찾기' 목록에 등록하여 다시 그 사이트를 방문하는 것이다. 즉 필요한 정보들이 풍부하게 올라와 있을 때 관심 있는 네티즌들이 모여드는 것이다. 한국의 선불교를 연구할 수 있는 기본 텍스트를 영어, 일어, 중국어로 번역하여 홈페이지에 올려놓아야 한다. 우선 영어 텍스트를 번역해야 하는데 이미 번역된 『보조전서 영역본』 등 출판사와 섭외하여 활용할 수 있는 방안을 찾아보아야 한다. 『한국불교전서 영역본』과 같이 아직 출간되지 않은 출판물에 대해서는 종단에서 예산을 지원함으로써 영역본을 공유할 수 있게 해야 한다. 또한 강원에서 교재로 쓰고 있는 경과 론을 영역하여 사이트에 올려놓아야 한다.

둘째, 위와 같은 전적들은 한국불교 교학과 선학의 전공자들을 위한 자료이지만 일반 외국인들을 포교하기 위한 책을 영어로 번역하는 일도 곧 착수해야 한다. 특히 포교원에서 교양대학 신도 교재로 새로 출간한 『불교사의 이해』(Understanding Buddhist History), 『불교의 이해와 신행』(Understanding and Practice of Buddhism), 『간화선 입문』(Introduction to Ganhwaseon) 등과 같은 책들을 영어로 번역하여 홈페이지에 올려놓아야 한다. 또한 한국불교사와 한국불교학 개론서 등을 전자북(ebook)형태로 제작하여 인터넷에서 보급하면 좋을 것이다. 필자가 최근 인터넷에서 구입한 프레비쉬(Prebish)와 기욘(Keown) 교수가 공동으로 집필한 『불교 전자북』(Buddhism the ebook)을 열람해 보았다. 주요한 단어나 개념에 사전이 링크되어 있고 풍부한 보조 자료들을 제공하고 있어 온라인 학습교재로 유용하게 활용할 수 있다고 생각된다. 전자책의 출판은 이제 시작에 불과하기 때문에 지금 바로 착수하면 선진화된 한국불교 인터넷포교를 할 수 있을 것이다.

셋째, 한국불교 수행법을 세계에 보급하기 위해 사이버 국제선원을 개설하여야 한다. 몇 가지 정진 코스를 마련하여 형편에 따라 등록하도록 한다. 아침 정진, 저녁 정진, 혹은 주말 정진 등을 구분하여 동영상을 보며 수행하도록 하고 정진 시간마다 간단한 소참법문을 해준다. 또한 인터뷰 시간을 마련하여 수행지도를 한다. 정기적으로 오프라인 국제 정진법회를 열어 회원들 간의 유대를 돈독히 하고 한국의 국제선원의 분위기를 직접 체험할 수 있게 한다. 조계종 국제사이트의 블로그가 현재는 활성화되고 있지 않지만 온라인 국제선원을 개설하면 자동으로 활발한 교류가 있으리라 생각한다.

넷째, 해외에 있는 한국동포들은 부처님오신날을 즈음해서 펼쳐지는 국제연등축제를 관람할 수 없어 못내 아쉬워한다. 다음해부터는 인터넷 생중계를 함으로써 직접 참여하지 못하는 세계 불교도들이 온라인상에서 동참하도록 하면 큰 홍보 효과가 있을 것이다. 현재 정부의 예산으로 정보화사업단이 진행하고 있는 사찰문화재 전산화 작업은 사이버 사찰문화기행을 할 수 있도록 기본 자료를 제공해야 한다. 그 밖에 불교음악, 범패, 선무용, 그리고 선무도 등 다양한 한국 불교문화 자료를 동영상으로 볼 수 있도록 구비해 놓으면 좋을 것이다. 지금까지 상영했던 한국불교 관계 명화들, 〈달마가 동쪽으로 간 까닭은?〉 〈화엄경〉 〈봄, 여름, 가을 겨울 그리고 봄〉 등을 모아 언제라도 볼 수 있도록 해준다. 그 밖에도 인터넷 사찰음식 요리강좌 등 다양한 문화 콘텐츠를 개발하여 세계인들이 인터넷상에서 한국 불교문화를 체험하고 꼭 한국의 사찰을 방문하고 싶도록 유도할 수 있는 홈페이지 운영을 해야 한다.

VII. 맺는말

지금까지 한국불교의 선 수행·선학·선문화를 중심으로 간화선의 세계화 방안을 논의해 보았다. 우리는 정보의 홍수 속에서 살아가고 있다. 세계인들이 흘러가는 많은 정보들 속에 한국불교의 선불교에 관한 정보를 보고 강한 호기심과 관심을 보일 수 있도록 잘 가공해야 한다. 필요하면 자기네들이 찾아와 한국불교를 배워 가겠지 하는 안이한 태도로는 한국불교의 간화선을 국제화할 수 없다. 월암 스님이 언급한 간화선의 정체성 확립과 실천적 과제의 해결과 함께 간화선의 국제화를 위한 좀 더 적극적인 전략과 전술을 구사해야 한다. 위의 실질적인 방안들을 실천하기 위해서는 장·단기적인 계획을 세워야 한다. 우선 총무원, 교육원, 그리고 포교원 간의 국제관계업무에 대한 원활한 역할 분담이 이루어져야 한다. 먼저 주무 부서를 정하고 각 원에서 관련 실무자를 차출하여 한국불교 국제화 추진팀을 구성해야 한다. 몇 명의 전담 간사를 두어 선학·선 수행·선문화 분야의 콘텐츠를 수집하고 개발하는 작업을 단계적으로 추진해야 할 것이다. 인터넷 전문 관리자를 두어 항상 신선하고 살아 있는 한국불교의 간화선 국제화 홈페이지가 되도록 관리해야 한다.

이 모든 일은 사람이 하는 것이다. 아무리 좋은 계획이 있다 할지라도 이를 실행에 옮길 수 있는 인재가 없으면 그림의 떡과 같다. 외국인 스님들을 많이 양성하여 그들이 각자의 나라에 돌아가서 포교에 임할 수 있도록 지원과 격려를 해주어야 한다. 한국불교에서 10~15년 이상 체류하며 수행과 학업에 열중한 사람, 즉 3급 이상의 자격을 갖춘 승려는 본국으로 돌아가 해외 거점 사찰을 설립하도록 도와주어야 한다.

인재가 있더라도 자본주의 경제체제에서 자금이 없으면 어떤 일도 실현하기 힘들다. 자금을 확보하기 위한 방안을 마련해야 하는데 본사로부터 거두어들인 분담금으로는 한계가 있다고 본다. 금년에 통합한 대한불교조계종 한국불교문화사업단이 자리를 잡으면 여러 가지 수익사업들을 구상하여 그 수익금으로 한국불교 세계화를 추진하는 것도 생각해 볼 수 있다. 정부의 전통문화육성 지원 예산도 적극적으로 받아내어 활용해야 한다. 우선 확보할 수 있는 예산 안에서 시작하며, 새로운 대책들을 마련해야 할 것이다.

한국불교의 간화선을 세계에 알릴 수 있는 문은 활짝 열려 있다. 지구촌 시대의 이 열린 문을 통해서 다양한 불교문화가 유입되고 또 이 문을 통해서 한국불교의 문화가 세계로 전해진다. 밖으로 나가는 한국불교가 안으로 들어오는 불교와 차별화되지 않을 정도로 보편적이거나, 반대로 국수주의적으로 보일 정도로 편협하고 특수하다면 간화선의 국제화는 실패할 수밖에 없다. 불교적 보편성의 바탕 위에 한국불교의 간화선 전통의 독특함을 현대적으로 잘 조화시킨 "창조적 간화선 수행"만이 지구촌 시대의 불교수행문화를 선도할 수 있을 것이다.

 미산 스님

미산(彌山) 스님은 1968년 백양사로 출가했다. 72년 서옹 대종사를 계사로 창오 화상을 은사로 사미계를 수지했다. 86년 범어사에서 자운 화상을 전계사로 비구계를 수지했다. 수계 후 수행과 교학에 전념해 왔다. 봉암사와 백양사 운문선원 등에서 간화선 수행을 하였으며, 인도와 미얀마에서 초기불교 선 수행을 했다. 동국대학교 불교대학 선학과를 졸업한 후 스리랑카와 인도에서 불전언어인 팔리어와 산스크리트어 문헌을 연구하여, 인도 뿌나대학교에서 석사학위를 받았다. 영국 옥스퍼드대학교 동양학부에서 「남방불교의 찰나설의 연구」로 철학박사 학위를 취득한 후, 미국 하버드대학교 세계종교연구소 선임연구원과 대한불교조계종 사회부장을 역임했다. 현재는 중앙승가대학교 교수로 재직하고 있다.

간화선 수행의 성찰과 과제

1판 1쇄 인쇄　　2007년 6월 11일
1판 1쇄 펴냄　　2007년 6월 15일

엮은이　　대한불교조계종 불학연구소
펴낸이　　이혜총
펴낸곳　　조계종출판사
인　쇄　　한영문화사

출판등록　　제 300-2007-78호
등록일자　　2007년 4월 27일
주　　소　　서울시 종로구 수송동 5번지 동일빌딩 8층
전　　화　　02-733-6390
팩　　스　　02-720-6019
E-mail　　inyeon@buddhism.or.kr

※책값은 뒷표지에 있습니다.